汉字学教程

方有国　李茂康◎主编

HANZIXUE
JIAOCHENG

西南師範大學出版社
国家一级出版社　全国百佳图书出版单位

图书在版编目(CIP)数据

汉字学教程 / 方有国，李茂康主编. — 重庆：西南师范大学出版社，2019.9
ISBN 978-7-5621-9786-7

Ⅰ. ①汉… Ⅱ. ①方… ②李… Ⅲ. ①汉字－文字学－高等学校－教材 Ⅳ. ①H12

中国版本图书馆CIP数据核字(2019)第208418号

汉字学教程

HANZIXUE JIAOCHENG

方有国　李茂康　主　编

责任编辑：钟小族
责任校对：张燕妮
装帧设计：观止堂_未氓　朱璇
排　　版：重庆大雅数码印刷有限公司·吴秀琴
出版发行：西南师范大学出版社
　　　　　网址：www.xscbs.com
　　　　　地址：重庆市北碚区天生路2号
　　　　　邮编：400715
经　　销：全国新华书店
印　　刷：重庆市国丰印务有限责任公司
幅面尺寸：170mm×240mm
印　　张：15
字　　数：284千字
版　　次：2020年1月　第1版
印　　次：2020年1月　第1次印刷
书　　号：ISBN 978-7-5621-9786-7

定　　价：39.00元

前言

为适应普通本科高校汉语言文学专业学生，尤其是师范专业的学生对汉字学知识学习的需要，我们编写了这部《汉字学教程》。

汉字学，顾名思义就是研究汉字的学科。关于这门学科，以往不少学者又称为文字学。与“汉字学”或“文字学”相关的著作、教材，从研究汉字的老前辈到相对年轻的学者，曾先后出版了许多。这些著述各有特色，或内容的深浅度不同，或适应的对象有差异，或阐述的侧重点不一致。

目前，不少高校为适应社会的需求，都强调培养应用型人才。对汉语言文学专业学生的培养，其中一个重要目标，是让学生对汉字有较全面的认识，并能较熟练地应用现行通用汉字。师范专业的学生，应具备从事中小学语文教学中的汉字教学的能力。我们编写这部教材，也正是基于培养汉语言文学应用型学生的目的。

本教材的编写理念，首先是古今贯通，合理编排，即既有古代汉字有关知识的阐述，又有现代汉字的专门论述，并注意全书知识的逻辑顺序。其次是注重基础性、实用性，即教材内容的选取与阐释，不能偏离汉字与汉字学的基本常识，不能偏离汉语言文学本科生的知识层次；要能适用于中小学的语文教学，适用于人们日常对汉字运用的要求。再次是适当出新，与时俱进。有关内容要符合我国现行的语言文字方针、政策与法规，要适当、合理地吸收学界的最新研究成果。

本教材共有六章：第一章，汉字的产生与性质；第二章，汉字的构造；第三章，汉字的演变；第四章，现代汉字；第五章，汉字与文化；第六章，汉字的教学。不难看出，本教材内容涵盖面较宽，涉及汉字的多个方面。有的在古代汉语、现代汉语、语言学等课程的教材中有所涉及，但本教材对相关知识的阐述更详细，更专一，材料更充实，便于学生掌握。还有一些其他教材未曾涉及或很少涉及的内容，比如“汉字与文化”“汉字的教学”，这些内容旨在为学生毕业后从事中小学语文教学打下较坚实基础。

每章正文之前安排有“章目要览”“相关知识”“情景案例”“重点提示”等栏目，通过这些简要的介绍和说明，让学生对该章主要内容、知识点有大致了解，并帮助学生联系新旧知识，同时增强学习的兴趣。每章之末有“思考练习”“拓展延伸”两栏目，让学生对该章所学知识进行实际分析与思考，并根据所提供的资料进一步拓展、丰富相关知识。

作为教材，其内容、体例是否合适，编写的质量如何，需要经过教学的检验。这本教材，肯定有不完善之处。我们期待教者与学习者的反馈意见，期待有关研究者的指导，以便及时修改，尽力使之减少缺陷，从而使之更加充实和完善。

编者

2019年4月25日

目录
CONTENTS

绪 论

【章目要览】

汉字向来被称作文字，在古代还有文、字、书、名等不同的称谓。传统文字学以汉字为对象，研究汉字的起源、发展、性质、结构及学科体系等。随着认识的深入和汉字的发展变化，人们改称文字为汉字并建立汉字学，不仅研究传统文字学的内容，还研究汉字的书写、正字法、规范化、改革、教学、传播、文化、心理、信息处理等应用问题。汉字学有助于我们正确理解古代文献、更好地研究中国古代文化，为汉字的整理与规范、语言类学科学习与研究、语文教学等提供帮助和指导。学习汉字学，掌握基础知识非常重要，同时需要拓展阅读范围，接触较多的汉字学文献，开阔汉字学视野，并充分利用汉字构造理论多识古今汉字，利用工具书准确掌握汉字的形音义。

【相关知识】

古代的希腊、印度和中国都有语言研究的传统，是语言学研究的三大发源地。语言学的基本任务是研究语言的规律，使人们懂得关于语言的理性知识。语言学可分为专语语言学、普通语言学、应用语言学。语言学研究的主要方法是历史比较法。我国传统的语言文字学包括文字学、音韵学、训诂学三个门类。汉字是世界上唯一存活至今并仍在使用的古老文字。从古至今，汉字的字形、字音、字义都发生了较大的变化，古代汉字和现代汉字既有联系又有区别，但都是文字学研究的对象。

【情景案例】

还记得2008年北京奥运会会徽上奔跑的“京”字吗？你知道会徽中的文字 Beijing 2008 是取自汉简的笔意吗？而开幕式的“文字”部分通过“和”字的金文到小篆到楷书和的字形转换，表现了中国汉字的演化过程以及“和为贵”的人文理念，向世界传播了中国汉字和汉字文化。中央电视台和国家语言文字工作委员会2013年联合推出的《中国汉字听写大会》，给人们

二维码 绪论1

带来了一场场关于汉字的饕餮盛宴，希望把汉字背后的东西呈现在大众面前，呼唤出其中能引起大众共鸣的我们民族的DNA，在文明的长河中，找到曾经支撑我们整个民族文明向前走的核心和有价值的东西，汉字书写及汉字的文化意义得到了世人空前的关注。作为专业学习者和相关从业者，对汉字不仅要“知其然”式地看热闹，更应该“知其所以然”式地看门道，为继承传播汉语言文字和汉字文化做出自己的贡献。

【重点提示】

文字与文字学及其学科体系；汉字学的建立和学科发展，汉字学的内容、功用和学习方法。

汉字学是有关汉字的学问和科目，以往多称之为文字学。随着汉字研究的不断深入和学科的不断发展，人们改称文字为汉字并建立起相应的汉字学。学习汉字学具有重要的历史意义和现实意义，也需要科学的学习方法。

一、文字与文字学

（一）文字

按照普通语言学的观点，语言是人类最重要的交际工具和思维工具，“是一种表达观念的符号系统”①。索绪尔把语言符号看成是能指和所指的结合。能指就是语言的声音形式，即语音；所指就是语言的意义内容，即语义。文字是在语言的基础上产生的辅助语言的交际工具，是记录语言的书写符号系统。文字记录语言的音和义，同时又有自己的书写形式即字形，因而文字是形、音、义三者统一的符号系统。

在中国古代文献中，“文字”有“文”“名”“书”“字”等多种名称，也有双音词“文字”之称。

文，甲骨文、金文分别作、，像正面人形，中间画有交错的花纹，其义为“纹身”。《说文·文部》②：“文，错画也，象交文。”《庄子·逍遥游》：“越人断发文身。”《穀梁传·哀公十三年》：“祝发文身。”范宁注：“祝，断也；文身，刻画其身以为文也。”这些“文”都是“纹身”或“花纹”的意思。大约在春秋时期，“文”开始用来称说文字。《左传·昭公元年》：“於文，皿虫为蛊。”杜预注：“文，字也。”又《左传·宣公十二年》：“夫文，止戈为武。”杜预注：

① [瑞士]费尔迪南·德·索绪尔．普通语言学教程．高名凯，译．北京：商务印书馆，1999：37.

②《说文》全称《说文解字》，东汉许慎著，简称《说文》。下同。

“文，字。”

古人也把字称为“名”。《周礼·春官·外史》：“掌达书名于四方。”郑玄注：“古曰名，今曰字。”贾公彦疏：“古者之文字少，直曰名；后代文字多，则曰字。字者，滋也，滋益而名，故更称曰字。”又《仪礼·聘礼》：“百名以上书于策，不及百名书于方。”郑玄注：“名，书文也，今谓之字。”

战国以后，人们把文字叫做“书”。《尚书·序》：“古者伏羲氏之王天下也，始画八卦，造书契，以代结绳之政。”唐代陆德明《经典释文》：“书者，文字。”《荀子·解蔽》：“好书者众矣，而仓颉独传者，壹也。”好书，喜好文字。《韩非子·五蠹》：“古者仓颉之作书也，自环者谓之私，背私谓之公。”仓颉之作书，谓仓颉制作文字。

把文字称为“字”始于秦代。清代江永《群经补义·杂说》：“其称书、名为字，盖始于秦始皇。……吕不韦著《吕氏春秋》，悬之咸阳市，曰：‘有能增损一字者，予千金。’此皆称字之始，前此未有以文为字者也。”其实“字”的本义并不是文字，而是“生育”，《说文·子部》：“字，乳也，从子在宀下，子亦声。”段玉裁注：“人及鸟生子曰乳”。《广雅·释诂一》：“字、乳，生也。”《易·屯》：“女子贞不字，十年乃字。”李鼎祚集解引虞翻：“字，妊娠也。”许慎《说文·叙》说：“文者物象之本，字者言孳乳而浸多也。”意即“字”是由“文”孳生出来的，故用“生育”义的“字”指称文字的“字”。

用“文字”称说汉字，始见于秦始皇二十八年（公元前219年）刊立的琅琊台刻石：“器械一量，同书文字。”以后“文字”一词逐渐使用开来并一直延续到今天。许慎认为汉字的构造，“盖依类象形，故谓之文；其后形声相益，即谓之字。”（《说文·叙》）即独体为文、合体为字，故其所著《说文解字》书名的“文”和“字”仍然分用。后来晋代王义《文字要纪》、王愔《文字志》、梁代阮孝绪《文字集略》等书名，“文字”连用表示汉字，没有独体、合体的分别了。

（二）文字学

“文字学”的名称出现较晚。蒋善国认为出现于1912年。他说：“清朝末年，西学东渐，西方学术都有系统，各种学科名称经汉译后，都在词尾加一‘学’字，如哲学、文学、植物学、教育学、心理学、逻辑学、统计学、人类学、生物学、化学、物理学等等。……研究文字的就命名为‘文字学’。”[①]

二维码 绪论2

文字学以世界文字的一般性问题为研究对象，主要研究文字的产生、性质、构造、发

① 蒋善国.汉字学.上海：上海教育出版社，1987：21.

展演变规律以及文字的应用等。文字学分为理论文字学和应用文字学两大类。理论文字学从理论上研究文字的性质、结构和体系等。根据研究对象的不同,理论文字学分为三个门类,即个别文字学、比较文字学和普通文字学。

个别文字学以某种具体文字为研究对象,如我们以汉字为研究对象的汉字学。根据研究角度的不同,个别文字学又分为描写文字学和历史文字学。描写文字学(或称"断代文字学"),是对某种具体文字发展中的一个横断面进行静态研究,探讨这种文字的结构体系和结构规律。如汉字学里的甲骨文字学、金文文字学、篆文文字学、现行文字学等。历史文字学主要研究某种文字的历史发展及演变规律。如刘又辛、方有国《汉字发展史纲要》(中国大百科全书出版社,2000年),唐兰《中国文字学》(上海古籍出版社,2005年),李梵《汉字简史》(中国友谊出版公司,2005年),李家树、吴长和《汉字的演变和发展趋向》(香港大学出版社,2005年),曾宪通、林志强《汉字源流》(中山大学出版社,2011年)等。

比较文字学以两种或几种文字为研究对象,比较其结构、特质特点、发生、发展规律的共性与差异等。如英国爱德华·葛劳德《比较文字学概论》(林祝敔译,商务印书馆,1940年)、周有光《比较文字学初探》(语文出版社,1998年)、王元鹿《比较文字学》(贵州人民出版社,1998年)等。此外,国内有些学者拿汉字和纳西族东巴文进行比较研究,也属于比较文字学。

普通文字学(也称一般文字学)以世界上所有文字为研究对象,研究其结构、性质、分类、发生、演变的共同规律。如苏联B.A.伊斯特林《文字的产生和发展》(左少兴译,北京大学出版社,1987年)、周有光《世界文字发展史》(上海教育出版社,1997年)、王元鹿《普通文字学概论》(贵州人民出版社,1996年)等。

应用文字学研究文字在各个领域中的实际应用,包括文字教学、文字改革与规范、社会用字管理、字典编纂、信息处理以及把文字学的原理和其他学科进行交叉研究的边缘学科,如社会文字学、心理文字学、计算文字学、文化文字学等。

二、汉字与汉字学的建立

(一)汉字

汉字是记录和传播汉语的书写符号系统,是我国古代汉族人民独立创造和使用的一种自源文字。汉字从殷商甲骨文到现代汉字,历经三千多年延绵不断,至今仍是充满活力的汉语书面交际工具。

汉字在汉语的基础上产生，二者相互依存，密不可分。一方面，汉字的发展演变要受到汉语的制约与推动，如周秦时代汉语单音词的大量滋生，大大推动了汉字的孳乳，形声字大量产生；而魏晋以后，汉语逐渐以合成词为主，汉字的增长速度随之减缓。另一方面，汉字对汉语的使用和发展也会产生一定的影响，并能有效地帮助汉语突破时间和空间的限制，使古今书面汉语的交际和各地汉语方言间的交际得以顺利进行，同时对统一书面语，约束方言的分化，促进民族共同语的形成等，都有不可替代的作用。

二维码 绪论4

把中国文字称作汉字，始于中古。中古时期，北方的外族人称中原汉族人为汉人，称汉族的文字为汉字，如《金史·卷六十六·勖》说：“女直初无文字，及破辽，获契丹、汉人，始通契丹、汉字。”《辽史·卷二·太祖下》也说：“甲子，诏砻辟遏可汗故碑，以契丹、突厥、汉字纪其功。”同书《卷八十二·萧阳阿》：“萧阳阿，字稍隐。端毅、简严，识辽、汉字。”后来“汉字”一词使用渐多，但一般的读书人和汉字研究者仍然习惯上把汉字叫作“文字”，称自己研究汉字的著作为“文字学”著作，如唐兰《中国文字学》、裘锡圭《文字学概要》等。

（二）汉字学的建立

我国对汉字的研究具有悠久的历史。早在西周宣王时期，官方就编写有《史籀篇》一类的童蒙识字读本。春秋时期，人们开始对汉字的形体结构进行分析和解说，如上文所引《左传·宣公十二年》“止戈为武”等例。

到了汉代，因儿童入小学先学文字，故称文字学为小学。《汉书·杜邺传》说：“初，邺从张吉学。吉子竦又幼孤，从邺学问，亦著于世，犹长小学。”唐代颜师古注：“小学，谓文字之学也。《周礼》‘八岁入小学，保氏教国子以六书’，故因名云。”

隋唐以后，“小学”的范围扩大，包括汉语的文字、音韵和训诂等内容，是传统文字学、音韵学和训诂学三门学科的总名。如《隋书·经籍志》中，小学类里增加了音韵类书，《旧唐书·经籍志》小学类增加了《尔雅》类训诂书。

清末章太炎认为“小学”之名宜改为“语言文字之学”。他在《论语言文字之学》一文中说：“自许叔重创作《说文解字》，专以字形为主，而音韵、训诂属焉。……合此三种，乃成语言文字之学。此固非儿童占毕（诵读）所能尽者，然犹名为‘小学’，则以袭用古称，便于指示，其实当名‘语言文字之学’，方为确切。”①民国初年，“小学”多改称为“文字学”，但

二维码 绪论5

①见1906年《国粹学报》第二卷第12、13号。

仍包括文字、音韵、训诂三个方面。如较早的徐政道《中国文字学》(1917年出版),就有六书、部首、反切、古音等内容,这也是后来有“文字学形篇”“文字学音篇”等称呼的原因。

1934年,唐兰在《古文字学导论》中主张“文字的形体的研究,是应该成为独立的科学的”[1]。1949年,他在《中国文字学》中进一步解释说:“我在民国二十三年写《古文字学导论》,才把文字学的范围重新规定。我的文字学研究的对象,只限于形体,我不但不想把音韵学找回来,实际上还得把训诂学送出去。”[2]至此,文字学正式从传统的语言学中独立出来,成为一门专门研究文字的学科。

二维码 绪论6

民国及以后,很多著作的内容是汉语文字学,却仍然题其书名为“中国文字学”。今天看来,这一概念是不准确的,因为中国的文字不仅仅有汉字。根据教育部和国家语言文字工作委员会发布的《中国语言文字事业发展报告(2017)》,我国当前56个民族共有100多种语言,有29种文字,包括汉字和28种现行使用的少数民族文字。所以,仅以汉字为研究对象而称其为中国文字学,有失严谨。我们研究的是汉字,相应的这门学问应该称作“汉字学”,这也是本书题名为《汉字学教程》的缘由。

汉字研究的历史,大致分为三个阶段,从东汉到清末是“说文学”时代,民国时期是“文字学”时代,中华人民共和国成立后是“汉字学”时代。

“说文学”是中国汉字研究的传统学科,其目的是解经释典,基本方法是将今文字与古文字进行比较、辨认,注重文字个体形、音、义的阐释,从而归纳总结出汉字的构成规律和造字条例。汉代是传统文字学创立时期,许慎的《说文解字》是传统文字学的奠基之作,在文字学史上具有划时代的意义。此后传统文字学的研究多以《说文》为核心,对其加以校勘、注释和阐发,影响最大的是清代《说文》研究四大家,即段玉裁《说文解字注》、朱骏声《说文通训定声》、桂馥《说文解字义证》、王筠《说文释例》《说文句读》等。

民国时期的“文字学”研究,利用甲骨文和金文的研究成果,纠正了《说文》中少数文字解释的错误,但多限于单字研究,没有建立起一个科学化、系统化的汉字学体系。

中华人民共和国成立后,众多专家学者运用西方近代科学理论和马克思列宁主义的观点与方法,对传统的《说文》学、文字学和出土的甲骨文、金文、简帛文等古文字,展开全面深入的研究,取得了许多重要成果。大家一方面采用新的文字学理论和方法,一方面批判地继承传统文字学研究成果,从而给汉字研究注入新的活力,建立起一种新的学科体系——汉字学体系,传统文字学研究由此进入到新的汉字学时期。

①唐兰.古文字学导论.济南:齐鲁书社,1981:135.

②唐兰.中国文字学.上海:上海古籍出版社,2001:6.

（三）汉字学的体系

作为独立的学科体系，汉字学探讨的内容十分丰富，不仅包括汉字的起源、性质、结构、发展演变及其规律、汉字形音义之间的关系等理论性研究，还包括汉字的书写、正字法、规范化、汉字的改革、教学、传播、文化、信息处理等应用研究。

经过几十年的发展，汉字学还衍生出许多分支学科。周有光在《现代汉字学发凡》[①]中分为历史汉字学、现代汉字学和外族汉字学三部分。王宁在《汉字学概要》[②]中分为汉字构形学、汉字字源学、汉字字体学、汉字文化学等四个分支。唐生周《汉字学教程》[③]分为古文字学、《说文》学、典籍文献汉字学、现代汉字学等四个门类。这些分类角度不同，分类结果当然也不一样。从历史的角度划分，汉字学有古汉字学、近代汉字学、现代汉字学等；从研究内容和方法上划分，有汉字形义学、汉字字源学、汉字构形学、汉字字体学、汉字学史、俗文字学等；从汉字应用角度划分，有正字汉字学、教学汉字学、汉字传播学、汉字信息处理学、汉字文化学、汉字心理学等。大量的分支学科的产生，使汉字学的研究更加全面、细致和深入。

二维码 绪论7

二维码 绪论8

二维码 绪论9

三、汉字学的功用

（一）有助于正确理解古代文献

中华民族历史悠久，历代先民为我们留下了丰富的典籍，这是一笔重要的文化遗产，需要我们去继承、学习、研究和整理。而做好这一继承整理工作，需要我们掌握汉字学知识。清代文字训诂学家朱骏声在《上〈说文通训定声〉表》中说："读书贵先识字，识字然后能通经，通经然后能致用。"[④]可见，汉字学知识是开启古代典籍的钥匙。只有掌握汉字的基本知识，我们才能读懂古书，才能正确理解古文的意义，才能很好地继承古人留给我们的文化遗产。

《左传·僖公三十三年》："（先轸）免胄入狄师，死焉。狄人归其元。"《孟子·滕文公

①周有光．现代汉字学发凡．《语文现代化》丛刊（第二辑）．北京：知识出版社，1980.

②王宁．汉字学概要．北京：北京师范大学出版社，2001：9-11.

③唐生周．汉字学教程．北京：语文出版社，2013：7-8.

④[清]朱骏声．说文通训定声．武汉：武汉市古籍书店，1983：1.

下》:“勇士不忘丧其元。”这里“元”是什么意思,今人不大理解。查甲骨文此字作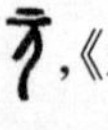,《尔雅·释诂下》:“元,首也。”原来“元”本义是人头。上引《左传》的意思是狄人把先轸的头还回来了,上引《孟子》的意思是勇士也不会忘记丧失自己的脑袋。又《尚书·泰誓》:“予有乱臣十人,同心同德。”“乱臣”还“同心同德”,肯定不是作乱的臣子。古文字“乱”作,繁体字作“亂”。《说文·乙部》:“亂,治也。从乙。乙,治之也。从𤔔。”《说文·𠬪部》“𤔔,治也。”𤔔字像上下两只手(上“爪”下“又”)整理架子上的乱丝,故有“治理”之义。《尚书》例的“乱臣”实为治理之臣,孔安国注“乱臣”句说:“我治理之臣虽少而心德同。”十分正确。因治理的对象是乱丝,故古代“乱”也有“紊乱”义,此义今天仍常用。但“乱臣”的“乱”义为“治理”,不能解为“紊乱”。“乱”有“治、乱”两义,此即词义训诂中的正反同词现象。

(二)有助于汉字的整理和规范

汉字是我国法定的通行于全国的正式文字,使用人数众多,范围广泛,不规范使用汉字会影响交际的顺利进行。为此,我们需要加强汉字使用的规范工作,运用汉字学知识确定规范标准,推行规范汉字,对不规范字加以分析和纠正,为汉字的正确使用营造一个规范化的氛围和环境。

经几千年的发展,汉字数量巨大,据《中华字海》统计,汉字总数已超过8万。但经常使用的只有几千字,排印古代典籍也不过一万字左右。总数8万汉字中很大一部分是没有音义差别的异体字,这部分字给汉字的使用增加很多麻烦和不必要的负担,需要运用汉字学知识进行整理,根据从俗、从简、音义明确、保存理据、书写方便等原则,决定孰废孰留。利用汉字学知识整理异体字是汉字规范化的重要工作之一。

汉字简化一直是汉字发展的趋势,但如何简化,简化是否合理,需要汉字学理论知识的指导。1964年5月中国文字改革委员会编制的《简化字总表》中有少部分字的简化就不尽合理,在实际应用中容易混淆,如以“象”代“像”、以“复”代“覆”、以“了”代“瞭望”的“瞭”等。1986年《关于重新发表<简化字总表>的说明》对这些不合理的简化做了纠正。

(三)有助于语言类相关学科的学习和研究

自古以来,汉字的学习研究与汉语的学习研究密不可分。汉字有形、音、义,其形体与汉语词的音、义也是密不可分的。尽管汉字学侧重于字形的研究,音韵学侧重于字音的研究,训诂学侧重于字义的研究,但实际上汉字的研究为音韵学、训诂学研究提供了许多方便。如汉字百分之九十左右是形声字，这些字的读音为音韵学研究提供了大量的材料，清代段玉裁提出“同谐声者必同部”[①]，就是利用形声字的声符研究上古音的典型范例。汉字是意音文字，词义托于字形，据此汉语的词本义就可以从分析汉字的构造而获得。许慎《说文解字》就是通过汉字构造分析考察其本义的。

现代汉语由古代汉语发展而来，其中有些词义，尤其是有些成语中的词义，需要汉字学的帮助才能理解。如“臻于完善”的“臻”字是什么意义？分析其结构，从至，秦声。形符“至”义为“到达”，故“臻”也是“到达”的意思。《说文·至部》：“臻，至也。从至，秦声。”又如成语“口诛笔伐”的“诛”怎么解释？显然不能释为“讨伐”或“杀戮”。分析字形结构，“诛”字“从言，朱声”，《说文·言部》：“诛，讨也。”《广雅·释诂一》：“诛，责也。”本义表示用言语指责、责备他人。

汉字学知识还有助于汉语方言词汇研究。重庆话有“到住”一词，意思是“到了极点”，如“车上挤到住”，“整人整到住”。但“住”字没有“极点”义，应是个假借字。其本字应是豚(zhuó)，该字本义指人或动物身体底端的尻部，引申为“到底”“到极点”。其读音，《广韵·觉韵》“竹角切”，古入声字，对应于重庆话应读zuó，在“到豚”一词中稍有变化读zù。

(四)有助于研究中国古代文化

汉字记录了古代汉语，同时也附带记录了古代文化现象。如“班”字，中间是“刀”，两边是“玉”，字义是“分瑞玉”。《说文·玨部》：“班，分瑞玉。从玨，从刀。”《尚书·舜典》：“乃日覲四岳群牧，班瑞于群后。”此“班”字让我们知道，古代将瑞玉中分为二，各执其一作为信物的文化现象。又如“袭”，《说文·衣部》：“袭，左衽袍。从衣，龖省声。”段玉裁注：“小敛、大敛之前衣死者谓之袭。”即给死者穿袭衣。《释名·释丧制》：“衣尸曰袭。袭，匝也，以衣周匝，覆衣之也。”也指死者所穿的衣服，即左衽袍。左衽，指衣襟向左开。《仪礼·士丧礼》：“乃袭三称，明衣不在筭。”郑玄注：“迁尸于袭上而衣之，凡衣死者，左衽不纽。”“袭”字反映了古代丧礼中衣尸的礼制和习俗。

①段玉裁《说文解字注·六书韵表一·古谐声说》：“一声可谐万字，万字而必同部。”见上海教育出版社，1981：817.

二维码 绪论10

汉字中留存的古代文化信息很多，可以说，古代社会的各个方面，包括政治经济、风俗习惯、生活起居、战争祭祀、婚丧嫁娶、饮食服饰、伦理观念、宗教信仰等，大都在古代汉字中有所反映。汉字及汉字学为我们研究中国古代文化，提供了丰富的材料和可靠的信息。近年来，不少学者致力于汉字与文化的研究，并在此基础上建立起汉字文化学这一新兴学科，其重要依据就是汉字所负载的古代文化信息。郭沫若指出："舍中国古代文字，无由洞悉中国古代社会的真相。"①他通过研究古代汉字来研究中国古代社会，写出《中国古代社会研究》《奴隶制时代》等著作，可见汉字对研究中国古代社会文化，具有十分重要的作用。

（五）有助于语文教学工作

中小学语文教学中，识字教学是重要内容之一，要想有效从事这一教学，教师必须具备一定的汉字学知识。中小学语文教材中，古诗文篇目不少，其中有些字词不好理解，这是教师运用汉字学知识解释的重点。如选自《左传·庄公十年》的《曹刿论战》："肉食者谋之，又何间焉？"其中"间"字是什么意义？晋代杜预注："间犹与也。""间"何以有"与"（参与）义呢？这就需要讲清楚"间"的结构及字义演变了。原来"间"是简化字，金文"间"作，楷书繁体作"閒"，《说文·门部》："閒，隙也。从门，从月。"表示门缝里照进月光。本义是"缝隙"。引申为"加入其中""参与"等意义。经过这样的解释，"间"何以有"参与"义，就十分清楚了。

汉字学的功用主要有以上五种。此外，汉字学对于历史学、考古学、文物研究、民族文字比较研究等，也有直接或间接的作用，这里就不多述了。

四、汉字学的学习方法

（一）掌握基础知识，拓展相关阅读

学习汉字学，需要学习和掌握汉字学的基础知识，这些知识包括汉字的起源，汉字的性质，汉字的构造方法，汉字的形音义，汉字的形体演变，汉字中的古今字、异体字、繁简字，汉字与古代文化等等。在汉字教学中，汉字学的基础知识一般都会编入汉字学教材中，因此学习汉字学，选择一本较好的汉字学教材，系统学习教材内容，熟练掌握汉字

①转引自张桂光．汉字学简论．广州：广东高等教育出版社，2004：9.

学基础知识，是至关重要的，也是必须的。

但汉字学作为一门学科或课程，仅限于教材基础知识的学习是不够的，一方面教材的容量和教学课时有限，基础知识介绍大都比较简略，举例也不能太多；另一方面受教材设计目的所限，较为深入的汉字研究成果不能纳入教材中。因此学习汉字学在掌握一定基础知识以后，可以适当拓展阅读面，了解更多的有一定深度和广度的汉字学知识。如汉字的性质各家观点不同，可以看看各家的具体论述和分歧所在；汉字构造的"六书"理论，尤其是转注、假借，争议较大，看看古今学者的具体解释和问题所在；汉字的形体演变，可以在教材之外翻阅甲骨文、金文、简帛文等古文字著录书，感受各种汉字形体特点和差别；此外还可以选择阅读汉字发展史、汉字学通论、汉字与古代文化等方面的论著。通过拓展阅读，我们将接触到更多的汉字学文献，有效拓宽汉字学视野，使我们对汉字学基础知识的理解和掌握更加深刻和牢固。

(二)利用构字理论，多识古今汉字

汉字的构字理论，传统有六书，即象形、指事、会意、形声、转注、假借，是古人根据大篆、小篆等古文字归纳出来的六种构字方法。今天看来，除假借是旧字利用而不能产生新字以外，其他五书都能产生新字，因而用来识读包括甲骨文、金文、大篆、小篆在内的古文字，是十分有效的。即便是后来的楷书字体，我们仍然认识"日、月"是象形字，"本、末"是指事字，"逐、休"是会意字，"性、情"是形声字，即仍能用传统构字理论识读这些汉字的构造和意义。形声字在汉字中的比例非常高，用传统的形声构字理论识读这些字，也是十分有效的。

声化、简化、讹变是汉字在使用过程中的字体演变现象，其实也是能产生新字的构字理论和方法，其中声化是在原字上加声符，如(宝)加声符"缶"作；简化是减少原字笔画或部件，如(车)简化为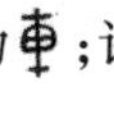；讹变是把字写错了，习非成是，如(桑)讹变为等。在古文字中，声化、简化、讹变现象比较多，因而利用这几种字体演变理论，也能帮助我们识读许多古文字。

汉字发展到今天，变化更大了，尤其是简化字，大都失去了传统的构字理据，识读现代汉字需要新的构字理论，裘锡圭在《文字学概要》中提出的字符理论，不失为一种识读现代汉字较好的理论和方法。所谓字符即文字所使用的符号。现代汉字的字符分意符、音符、记号三类。跟文字所代表的词在意义上有联系的是意符，在语音上有联系的

是音符，在语音和意义上都没有联系的是记号[①]。由一个具有独立音义的基本字符组成的汉字是独体字，如“言、五、口、人、手”等；由两个或两个以上基本字符组成的汉字是合体字，如“语、体、温”等。合体字又分为五小类：义符+义符，如“休、炎、尘”等；音符+义符，如“吐、岭、房”等；记号+记号，如“表、去、归”等；义符+记号，如“春、鸡、执”等；音符+记号，如“笨、胜、毕”等。

（三）利用工具书，掌握汉字形音义

汉字集形音义为一体。识读一个汉字既要知其形，又要知其音和义。由于字义引申和借字记词，历史上的许多汉字往往是多义字。为了区别意义，古人的做法是或变其音（改变声、韵、调），或变其形（改变笔画、偏旁，或借字、造新字等），或音、形都改变。经过音或形改变以后的汉字，其形音义与原字既有联系又有区别，加上汉字字数众多，字形复杂，学习和掌握一个汉字的形音义，需要花一些功夫。课堂学习自然是快捷地掌握汉字形音义的重要学习方式，但方便而持久的方法是利用工具书。古今学者为我们学习和研究汉字，编纂了许多工具书。其中有的收载字形，如徐中舒《汉语古文字字形表》，高明《古文字类编》等；有的解释词义或事物得名之由，如先秦人编的《尔雅》，三国魏张揖编的《广雅》，汉代刘熙所著《释名》等。有的释义又注字音，如宋代的《广韵》《集韵》，清代《康熙字典》，初版于民国、新中国成立后修订的《辞海》《辞源》，今人宗福邦等主编的《故训汇纂》，罗竹风主编的《汉语大词典》等；有的专供查检音韵，如今人唐作藩《上古音手册》，郭锡良《汉字古音手册》等；有的综合解释形音义，如汉代许慎《说文解字》，今人徐中舒主编的《汉语大字典》等。通过查检工具书准确掌握汉字的形音义，对我们学好汉字学和读懂古书，都是大有裨益的。

思考练习

一、填空题

1.汉字是记录和传播汉语的（　　）符号系统，是我国古代汉族人民独立创造和使用的一种（　　）文字。

2. 现在说“文字”或“字”，在中国古代文献中有“文”（　）（　）等不同名称。

3.按《说文解字》解释，“文”和“字”的本义分别是（　）（　　）。“文字”合用最早见于（　　）朝刻石。

---

① 裘锡圭．文字学概要．北京：商务印书馆，1988：11.

二、术语解释

1. 文字学　2. 描写文字学　3. 普通文字学

三、简答

汉字学的学科发展。

四、实践分析

结合实例，谈谈你对汉字学功用的理解。

1.《说文·爪部》：“爲，母猴也。”罗振玉《增订殷虚书契考释》：“爲，从爪从象\绝不见母猴之状，卜辞作手牵象形……意占者役象以助劳。其事或尚在服牛乘马之前。”

2. 张世禄《文字上之古代社会观》：“世界言象形文字者，必推吾国。则此文字者，诚有史以前先民遗迹之所留，曷借之以窥其政俗之梗概，以补史策所未及者乎！”

3. 段玉裁《广雅疏证序》：“圣人之制字，有义而后有音，有音而后有形；学者之考字，因形以得其音，因音以得其义。”

4. 中央电视台“星光大道”栏目前主持人毕福剑赠字给花式台球选手潘晓婷，把“九球天后”写成“九球天後”。

5. 清·王筠《文字蒙求·序》：“人之不识字也，病于不能分。苟能分一字为数字，则点画必不可以增减，且易记而难忘矣。”

【拓展延伸】

1. 裘锡圭. 谈谈学习古文字的方法. 语文导报，1985(10).

2. 张玉金，夏中华. 汉字学概论. 南宁：广西教育出版社，2001.

3. 张桂光. 汉字学简论. 广州：广东高等教育出版社，2004.

4. 喻遂生. 汉字学教程. 北京：北京大学出版社，2014.

第一章

汉字的产生与性质

【章目要览】

通过对古代有关汉字产生的传说的辨析、史前刻画符号是不是早期汉字的讨论、图画与文字的界限的阐述,说明汉字产生于图画。文字从开始产生到形成体系需要经历一定阶段,汉字体系产生的时间应该在夏代。语言学界对汉字性质有多种观点,根据汉字的主要特点观察分析,汉字属于意音文字。

【相关知识】

现代汉语"文字"部分对汉字的产生与性质有简略的介绍;语言学概论"文字"部分对文字的基本性质与文字的产生有较为深入的剖析。这些知识为学习汉字的产生与性质奠定了一定的基础。

【情景案例】

以下是淘宝某店铺客服与顾客对话截图的文字部分:

顾客:掌柜,我选的这个诱惑吗?

客服:诱惑?

顾客:……我选的这个有货吗?

客服:有货。

顾客:有大妈吗?

客服:亲,客服最大的27岁。

顾客:有大码吗?

客服:有!

顾客:你能活到付款吗?

客服:……我尽量。

顾客:我是说能货到付款吗?

客服:可以的。

顾客:你们有尸体店吗?

客服:亲,淘宝不让卖那个……

顾客:我是说实体店。

客服:有的。

顾客:你什么时候发火啊?

客服:给差评的时候!

顾客:我是说发货。

客服:呃,一会儿就发。

顾客:一口气买了五件,能幽会吗?

客服:……吃个饭应该还是可以的。

顾客:优惠?

客服:哦!没有。

顾客:亲,给我保佑吧。

客服:啊!我没那神力!

顾客:包邮啊!

客服:不包!

顾客:你们能发神童吗?

客服:亲,我们做正经生意,不贩卖儿童。

顾客:申通啦!

客服:嗯呢!

顾客:我想吻你一下……

客服:啊,这样不好吧。

顾客:我说想问你一下……

【重点提示】

图画与文字的界限;汉字体系产生的时间;汉字的性质。

第一节　汉字的产生

汉字是世界上最古老的文字之一，也是中华文明的重要标志之一。作为一种自源文字，它未受到其他文字影响，独立产生、发展并逐步完善，形成一套完整的文字体系。对汉字的产生，古人曾做过一些思考和设想，这些最终通过书面记载的传说保留下来。

一、汉字产生的传说

关于汉字的产生，我国历史上曾有多种传说。这些传说大致可分为两类：汉字的创造者和汉字符号的来源。

（一）汉字的创造者

有关汉字创造者的传说中，"仓颉造字说"影响最大，流传最广。

这一传说早在战国晚期的传世文献中就有记载：

奚仲作车[illegible]作书，后稷作稼，皋陶作刑，昆吾作陶，夏鲧作城，此六人者，所作当矣。（《吕氏[illegible]

古者[illegible]谓之厶，背厶谓之公。（《韩非子·五蠹》）

到[illegible]，影响更深，不时有典籍论及。如：

仓颉作书，[illegible]仓颉篇》第一章）

昔者仓颉作书而[illegible]夜哭。（《淮南子·本经》）

造端更为，前始未有，若仓颉作书，奚仲作车是也。（《论衡·对作》）

东汉许慎整理前人传说，再次指出：

黄帝之史仓颉，见鸟兽蹄远之迹，知分理之可相别异也，初造书契。……仓颉之初作书，盖依类象形，故谓之文；其后形声相益，即谓之字。（《说文解字·叙》）

早期汉字真的是仓颉创造的吗？

"汉字构造思路多样化，构造方法复杂而细腻，构件数量庞大"①，以仓颉一人之力能否创造出众多的成系统的汉字？答案当然是否定的。

在远古时代，由史官负责搜集整理汉字。可能的情形是：当时社会上已经有一些通行的文字，而仓颉作为黄帝的史官之一，曾专一于这些文字的搜集整理和规范工作。正如荀子所说：

①张其昀.汉字学基础.北京：中国社会科学出版社，2005：16.

故好书者众也，而仓颉独传者，壹也。(《荀子·解蔽》)

鲁迅也曾说过：

但在社会里，仓颉也不止一个，有的在刀柄上刻一点图，有的在门户上画一些画，心心相印，口口相传，文字就多起来，史官一采集，便可以敷衍记事了。中国文字的由来，恐怕也逃不出这例子的①。

(二)汉字符号的来源

这类传说较多，主要有以下几种：

1.结绳说

此说认为，汉字起源于结绳。所谓结绳，即在绳子上打疙瘩。

结绳说早在先秦典籍中就已经有记载。如：

上古结绳而治，后世圣人易之以书契。(《周易·系辞下》)

昔者容成氏、大庭氏、伯皇氏、中央氏、栗陆氏、骊畜氏、轩辕氏、赫胥氏、尊卢氏、祝融氏、伏羲氏、神农氏，当是时也，民结绳而用之。(《庄子·胠箧》)

东汉郑玄为上引《周易·系辞下》"上古结绳而治"作注，并对如何"结绳"作了说明：

结绳为约，事大，大结其绳；事小，小结其绳。(唐代孔颖达《周易正义·十三》引东汉郑玄注)

唐人李鼎祚引用《九家易》，对《周易·系辞下》所说"结绳"也作了解释：

古者无文字，其有约誓之事，事大大其绳，事小小其绳，结之多少，随物众寡，各执以相考，亦足以相治也。(唐代李鼎祚《周易集解·卷第十五·周易系辞》引《九家易》)

但如何"大结"，又如何"小结"，前人未有详细说明。

直至民国初年，朱宗莱仍有此说：

文字之作，肇始结绳。(朱宗莱《文字学形义篇》)

在文字产生之前，人类确实曾经采用实物帮助记忆，结绳就是最著名的实物记事的方式之一。

中华人民共和国成立前，我国有的少数民族仍在使用结绳记事，如云南傈僳族。

傈僳族(碧江三区)黑麦燕带养侄儿时，用麻绳涂了墨，供给侄子一月，就结上一个结，用以记着供给侄子的月数。到解放时，已经结了五十一个结，因侄子已参加工作，他的叔父拿出这根绳子，表示他供养侄儿四年多了②。

有的甚至形成了相当复杂的结绳体系，如云南哈尼族。

---

①鲁迅.门外文谈.北京：北京出版社，2016：8.

②李家瑞.云南几个民族记事和表意的方法.文物，1962(1)：12-14.

哈尼族（红河元阳）买卖田地时，用单股麻线打结，标志田价银子。每结代表一两银子，结与结之间距离相等，即是单位相同。如最后距离只有一半，即代表半两。这种打结麻线，买卖时要制同样的两根，买卖双方各执一根[①]。

但是，无论简单还是复杂，结绳本质上是用以记数、记事的。绳结本身不是文字，也不可能发展成为系统的文字。

当然，如果少数结绳符号最终与语言中的词建立了固定的联系，就可能被汉字系统所吸收，但数量不会很多。如下面三个表示数目的金文，就可能来源于古代结绳符号：

“”（十）、“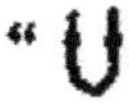”（廿）、“”（卅）

2. 刻契说

此说认为，汉字起源于刻契。

刻契是在竹条或木条侧面刻上齿痕用以记数或记事，是结绳之外另一种古老的实物记事的方法。古代典籍中时有这类刻契的记载：

契，刻也。刻识其数也。（《释名·释书契》）

书之于木，刻其侧为契，各执其一，后以相考合。（《尚书正义·序》郑玄注）

符左契右，相与合齿。（《易林·大畜之未济》）

宋人有游于道得人遗契者，归而藏之，密数其齿，告邻人曰：“吾富可待矣。”（《列子·说符》）

古人把刻上齿痕的竹条或木条从中间劈开，双方各执一半作为一种契约凭证。上文所引《列子·说符》例，记述宋人在路上捡到“契”以后，认为自己马上可以变富，说明他所捡到的“契”是刻有齿痕的有关钱财的契约。

刻契与结绳一样，都是用来记事、记数的手段，所刻的齿痕本身并不是文字，也不可能发展为系统的文字。

当然，如果少数刻契符号最终与语言中的词建立了固定的联系，就可能被汉字系统所吸收，如“一 二 三 亖（四）”等甲骨文，就可能来源于古代刻契符号。

3. 八卦说

此说认为，汉字起源于八卦。

早在先秦典籍《周易》中，便有“伏羲氏始作八卦”之说：

古者包牺氏之王天下也，仰则观象于天，俯则观法于地，观鸟兽之文与地之宜，近取诸身，远取诸物，于是始作八卦，以通神明之德，以类万物之情。（《周易·系辞下》）

①李家瑞. 云南几个民族记事和表意的方法. 文物，1962（1）：12-14.

东汉许慎在谈到汉字起源时,引用了《周易·系辞下》之说,并且认为八卦对汉字的产生有影响,将八卦看作汉字产生前期的原始形态。他说:

古者庖牺氏之王天下也,仰则观象于天,俯则观法于地,视鸟兽之文与地之宜,近取诸身,远取诸物,于是始作《易》八卦,以垂宪象。及神农氏结绳为治而统其事,庶业其繁,饰伪萌生。黄帝之史仓颉,见鸟兽蹄迒之迹,知分理之可相别异也,初造书契。百工以乂,万品以察。(《说文解字·叙》)

伪托于汉代人作的《尚书传》,其中的《尚书序》也说:

古者伏羲氏之王天下也,始画八卦,造书契,以代结绳之政,由是文籍生焉。(《尚书序》)

此说认为八卦与书契(文字)都是伏羲氏所创造,而书契似乎来源于八卦。

相传著于汉代的《易纬》,明确提出汉字起源于八卦之说:

文字起于八卦。(《易纬·乾凿度》)

宋代晁公武在其《郡斋读书志》中,怀疑《易纬·乾坤凿度》是宋人伪造的古书,其后不少人沿袭此说。《乾凿度》是《乾坤凿度》之一篇。书中认为,八卦的八个基本卦形分别就是古文字"天、地、雷、山、火、水、泽、风"八个字。

宋代郑樵受这种说法的影响,在其《通志·六书略·论便从》中说:

文字便从不便衡,坎、离、坤,衡卦也,以之为字则必从。故☵必从而后成水,☲必从而后成火,☷必从而后成巛。

郑樵所说的"从、衡"即"纵、横",他认为文字方便纵写,不方便横写,将坎、离、坤三卦的符号纵写就分别成"水""火""巛"三字。("巛"是古"川"字,假借为"坤"字。)

以上是"八卦说"的来源和梗概。

其实八卦原本是巫师占卜所用的符号。每卦都有其卦名、卦形和卦象:

卦名: 乾 坤 震 艮 离 坎 兑 巽

卦形: ☰ ☷ ☳ ☶ ☲ ☵ ☱ ☴

卦象: 天 地 雷 山 火 水 泽 风

图1-1 八卦图

八个卦形分别由“—”与“--”两种符号组合而成。占卜时，用这八个卦形代表八种不同的事物。八个卦形还可以互相组合，形成六十四个重卦，最终构成一个复杂的象征体系。

上古时期，巫师（甲骨卜辞中称为“贞人”）在占卜时确实曾用八卦来帮助记事。无论占卜得到的卦象多么纷繁复杂，巫师都可以据之阐释吉凶之理。但无论八卦自身，还是由八卦互相组合出来的六十四个重卦图形，都没有与当时语言中的词建立固定的联系，因此八卦本身不是文字，八卦体系也不可能发展成系统的文字。

二、史前刻画符号与汉字

相比于传说，能让人们联想到汉字产生的更为直观的材料，应当是迄今为止所发现的考古材料。

近百年来，我国考古学界陆续发现了一些新石器时代的遗址。在这些遗址中，出土了不少有刻画符号的陶器或陶片。这些刻画符号大体上可以分为两类：一类是形体比较简单的几何线条符号，另一类是象形程度很高的图形性符号。

（一）几何线条符号

几何线条符号以陕西西安半坡遗址出土的陶器上的刻画符号为代表。

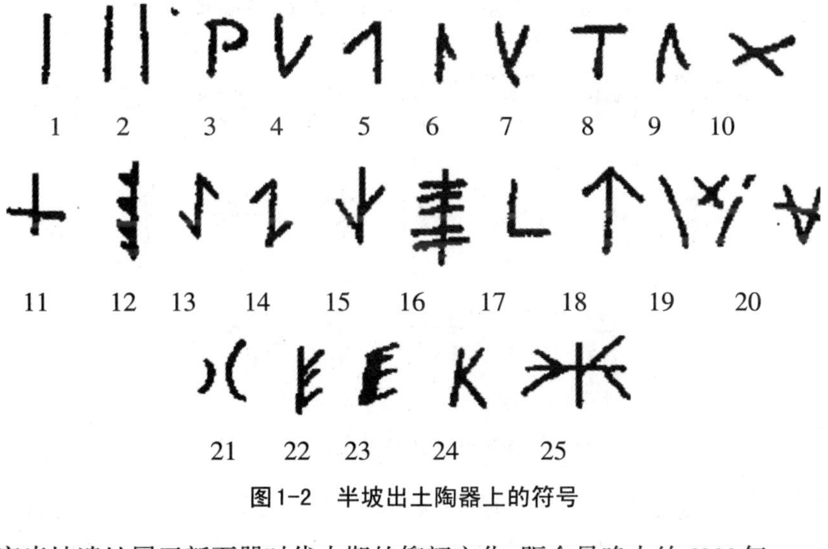

图1-2　半坡出土陶器上的符号

西安半坡遗址属于新石器时代中期的仰韶文化，距今最晚大约6000年。

类似的刻画符号还有很多，下面这几组陶器符号分别出土于广东佛山、河南龙山、河南偃师二里头和河南郑州二里岗等文化遗址：

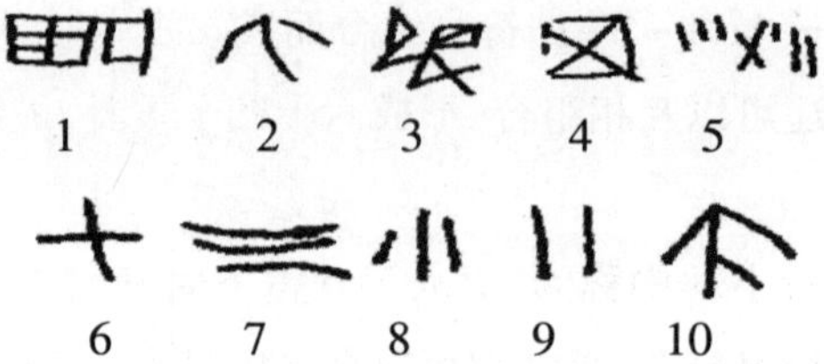

图1-3 广东佛山河宕出土陶器上的符号

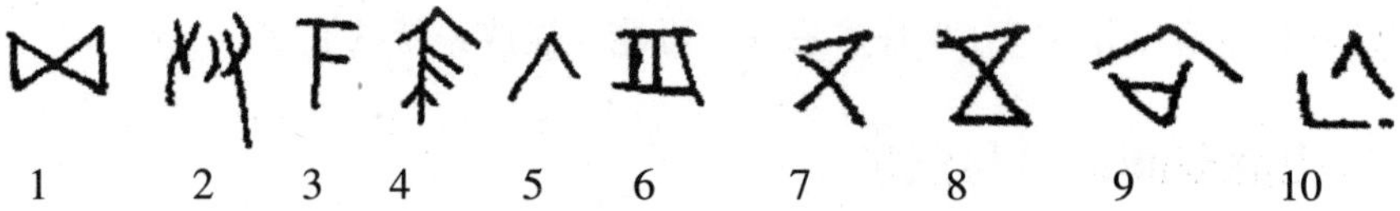

图1-4 河南龙山出土陶器上的符号

图1-5 河南偃师二里头出土陶器上的符号

图1-6 河南郑州二里岗出土陶器上的符号

广东佛山河宕遗址属于新石器时代早期的西樵山文化，时代久远。河南龙山遗址属于新石器时代晚期的龙山文化，距今大约4000年。河南偃师二里头遗址属于夏代中晚期的二里头文化，其年代约为公元前1800年–公元前1551年。河南郑州二里岗遗址属于商代的二里岗文化，距今大约3500年。

上述这些刻画在陶器上的符号，基本上是由几何线条组成的，而早期汉字是以象形为基础的文字体系，因此，它们与汉字应该不属于同一个系统。

（二）图形性符号

图形性符号以山东莒县陵阳河出土陶器上的符号为代表。莒县陵阳河遗址属于新石器时代中期的大汶口文化，距今大约4500年。符号如下：

图1-7　陵阳河出土陶器上的符号

类似的符号又如安徽蚌埠双墩出土的陶器符号。蚌埠双墩遗址属于新石器时代早期，距今约六七千年。

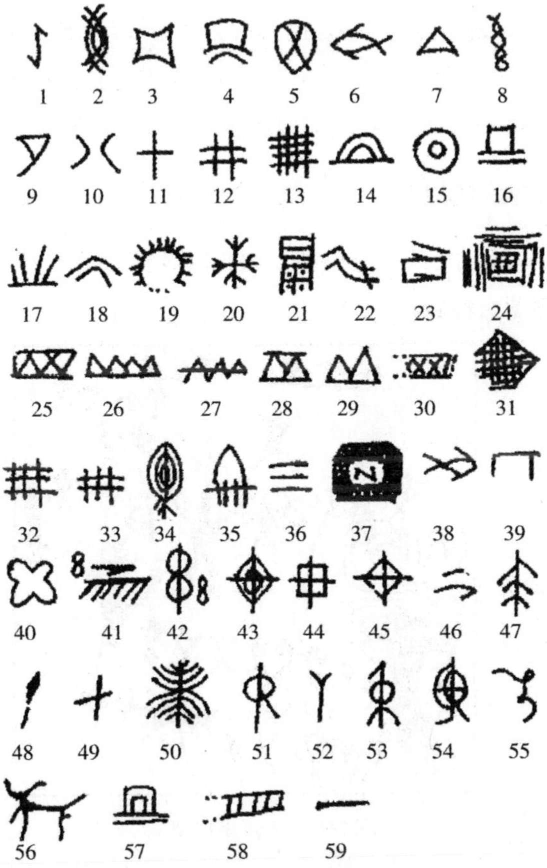

图1-8　双墩出土陶器上的符号

这些符号象形程度很高，与早期汉字很相似。但它们往往都是单个存在，比较零碎，并未成文，缺乏系统性，无法考察它们的音和义。因此，说它们就是汉字尚无足够的证据。目前只能认为它们是一些象形程度很高的记事符号，可能与汉字的产生有某些联系，需待发现更多的同类符号进一步研究。

三、图画与汉字

自从语言产生之后，口语一直是人们最重要的交际工具。然而，随着社会的发展，人们开始产生记事的需要。最早可能只是利用一些实物记下生活中比较重要的数字，慢慢地，就可能利用一些图画帮助记忆生活中发生的比较重大的事件，于是记事图画就产生了。

现在学术界一般认为，文字起源于记事图画。唐兰曾说过："文字本于图画，最初的文字是可以读出来的图画。"[1]目前世界上已知的几种古老的文字，如苏美尔文字、古埃及文字、克里特文字、原始印度文字等，最早都是象形文字，而且都与记事图画密切相关，汉字也不例外。结绳、刻契、八卦等与汉字的产生没有直接联系，而用于记事的图画是汉字的直接来源。从图画到汉字，其间经历了一个文字画阶段。

（一）从图画到文字画的过渡

在旧石器时代的遗址中，经常有一些反映当时社会生活的岩画。如下面云南沧源的祭祀图和氏族寨落图两幅岩画：

图 1-9　沧源祭祀图

①唐兰. 中国文字学. 上海：上海古籍出版社，2005：76.

沧源祭祀图反映的是庆祝胜利或有关节日举行祭祀祝祷仪式的场面：

左下角有一个特大的双手叉腰、腰扎皮裙的人，头部衬托有特大的云朵，这显然是一个最重要的人物，或是酋长，或是部落首领。画面的中心有两个相对起舞的人，头戴鸟的尾羽，手臂披着羽毛，这是巫祝的形象。在巫祝的左下方有一对上下相对的人形，似要进行格斗表演，左旁有交叉搭成的木棒与酋长隔开，上方和右方有成排列队的起舞的人形，身体都是填实的三角形，似乎表示男性，都做统一的舞蹈动作。左下方在酋长的周围，是用单线勾画成的三角形人形，似乎表示女性，其中有一个高举双手似乎在欢呼，显然她是女性中地位最高的成员。在她两边还有双臂下垂头戴牛角的舞师。其他女性，除一个举手欢呼者以外，都没有画出手臂，似乎在列队观望。画面中下方还有一头牲畜，前面似乎有一片血，这可能是用来祭祀神灵的祭品①。

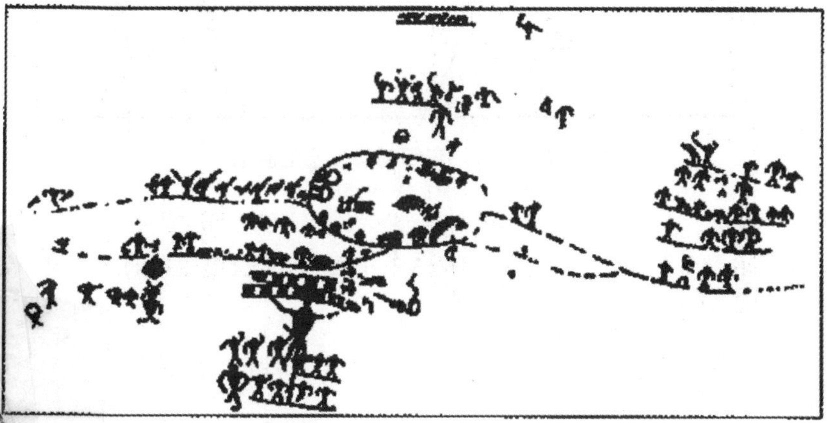

图1-10　氏族寨落图

氏族寨落图生动地记录了原始先民们的生活场景：

画面最中间，是一个围起来的村寨。寨内有许多圆形建筑，是有立柱的草房。村寨中央有一个比较大的圆形房屋，这可能是部落或氏族首领的住处。寨子的右下方，还有一个不完整的大厦，这里可能是全寨人集会的地方。村寨中有人拿着叉，有人拿着石斧，像是在寨中巡逻。村寨左侧有一队列出征迎敌，保卫村寨，右侧有押解战俘胜利归来的场面，上方有出猎之前的队列舞蹈。村寨下方可能是在举行大型的祭祀活动。在通向村寨的一条路上，人们赶着猪作祭品，左下角一方，有几个人跟巫祝一起在进行祝祷活动，巫祝上方设有稷神标志。在最突出的中下方，有一特大型的人指挥着两排舞蹈

① 孔祥卿，史建伟，孙易．汉字学通论．北京：北京大学出版社，2006：12.

的人群，在他们的上方，有两排墓穴，还有死人的躯体和殉葬的动物①。

岩画带有记事的成分，而且写实的程度很高。后来的记事图画主要为了记事，因而写实的成分有所减少，开始出现一些表意性的符号和图示。如下面这幅车偃部落父子汇款信图画：

图1-11　车偃部落父子汇款信

图中表示：

父亲托人捎带银钱给儿子，信中画53个小圈代表钱数，说话的线条弯曲回来，意思是叫儿子早日回家②。

这种记事图画被称为“文字画”，是用于记事或传递信息的图形。类似的图形再如：

图1-12　余杭县南湖黑陶罐文字画

① 孔祥卿，史建伟，孙易．汉字学通论．北京：北京大学出版社，2006：13.

② 周有光．比较文字学初探．北京：语文出版社，1998：11.

这幅文字画中，有斑纹的野兽为老虎，老虎前有一陷阱，并有一矢，表示要射猎老虎，或者老虎在遇阻之时自动落入陷阱；虎后有一张大网，网后一条小路与三个人相连，三人似乎在呼喊追赶老虎；下方似有一条小路与另一个陷阱相连①。

我国古代的金器铭文中也有类似的文字画，如下面这两幅画：

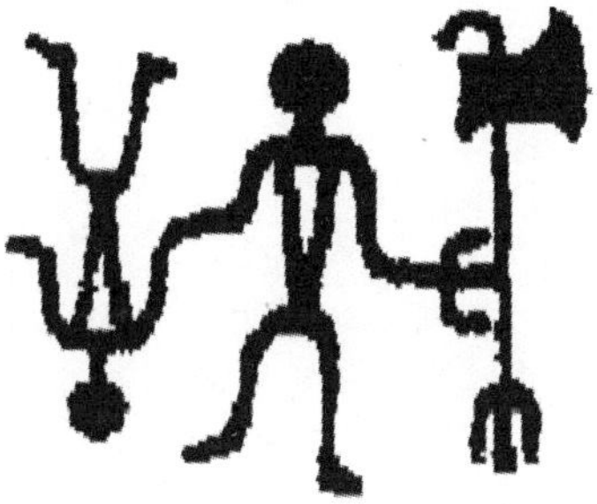

图1-13　《金文编》799

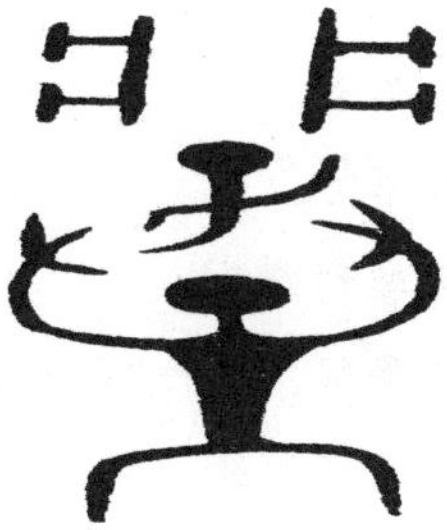

图1-14　乙父簋

这两幅文字画，《金文编》799像一个人右手持斧钺，左手持倒人，乃是表示在某次战争中俘获了敌人②。乙父簋的画面像一个大人双手举起小孩，沈兼士认为是表示祭祀的文字画③。

(二)从文字画到文字的跨越

文字画可用于记事，但还不能称为文字。文字画与文字的界限在哪里呢？我国云南纳西族的东巴经文图对我们有一定的启示：

图1-15　东巴经文(1)

这组图画中的各个图形，分别表示以下之义：：大树下。：(山羊)叫。：不。：草。：(狗)叫。：金，转义为“可爱”。：乳、乳水。：(鸡)鸣。：解结，假借作“白”。：米。

① 王晖.中国文字起源时代研究.陕西师范大学学报(哲学社会科学版)，2011(3)：5-23.

② 姚孝遂.古文字的形体结构及其发展阶段.古文字研究.北京：中华书局，1979.

③ 沈兼士.从古器款识上推寻六书以前之文字画.沈兼士学术论文集.北京：中华书局，1986：68-69.

整幅图画的内容可译为：

大杉树下可爱的小山羊“咩咩”地叫不休。

“你呀为啥这样叫？”

“我叫不是为好玩，

小时给我吃青草，

大了吃不着。

大地青草呀，

不知丢埋到哪儿，

丢草又寻草，我叫就是为此呵。”

大杉树下可爱的小狗“汪汪”地叫不休。

“你呀为啥这样叫？”

“我叫不是为好玩，

小时给我吃奶汁，

大了吃不着。

人间甜奶汁，

不知丢埋到哪儿，

丢奶又找奶，我叫就是为此呵。”

大杉树下可爱的小鸡“喔喔”地叫不休。

“你呀为啥这样叫？”

“我叫不是为好玩，

小时给我吃白米，

大了吃不着。

村庄谷米呀，

不知丢埋到哪儿，

丢米又找米，我叫就是为此呵。”①

在这组图画中，没有记录虚词的图形，图形的排列顺序也与语言中的词的出现顺序不一致。这类图形还不能算真正的文字，只能称为文字画。

但是，有少数东巴经文，其中的图形与语言完全一致，如下面两幅图：

① 方国瑜撰，和志武参订．纳西族象形文字谱．昆明：云南人民出版社，1981：497-504.

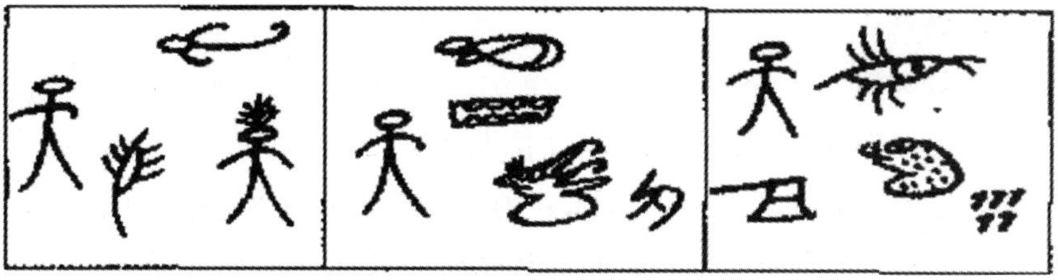

图1-16　东巴经文(2)

这则经文各个图形,分别表示以下之义::男。:稻,假借作“养育”。:阿。:父亲。:腿,假借作“逃亡”。:牙齿,假借作“去”。:岩羊,假借作“了”。:代表“说是”。:斧,假借作“寻找”。:牛虱,假借作“会来”。:壁虎,假借作“可能”。:五,假借作“是”。

这则经文可译为:

养育男儿的父亲,

说是男儿逃亡,

又会来寻找男儿。

其中的每一个图形都记录了语言中的一个词。

类似的经文又如:

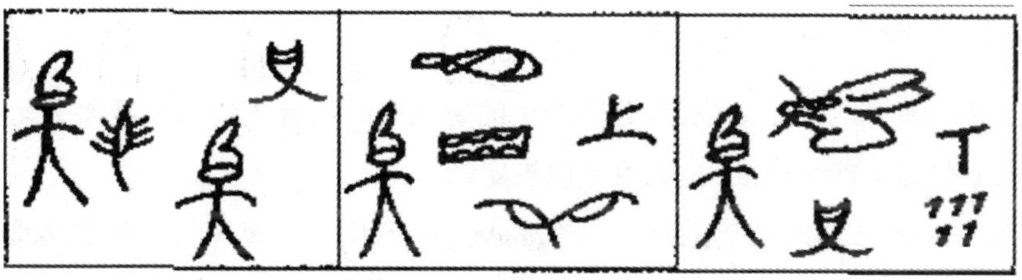

图1-17　东巴经文(3)

上则经文各个图形,分别表示以下之义::女。:其义同上文。:雌、母。共用两次,第一图指“母亲”;第二图假借作“寻问”。:腿,假借作“私奔”。:其义同上文。:草名,假借作“呀”。:表示“说”。:獐,假借作“又”。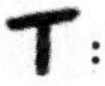:表示“可能”。:其义同上文。

这则经文可译为:

抚养女儿的母亲,

说是女儿私奔，

又会来寻访女儿[①]。

美国语言学家布龙菲尔德指出："一个图画到了已经约定俗成时，我们不妨称之为字。"[②]也就是说，在一幅图画中，每个图形都与语言中的某一个词建立了固定的联系，而且这种联系已经成为全体社会成员之间的共同约定，此时图画就成了文字。因此，上文所引后两则东巴经文符号已经是文字了，傅懋勣称之为"象形文字"[③]。

学术界讨论文字的产生，有文字画和图画文字两个概念。这是两个不同的概念，不能混淆。文字画即类似文字的图画，是文字萌芽时期描画或刻写在器物、岩壁等载体上，用于记事或传递信息的单个或一组图形。这类图形与原始文字有某些接近之处，但还不能准确记录语言，只能看，不能读，正如孙常叙所说："它的性质是示意图而不是留言板。"[④]

图画文字是图形性很强的早期象形文字（汉字的甲骨文、金文中保存较多），"逼真"是其特点。虽表面上类似图画，但与图画有本质区别，它是语言的书写符号，能记录语言中的词。简言之，文字画是"画"，图画文字是"字"。

当然，从文字画到文字的跨越绝非短时间内可以实现，它可能历时千年乃至上万年。而在从文字画到文字的跨越实现之后，文字本身还需要一个逐渐成熟和完善的过程。

四、汉字体系的产生

就一个个具体的汉字而论，其分别产生的确切时间因有关资料不足大多无从得知。但一个文字体系的产生时期，是大致可以推定的。

我们今天能见到的最早的汉字（也就是甲骨文）产生的时间，一般认为是在距今3000多年前的殷商时期。但是，学术界一致公认，此时的甲骨文已经是相当成熟的文字体系了。

考虑到甲骨文的成熟程度较高，很多学者认为，汉字体系的产生最晚应在夏代。根据相关材料来看，这个结论是合理的。

① 方国瑜撰，和志武参订．纳西族象形文字谱．昆明：云南人民出版社，1981：543-546.

② [美]布龙菲尔德．语言论．袁家骅，赵世开，甘世福，译．北京：商务印书馆，2008：358.

③ 傅懋勣．纳西族图画文字和象形文字的区别．郭大烈，杨世光．东巴文化论集．昆明：云南人民出版社，1985：102.

④ 孙常叙．假借形声和先秦文字的性质．古文字研究（第10辑）．北京：中华书局，1983：327-349.

首先,夏王朝时期奴隶制国家已经建立,国家事务庞杂,文字体系的产生有了必要性;其时脑力劳动与体力劳动开始分工,巫史之类的专业人员能够专门从事文字的搜集整理和规范统一工作,文字体系的产生更有了可能性。此外,在《古本竹书纪年》和《史记》夏、殷本纪中,对夏、商两代的世系和史实等都有比较详细的记载。经王国维以来的历史学家考证,除了《殷本纪》的世系在个别地方有讹误以外,这些记载与甲骨文所反映的世系几乎完全一致。

近年据学者推定,夏代存续的时间约为公元前2070年到前1600年,历时近500年,共经历了十四代、十七君。这么长的时间,其历史若没有文字记录而仅靠口耳相传且甚少讹误,那是不可能做到的。以下典籍的有关记载,更有助于证明我们对汉字体系产生于夏代的认识:

子曰:"夏礼,吾能言之,杞不足征也。"(《论语·八佾》)

夏太史令终古出其图法,执而泣之。夏桀迷惑,暴乱愈甚,太史令终古乃出奔商。(《吕氏春秋·先识》)

夏礼即夏代的礼仪法度,孔子能说出来,若无有关文字记录恐怕是不可能的。终古是夏代末年的史官,他能拿出夏代的图法(图录和法典)给夏桀看,说明那时已有用文字书写的有关档案。

综上所述,汉字体系产生的时间大约在距今4000年的夏王朝时期。这个推论尚待更多的材料尤其是夏代的文字资料予以论证,遗憾的是现在尚未发现可信的夏代文字资料,我们期待夏代文字的出现。

需要说明的是:文字从开始产生到形成体系,至少要经历个别符号的创造阶段、约定俗成的原始文字阶段和经过统一整理的成体系的文字阶段。每个阶段都要经历上百年乃至上千年的时间。汉字当然也不例外。

第二节　汉字的性质

汉字的性质是汉字学的基本理论问题之一。某类文字的性质,即这类文字区别于其他文字的根本属性。讨论汉字的性质,即讨论汉字属于哪一种类型的文字。

一、有关汉字性质的讨论

20世纪以来，有关汉字性质的研究、讨论一直不断，意见颇为分歧，据统计有“二十多种说法”[①]。其中最主要的有以下五种：

（一）象形文字说

1905年，孙诒让在其《名原》中指出古代汉字发展有三个阶段：“其初制必如今所传巴比伦、埃及古石刻文，画成其物，全如作绘”，是“原始象形字”；然后发展为如一般甲骨文那样经过简化省略的“省变象形字”；最后发展为篆书那样截然有别于图画的“后定象形字”[②]。

1940年，吴玉章发表《新文字与新文化运动》一文，文中认为：

中国的汉字注重形体，表示一个物件的词，就是这个物件的图形……每一件事情也按照事情的意义表示出来……这种就叫做象形文字的系统[③]。

后来蒋善国也有类似观点。他说：

在隶变以前，全部汉字都是属于象形文字的体系，过去所说的“六书”没有一书不是象形文字。

同时他也指出汉字不全是象形文字：

在隶变以前，汉字是象形兼表意的……[④]

象形文字又称表形文字，指描绘客观事物形状、具有一定读音、代表一定词义的文字。这种文字出现于文字发展中的初级阶段。任何一种成熟的文字系统都不可能由单一的象形文字构成。象形文字在汉字中只是极少数，因此，把汉字称作象形文字是不合理的。

（二）表意文字说

表意文字说源于欧洲。18世纪法国思想家孟德斯鸠指出：

汉字字形与语义有逻辑联系（表意），而欧洲文字主要是与语音有逻辑联系（表音）[⑤]。

---

① 田笑霞. 汉字性质研究述评. 吉林：吉林大学，2008：3.

② 孙诒让. 名原. 济南：齐鲁书社，1986：14.

③ 吴玉章. 新文字与新文化运动. 文字改革文集. 北京：中国人民大学出版社，1978.

④ 蒋善国. 汉字的组成和性质. 北京：文字改革出版社，1960：7，30.

⑤ 许明龙. 孟德斯鸠与中国. 北京：国际文化出版公司，1989：79-81.

后来瑞士语言学家索绪尔也有这种观点，他在《语言学教程》中把世界文字体系分为表音和表意两种，认为汉字是表意体系的文字，并明确指出：

一个词只用一个符号表示，而这个符号却与词赖以构成的声音无关。这个符号和整个词发生关系，因此也就间接地和它所表达的观念发生关系。这个体系的典范就是汉字①。

英国语言学家帕默尔认为汉字与埃及圣书字一样，字形直接表达事物或概念的意义，即属于表意文字。他说：

在中国，一如在埃及，文字不过是一种程式化了的、简化了的图画系统。就是说，视觉符号直接表示概念，而不是通过口头的词再去表达概念。这就意味着，书面语言是独立于口头语言的各种变化之外的②。

受西方学者以上关于汉字性质观点的影响，国内有的学者也认为汉字是表意文字。比如张世禄，他在《中国文字学概要》中说：

中国字体的应用，虽然大部分借作表音的，而音读上始终未曾具有确定的标准，实际还是用社会习惯上的一种意符。大部分的表音字上又加上了一个意符以示区别，就产生多数半个表意半个表音的"形声"字，所以中国文字始终未曾脱离表意文字的范畴③。

就术语的含义而言，所谓表意文字，指书写符号本身与所记录的词的意义有一定联系，而与所记录词的读音无直接联系。

根据这一含义，把汉字定为表意文字，明显存在一些问题。首先，"表意文字"这一术语的概念很模糊，学者们对这一概念的理解和运用并非完全相同。有的指象形文字，有的指表词文字。此外，汉字在殷商甲骨文阶段，就有大量表音成分的假借字、形声字。因此，不能说汉字是表意文字。

在我国学术界，不少学者对"表意文字"说提出了反对意见。如王伯熙说：

古今中外一切文字所记录的语言单位中，从来就没有什么单纯的"意义"单位④。

裘锡圭也指出：

把"包含大量表音的成分"的文字，简单称为表意文字，显然是不妥当的⑤。

这些说法值得肯定。

① (瑞士)索绪尔.普通语言学教程.高名凯，译.北京：商务印书馆，1980:50-51.

② (英)L.R.帕默尔.语言学概论.李荣等译.北京：商务印书馆，1983:99.

③ 张世禄.中国文字学概要.贵阳：文通书局，1941:146.

④ 王伯熙.文字的分类和汉字的性质——兼与姚孝遂先生商榷.中国语文，1984(2):108-116.

⑤ 裘锡圭.40年来文字学研究的回顾.语文建设，1989(3):4-12.

(三)表音文字说

表音文字,指用书写符号表示语音,再通过语音表示词义,而符号本身是没有表意作用的文字。说汉字是表音文字,是因甲骨文中假借字特别多而提出来的,并以为形声字也是表音文字。

早在1933年,刘大白就指出:

中国的汉字是单音节词表音文字[①]。

后来姚孝遂提出,汉字在甲骨文阶段已是"表音文字"。他说:

古代汉字,就其文字符号的来源说,也就是从其构形原则来说,它是从象形符号发展来的。但是,从它的发展阶段来说,它已经脱离了表意文字的阶段,而进入到了表音文字的阶段[②]。

无论是甲骨文也好,金文也好,就这些文字符号的来源来说,是客观事物的图像,是象形文字;但是就这些文字符号的作用来说,只是利用这些符号来记录语言,它是表音的,整个的文字体系已经发展到表音文字的阶段[③]。

他总结道:

就文字的功能和作用而言,古汉字,包括最早的、成体系的甲骨文字在内,由于其已有了固定的读音,它已发展到了表音文字的表音节阶段。

假借字的大量存在以及假借字使用频率高达百分之七十左右,这一客观事实可以进一步充分证明古汉字只能是属于一种纯粹的语音符号,而不是像某些学者所说的那样,是什么表意文字[④]。

他认为,形声字也是表音文字:

形符的主要作用是用来区分有关文字形体的,基本起不到表意的作用[⑤]。

对汉字是表音文字的观点,学术界有不同看法。刘宁生说:

英语的书写符号系统、日语的书写符号系统、汉语的书写符号系统……都成了一类。由此得出一个最简单的公式:一切文字="表音文字"[⑥]。

李运富也指出:

---

① 刘大白.文字学概论.长沙:岳麓书社,2011:5.

② 姚孝遂.古文字研究工作的现状及展望.古文字研究(第1辑).北京:中华书局,1979:20.

③ 姚孝遂.古汉字的形体结构及其发展阶段.古文字研究(第4辑).北京:中华书局,1980:15

④ 姚孝遂.再论古汉字的性质.古文字研究(第17辑).北京:中华书局,1989:309-310.

⑤ 姚孝遂.论形符与声符的相对性.容庚先生百年诞辰纪念文集.广州:广东人民出版社,2000:70.

⑥ 刘宁生.关于汉字性质的研究.语文导报,1987(6).

通过记录语言而表达语言的"音"和"意(义)"是所有文字的共性，这样为汉字定性对于区别世界不同文字体系之间的差别没有什么实际意义[①]。

甲骨文的假借字确实很多，但假借字与单纯表音的拼音文字并不等同，它是借用本身既有音又有义的字充当表音符号；形声字是由形符和声符构成的一半表义一半表音的文字，形符的表义作用不能否认。因此，表音文字说不承认汉字的表意性质，这是不正确的。

(四)表词(语素)文字说

汉字是表词文字的观点首先是美国学者布龙菲尔德提出来的。他在《语言论》中说：

文字的重要特点恰恰就是，字并不是代表实际世界的特征(概念)，而是代表写字人的语言的特征；所以不如叫表词文字或言词文字(word writing)……汉字发展了完善的表词文字体系[②]。

俄国语言学家伊斯特林也有类似观点，认为古代汉字属于表词文字，现代汉字变成了词素文字[③]。

国内学者赵元任提出汉字是词素文字的观点。他说：

用一个文字单位写一个词素，中国文字是一个典型的最重要的例子[④]。

钱乃荣将词素文字改为语素文字，他指出：

汉字既不是纯表音的文字，但它也表音；汉字又不是纯表意的文字，但它也表意。它是一种用独特的形体表示汉语中音义最小的结合体——语素的文字[⑤]。

此外还有学者根据汉字和语素与音节有对应关系，认为汉字是语素-音节文字[⑥]或音节-语素文字[⑦]。

说汉字是表词(语素)文字，是根据汉字书写的基本单位(一个字)所代表的语言成分来定其性质的。此说有可取之处，但表词(语素)不是汉字区别于其他文字的本质属性。陈淑梅指出：

以文字所记录的语言单位为标准，只能得出某一阶段的汉字的某一方面的特点，却

---

① 李运富，张素凤．汉字性质综论．北京师范大学学报(社会科学版)，2006(1)：68-76.

② (美)布龙菲尔德．语言论．袁家骅，赵世开，甘世福，译．北京：商务印书馆，1980：360.

③ (俄)B.A.伊斯特林．文字的产生和发展．左少兴，译．北京：北京大学出版社，2002：28.

④ 赵元任．语言问题．北京：商务印书馆，1980：144.

⑤ 钱乃荣．汉字再认识．上海大学学报(社会科学版)，1990(1)：81-86.

⑥ 叶蜚声，徐通锵．语言学纲要．北京：北京大学出版社，1981：164.

⑦ 尹斌庸．给汉字"正名"．中国语文通讯，1983(6).

无法概括整个汉字体系的性质，得不出汉字区别于其他文字体系的本质特征①。

(五)意音文字说

意音文字又称意符音符文字，指综合运用表意和表音符号来记录语言的文字，即既表意又表音的文字。

较早提出汉字是既表意又表音的文字的学者是徐银来，他在1931年发表的《中国文字的特性》一文中，把汉字称为"音义系文字"。他说：

故在今日中国文字在其作用上而言，其一代表本字之读音也，谓之为音符可也；其一代表本字之意义也，谓之为义符可也。在古谓之形声，在今谓之音义，此音义之文字，为吾国文字之特性。或谓中国文字为形系之文字，吾宁谓之为音义系文字②。

徐银来的音义系文字说其实就是意音文字说。

1957年，周有光发表《文字演进的一般规律》一文，提出"意音文字"说。他指出：

综合运用表意兼表音两种表达方法的文字，可以称为"意音文字"，汉字就是意音文字之一种③。

1985年，裘锡圭在《汉字的性质》一文中也主张汉字是意音文字。他认为汉字的性质应该由汉字本身所使用的字符的性质——表意和表音——决定，因此，他把隶变之前的基本使用意符、音符的汉字称为"意音文字"，之后的包含很多既不表意又不表音的记号的汉字称为"后期意音文字"④。

此外，还有一些学者提出类似于意音文字说的观点。如刘又辛的形音文字说⑤，王元鹿从文字制度的角度分析汉字的表词—意音文字说⑥等。

以上关于汉字性质的讨论，主要是从两个不同角度进行的。象形文字说、表意文字说、表音文字说和意音文字说，是通过探讨文字记录语言的方式来考察汉字性质的；而表词(语素)文字说是通过探讨文字符号与语言单位的对应关系来考察汉字性质的。

二、从汉字的特点看汉字的性质

汉字的性质是汉字属性的核心问题。要准确判定汉字的性质，"应该将汉字的定义、

① 陈淑梅.论判定汉字性质的标准及汉字的构意性质.语文建设，1998(8)：27-30+23.

② 徐银来.中国文字的特性.夜光.1931年1卷2期.

③ 周有光.文字演进的一般规律.中国语文，1957(7).

④ 裘锡圭.汉字的性质.中国语文，1985(1).

⑤ 刘又辛，方有国.汉字发展史纲要.北京：中国大百科全书出版社，2000：328.

⑥ 王元鹿.比较文字学.南宁：广西教育出版社，2001：118.

特点、汉字与汉语的关系等与汉字性质研究密切相关的问题整体考虑、系统研究”①。

汉字不同于世界上其他文字的特点有很多，能体现其本质属性的主要有以下几点：

（一）汉字是形音义的统一体

每个汉字都有一个独特的形体，几乎每个形体都有相对独立的意义，同时又记录了口语发出的一个音节。如“汉”“字”二字，“汉”的形体由“氵”和“又”组成，读音为hàn，本义是“汉水”，水名。“字”的形体由“宀”和“子”组成，读音为zì，本义是“生育”。因此，汉字是形音义的统一体。只有少数汉字有形、有音却没有意义，例如“蜻”“蜓”“芙”“蓉”等，这类字是记录复音单纯词的汉字。

汉字的这一特点鲜明地体现出它与其他文字的不同，尤其是与拼音文字的区别很大。正如吕叔湘所说：

> 汉字以外的文字都只是形和音的结合，只有汉字是形、音、义三结合②。

文字用来记录语言，汉字的这一特点，与汉语的特点是相适应的。张桂光曾指出：

> 汉字一字一音一义的特点与汉语以单音节为语素基本形式的情形相适应……完全可以满足汉语词汇复音化的发展需要③。

（二）汉字是以形表意的文字

汉字的形音义三者中，“形”起着非常重要的作用：汉字借助形体表示其意义。传统“六书”中的象形、指事、会意字，其字形与字义有明显或较为明显的联系；至于形声字，其形符（或称意符、义符）也对其字义有一定提示作用。正如丁邦新所说：

> 对于极大多数的中国文字而言，属文字本身的除形以外，也有义。这是和拼音文字迥然不同之处……拼音文字的字母除形以外，音与义都受之于语言；而中国文字则形体本身就包含着意义。有的形体只表示意义的大类，由语言足成之④。

拼音文字的形体却并非如此。如“ours”，其形体“o-u-r-s”到底表示什么意思，得看这个单词属于哪种语言，在英语中其义为“我们的”，在法语中其义则为“熊”。

王宁也指出：

> 汉字是因义构形的，因此，它的形体直接带来的信息是意义，由义而知音。这与拼

---

① 秦学武．二十世纪以来两个汉字基本理论问题研究史论．石家庄：河北师范大学，2015：55.

② 吕叔湘．语文近著．上海：上海教育出版社，1987：142.

③ 张桂光．汉字学简论．广州：广东高等教育出版社，2004：23、24.

④ 丁邦新．中国文字与语言的关系——兼论中国文字学．中国语言学论文集．北京：中华书局，2008：517.

音文字直接带来语音信息，由音而知义，正好相反①。

如汉字“闯”，借助“马”进入“门”里的形体表示“闯入”之意，再由“闯入”之意借助口语推知其读音“chuǎng”。而拼音文字则不然，如英文单词“drink”，借助形体“d-r-i-n-k”拼出读音[drink]，然后借助口语推知其意义“喝”。

总之，拼音文字是由形知音再知义，而汉字是由形知义再知音，这是汉字的又一重要特点。

（三）汉字是以形声字为主的文字

从商周以来，汉字不断增多，而增加的主要是形声字。秦汉以后的汉字，百分之八十以上是形声字。《现代汉语通用字表》中的7000个汉字，形声字6252个，比例接近百分之九十。

形声字由形符（又称意符或义符）与声符构成，形符表示意义类属，声符表示读音，即一半表义，一半表音。

形符相同的形声字，通过声符的不同区别其相互的意义差异。如“鲤”与“鲫”，有共同的形符“鱼”，表明它们同属鱼类；但二者声符有异，一作“里”，一作“即”，表明它们是不同种类的鱼。声符相同的形声字，通过不同的形符以区别其意义类属的差异。如“铜”与“桐”，有共同的声符“同”，表明它们同音；但它们形符有异，一作“金”，一作“木”，表明它们意义类属不同，一个是金属，一个是木类植物。形声字的这类特点，是汉字独有的，与拼音文字有本质区别。

从对汉字以上特点的分析，我们可以说，汉字既不是单纯的表音文字，也不是单纯的表意文字，而是一种既表音又表意的文字，即是一种意音文字。

思考练习

一、搜集现代社会生活中的任意一幅标志类图画，并指出它要如何才可能成为文字。如刻在美国新墨西哥州的一段危崖上的警告图：

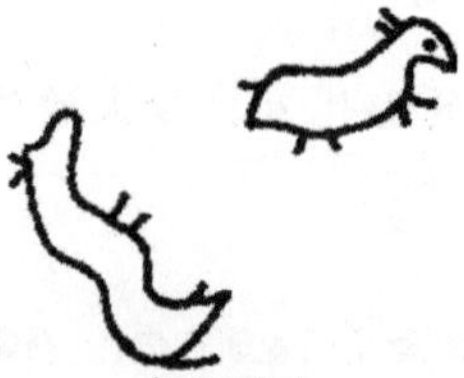

危崖警告

①王宁.论汉字简化的必然趋势及其优化的原则.语文建设，1991(2)：24-29.

二、结合造字法举例说明汉字是意音文字。

三、下面这种说法对不对？为什么？

20世纪90年代中期以后，出现了几种观点统一起来的趋势，表意文字与词文字、语素文字，既非对立，也非同一，而是包含关系。表意文字是记录语言单位的意义的文字，分为词文字和语素文字，古代汉字是词文字，现代汉字是语素文字。

四、对比以下汉字和英语单词，指出两种文字的性质有何不同。

女　女友

girl　girlfriend

五、以下错别字现象从汉字性质的角度应如何看待？

【拓展延伸】

1. 李运富，张素凤．汉字性质综论．北京师范大学学报（社会科学版），2006（1）．

2. 王蕴智．汉字为意音文字证说．许昌学院学报，1986（1）．

3. 唐兰．中国文字学．上海：上海古籍出版社，1979．

4. 刘又辛，方有国．汉字发展史纲要．北京：中国大百科全书出版社，2000．

5. 周有光．比较文字学初探．北京：语文出版社，1998．

第二章

汉字的构造

【章目要览】

传统六书的起源，汉代六书三家说及细目、名称的差异，许慎《说文解字》对六书的解释，象形、指事、会意、形声、转注的构字原理和假借用字法字例分析，传统六书的局限，汉字构字的其他学说。

【相关知识】

现代汉语和古代汉语对汉字都有简要的介绍，是学习汉字学的基础。汉字经过几千年的发展演变，字体和意义都发生了许多变化，学习汉字学需要了解一些早期的甲骨文、金文、篆文等古文字。古代的汉字与古代社会文化密切相关，具有一定的古代文化知识，对理解汉字的构字原理和字义来源及其演变，都有很大的帮助。

【情景案例】

许慎《说文解字·叙》提到汉代有世俗人据隶书解释文字构造，有"马头人为长"，"人持十为斗"，"虫(huǐ)者屈中也"等说法，现代学者也有"文"像特别肥大的人形，中空以置心形；"匕"像伏拜之人形等解释①。然而在《说文解字》中，"长"是从兀、从匕、亡声，义为久远的会意兼形声字，"斗"是容纳十升有柄的量具的象形字，"虫(huǐ)"是博三寸首大如擘指的蝮蛇卧形的象形字，"文"是错画相交义为纹身的象形字，"匕"是所以用匕取饭、一名柶即匙的象形字。从构字角度看，这些字的构造哪种解释正确？试结合古文字资料、古代汉字构字理论以及其他学者的解释，综合考察研究，得出可信的结论。

【重点提示】

六书的起源，《说文解字》中六书的构字原理，其他构字学说。

①康殷.文字源流浅说·释例篇.北京:荣宝斋，1979:10.

第一节 传统“六书”说

解释汉字的构造，传统有“六书”，分别是象形、指事、会意、形声、转注、假借。“书”的本义指写字，引申指汉字的构造。“六书”作为汉字造字理论，指的是汉字的六种构造方式或方法。

一、“六书”说的沿革

（一）“六书”说的起源和细目

“六书”之名，最早见于《周礼·地官·保氏》：“保氏掌谏王恶，而养国子以道。乃教之六艺：一曰五礼，二曰六乐，三曰五射，四曰五驭，五曰六书，六曰九数。”

《周礼》所说的教国子的“六艺”即六门课程的科目之名，其中五礼指吉、凶、宾、军、嘉五种礼制。六乐指《云门》、《大咸》、《大韶》、《大夏》、《大濩》、《大武》六种古乐。五射指白矢、参连、剡注、襄尺、井仪五种射技。五御指鸣和鸾、逐水曲、过君表、舞交衢、逐禽左五种驾车技术。六书指六种汉字构造方式或方法（见下文）。九数指方田、粟米、差分、少广、商功、均输、方程、赢不足、旁要九种算数法[①]。

《周礼·地官·保氏》提到“六书”这一名称，但没有说出具体的“六书”的细目。到了汉代，“六书”的细目始有记载，共三家。一为郑众，《周礼·地官·保氏》郑玄注引郑众云：“六书：象形、会意、转注、处事、假借、谐声也。”二为班固，班固《汉书·艺文志》：“古者八岁入小学，故周官保氏掌养国子，教之六书，谓象形、象事、象意、象声、转注、假借，造字之本也。”三为许慎，他在《说文·叙》中列出了“六书”，分别是：指事、象形、形声、会意、转注、假借。

（二）汉代“六书”三家说的来源和异同

据唐兰《中国文字学》[②]考证，汉代三家“六书”之说，可能都源自汉代古文经学家刘歆，因为班固的《汉书·艺文志》是采录西汉末刘歆的《七略》而成，其“六书”名目和次序可能本于刘歆；而郑众和许慎的学术师承与刘歆也有关系，郑众的父亲郑兴是刘歆的学生，许慎的老师贾逵的父亲贾徽，也是刘歆的学生。具体师承关系如下：

①参见钱玄等《周礼注译》，载《十三经今注今译》（上册）．长沙：岳麓书社，1994：412.

②唐兰．中国文字学．上海：上海古籍出版社，1979：67-68.

刘歆《七略》→ 班固采录 →《汉书·艺文志》

刘歆 →(师生)→ 郑兴 →(父子)→ 郑众

刘歆 →(师生)→ 贾徽 →(父子)→ 贾逵 →(师生)→ 许慎

汉代"六书"三家说有两点不同:一是指事、会意、形声的称谓不同,许慎的指事,郑众叫处事,班固叫象事;许慎的会意,班固叫象意;许慎的形声,郑众叫谐声,班固叫象声。二是三家"六书"的次序不同,郑众是:象形、会意、转注、处事、假借、谐声;班固《汉书·艺文志》是:象形、象事、象意、象声、转注、假借;许慎《说文·叙》是:指事、象形、形声、会意、转注、假借。汉代"六书"三家的称谓不同,反映了三家对指事、会意、形声这三书的认识有差异;三家"六书"的次序不同,反映出三家对"六书"各种汉字产生的先后看法有所不同。

为了研究的方便和称说统一,后人在阐述"六书"理论时,名称大都采用许慎的,次序采用班固的。这样传统"六书"的名称和次序统一为:象形、指事、会意、形声、转注、假借①。

二、传统"六书"的构字原理

传统"六书"如何构字,郑众和班固没有说明,只有许慎在《说文·叙》中有简略的解释:

周礼八岁入小学,保氏教国子,先以六书。一曰指事,指事者,视而可识,察而可见②,上、下是也;二曰象形,象形者,画成其物,随体诘诎,日、月是也;三曰形声,形声者,以事为名,取譬相成,江、河是也;四曰会意,会意者,比类合谊,以见指㧑,武、信是也;五曰转注,转注者,建类一首,同意相受,考、老是也;六曰假借,假借者,本无其字,依声托事,令、长是也③。

许慎不仅逐一解释了"六书",而且给每书举出了两个例字,这成为人们了解传统"六书"构字理论和方法的主要依据。下面根据许慎的解释结合具体的汉字,简要介绍"六书"的构字原理。

---

①[宋]郑樵的六书名称和次序即如此,他在《通志·六书略》里说:"六书也者,象形为本。形不可象,则属诸事;事不可指,则属诸意;意不可会,则属诸声。声则无不谐矣。五不足而后假借生焉。"

②"可见",[清]段玉裁《说文解字注》据[唐]颜师古《汉书·艺文志》注改为"见意",可从。

③[汉]许慎.说文解字.北京:中华书局,1979:314.

(一)象形

《说文·叙》:“象形者,画成其物,随体诘诎,日、月是也。”意思是:象形这种构字法,是画成需要造字的那个具体的物体,笔画随着物体的轮廓弯曲,“日”字和“月”字就是这种字。“诘诎”,弯曲的意思。“日”“月”二字古文字分别作(甲)(金)和(甲)(金)等,字形像天上实体的太阳和月亮,故象形构字法就是用线条把客观事物的轮廓或样子描画出来。

客观事物的形状多种多样,人们观察事物的角度也不完全相同,因而用象形构字法形成的汉字,有整体象形、局部象形、正面象形、侧面象形等。如:

木:古文字作(甲)(金)等,像侧视的一棵树,上有枝叶下有树根,本义是“树木”。《说文·木部》:“木,冒也。冒地而生,东方之行。从屮,下象其根。”“木”释为“冒”用声训。屮像枝丫形,“从屮”之训不确,“屮”《说文》训为初生的草。“行”义为施行。古代五行说木在东方,阳气始动,万物始生,故云“东方之行”①。

山:古文字作(甲)(金),像正面的有起伏的山峰。《说文·山部》:“山,宣也。宣气散生万物,有石而高,象形。”以“宣”释“山”是声训。

象:古文字作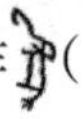(甲)(金),像长着长鼻子的侧面的动物之形,本义是“大象”。《说文·象部》:“象,长鼻牙,南越大兽,三年一乳,象耳牙四足之形。”

鹿:古文字作(甲)(金),像一只整体的侧面的鹿,特别突出其头角和四肢。《说文·鹿部》:“鹿,兽也。象头角四足之形。”

龟:古文字作(甲)(金),分别像侧面和正面的龟形。《说文·龟部》:“龟,舊也。外骨内肉者也……象足甲尾之形。”段玉裁注:“‘舊’本鴟舊字,假借为故舊字,即久也。”《说文》释“龟”为“舊”用声训,“舊”与“久”音义相通,训龟为舊(久),谓龟生命长久。

牛:古文字作(甲)(金),像牛头形,局部象形,突出牛的头和角。《说文·牛部》:“牛,大牲也……象角头三封尾之形。”

羊:古文字作(甲)(金),像羊头形,局部象形,突出羊的头和弯曲的角。《说文·羊部》:“羊,祥也。从,象头角足尾之形。”训“羊”为“祥”,用声训。

①参见桂馥.说文解字义证.上海:上海古籍出版社,1987年版461页“木”字条。

(二)指事

《说文·叙》:“指事者,视而可识,察而可见,上、下是也。”意思是:指事这种构字法,是看见字形就能认识,仔细察看就能明白字义,“上”字和“下”字就是这种字。许慎释语中的“事”指客观事物,根据他所举的例字,这里的“事”指的是方位。“上”“下”二字的古文字作(甲)和(甲),长横表示界线,短横指示方位,指在上方即“上”字,指在下方即“下”字。指事构字法就是利用指事符号来表示字义的构字方法。

从指事方法构成的字的形体看,指事构字分两种。一种是直接用抽象的指事符号指示字义,“上”“下”就是这种指事字,此外“一、二、三、亖(四)”等基数字,也是直接用抽象符号“一”累加而成的指事字。这类指事字的符号太抽象,能产性不高,因而数量不多。

另一种指事构字是在象形字的基础上用抽象符号指示字义,这类指事字相对要多一些。例如:

本:古文字作(金)(先秦货币文),用符号“一”指树木的根部,本义是“树的根部”。《说文·木部》:“本,木下曰本。从木,一在其下。”指根部的“一”即指事符号。

末:古文字作(金)(金),用符号“一”指树木的梢部,本义是“树梢”。《说文·木部》:“末,木上曰末。从木,一在其上。”指树梢的“一”即指事符号。

朱:古文字作(《甲》)(金),用符号“一”指树木的主干部位,本义是“株”。“朱”是“株”的初文,中间的“一”即指事符号。《说文·木部》:“朱,赤心木,松柏属。从木,一在其中。”把朱解释为“赤心木”,不准确。

刃:古文字作(甲)(汉简),用符号“、”指刀刃处,本义是“刀刃”。《说文·刀部》:“刃,刀坚也,象刀有刃之形。”指刀刃的“、”是指事符号。

甘:古文字作(甲)(先秦货币文),用符号“一”指口中味觉处,本义是“美味”。《说文·口部》:“甘,美也。从口含一。一,道也。”按“道”即味道,“一”是指感知味道的指事符号。

亦:古文字作(甲)(金),用左右两点指正立之人的左右腋窝,本义是“腋”。“亦”是“腋”的初文。《说文·亦部》:“亦,人之臂亦也。从大,象两亦之形。”左右两点是指两腋窝的指事符号。“腋”是后造的从月(肉)夜声的形声字。

厷:古文字作(甲)(甲),用半圆形符号“C”指人的上臂肌肉突出处,本义为“肱”,“厷”是肱的初文。《说文·又部》:“厷,臂上也……肱,厷或从月(肉)。”古文字“厷”的半圆

形“C”是指示上臂的指事符号。

（三）会意

《说文·叙》：“会意者，比类合谊，以见指撝，武、信是也。”按“比”义为“比并、会合”，“谊”通“义”，“撝”通“挥”。“指撝”即“指向”。《说文》释语的意思是：会意这种构字法，是把两个或几个表示事类的字合并在一起，并把两个或几个事类字的意义也合并在一起，从而可以看出所指向的新字的意义，“武”和“信”就是这种字。武，《说文·戈部》：“楚庄王曰：‘夫武，定功戢兵。’故止戈为武。”信，《说文·言部》：“诚也。从人，从言，会意。”“止戈为武”“人言为信”是古人的观念，《左传·宣公十二年》：“夫文，止戈为武。”《晋书》卷三十六引《四体书势》：“会意者，止戈为武，人言为信。”不过从用来组合的字类看，“武”字所从的“止”义为足，表示行走，“戈”代表武器，二字会意成“武”字，意谓扛着武器行军以示威武，即古人所谓“武德”。“信”字以“人言为信”的观念构字，表示人说话要诚实。

用会意构字法构成的字，可分为以形会意和以义会意两类。

1. 以形会意

用两个或几个字的字形会出一个新字和新义，其中又有同文会意和异文会意。

（1）同文会意。重复同一个字的字形构成新字和新义。如：

从：古文字作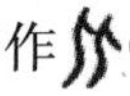（甲）（金），并列两个侧面人，面部朝着同一个方向。《说文·从部》：“从，相听也。从二人。”本义为“听从”。

北：古文字作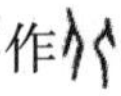（甲）（金），并列两个侧面人，面部朝着相反的方向。《说文·北部》：“北，乖也。从二人相背。”本义为“背离、乖离”。

玨：古文字作（甲）（甲），将两块玉石并列在一起。《说文·玉部》：“玨，二玉相合为一玨。”本义为“合并的二玉”。

林：古文字作（甲）（金），将两棵树并列在一起。《说文·林部》：“林，平土有丛木曰林。从二木。”本义为“树林”。

森：古文字作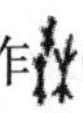（甲）（金），会合累叠三个木的字形而成字。《说文·林部》：“森，木多貌。从林，从木。读若曾参之参。”本义为“森林”。

猋：古文字作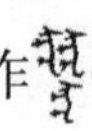（金），会合累叠三个犬字的字形而成字。《说文·犬部》：“猋，犬走貌。从三犬。”本义为“犬迅疾奔跑的样子”。

驫：古文字作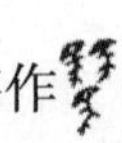（金），会合累叠三个马字而成字。《说文·马部》：“驫，众马也。从三

马。”本义为“众多的马”。

茻：古文字作(汗简)，合并四个屮字而成字。《说文·茻部》：“茻，众艸也。从四屮。”本义为“草莽”。“茻”字很少用，常假借“犬逐兔于草丛中”的“莽”字表示“草茻”义。《说文·屮部》：“屮，艸木初生也。”义为“小草”。

(2)异文会意。用两个或几个不同的字形组成新字和表达新义，如：

休：古文字作(甲)(金)，以人、木合并会意。《说文·木部》：“休，息止也。从人依木。”像人紧靠树木休息。本义为“休息”。

及：古文字作(甲)(金)，以“人、又”二字合并会意。《说文·又部》：“及，逮也。从又，从人。”“逮”义为“赶上”，“又”字义同“手”。“及”字以“人、又”会意，像一只手触及前面的人，本义为“触及、赶上”。

伐：古文字作(甲)(金)，以“人、戈”合并会意。《说文·人部》：“伐，击也。从人持戈。”据古文字的字形，“伐”字是把戈加于人颈上，本义是“砍头”。

析：古文字作(甲)(金)，以“木、斤”合并会意。《说文·木部》：“析，破木也。一曰折也。从木，从斤。”“斤”即斧头类器具。“析”字表示以斤破木，本义是“破析”。

取：古文字作(甲)(金)，以“耳、又”二字合并会意。《说文·又部》：“取，捕取也。从又，从耳。《周礼》：‘获者取左耳。’”会以手取耳之意，本义是“捕取”。

败：古文字作(甲)(甲)(金)。甲骨文“败”字或从“鼎、攴”会意，或从“贝、攴”会意，金文或从“賏、攴”会意。《说文·攴部》：“败，毁也。从攴、贝。败、贼皆从贝，会意。，籀文败从賏。”“败”字以“攴、鼎”，或“攴、贝”，或“攴、賏”会意，意思是以攴毁坏钱财，本义是“毁败、败坏”。“攴”义为“击打”。许慎释“贼”为会意字有误，当是形声，《说文·戈部》：“贼，败也。从戈，则声。”

逐：古文字作(甲)(金)，以“”豕、止”或“豕、辵”合并会意。“止”是“足”的意思，与“辵”字义相通。《说文·辵部》：“逐，追也。从辵，从豚省。”本义是“追逐”。

閒：古文字作(金)(《古陶文》)，以“門(简化字作门)、月”合并会意。《说文·門部》：“閒，隟也。从門，从月。”徐铉校注引徐锴曰：“夫门夜闭，闭而见月光，是有閒隟也。”本义为“间隙；缝隙”。“隟”是“隙”的俗体字。閒，简化字作“间”。

莫：古文字作(甲)(金)，以“茻、日”合并会意。《说文·茻部》：“莫，日且冥也。

从日在茻中。”本义是“太阳将冥落的傍晚时分”。

寒：古文字作(金)(睡虎地秦简)，以“宀、茻、人、仌”四字合并会意。睡虎地秦简“寒”字有简化。《说文·宀部》：“寒，冻也。从人在宀下，以茻薦覆之，下有仌。”“仌”是“冰”的初文。“寒”本义是“寒冻；寒冷”。

爨：古文字作(睡虎地秦简)(汉印)(汗简)。睡虎地秦简爨以“𦥑、(像甑形，楷书讹作“同”)、冂、廾、林、火”会意，字意谓以𦥑(双手)持(甑)置于灶门之上用廾(双手)把柴木送入灶门点火做饭。汉印文(甑)作(鬲)，汗简字将𦥑、皆省去。《说文·爨部》：“爨，齐谓之炊爨，𦥑象持甑，冂为灶口，廾推林，内火。”本义是“燃火做饭”。

2. 以义会意

用两个或几个字的字义会出一个新字和新义。这类会意字的数量比以形会意字相对较少。下面五字是常见的以义会意字：

雀：古文字作(甲)(甲)，以“小、隹”二字的字义会意，谓小隹为雀。《说文·隹部》：“雀，依人小鸟也。从小、隹。读与爵同。”①本义是“小雀鸟”，俗称麻雀。

劣：古文字作(《说文》小篆)，以“少、力”二字的字义会意，谓缺少力量就是劣。《说文·力部》：“劣，弱也。从力，少声。”按：“少声”之说不确。段玉裁《说文解字注》注“劣”字云：“从力、少。”认为“劣”字是“从力、从少”的会意字，可从。“劣”本义是“力量弱小”。

凭：古文字作(《说文》小篆)，以“任、几”二字的字义会意，谓凭依在几案上叫凭。《说文·几部》：“凭，依几也。从几，从任。《周书》：‘凭玉几。’读若冯。”本义是“凭依”或“凭靠”。

删：古文字作(《说文》小篆)，以“刀、册”二字义会意，谓以刀删去简册上的字。《说文·刀部》：“删，剟也。从刀、册。册，书也。”剟，《说文·刀部》：“剟，刊也。从刀，叕声。”“删”字本义是“删去简册上不要的文字”。古人写书用竹简，字有不当或写错了，用刀删去这些字迹再写。

悳：古文字作(金)(《包山楚简》)，以“直、心”二字的字义会意，谓心直为悳。《说文·心部》：“悳，外得于人，内得于己也。从直，从心。”本义是“好的品德”，古今人多用

① “读与爵同”，[清]段玉裁《说文解字注》：“爵与雀同音，后人因书小鸟(雀)之字为爵矣。”

“德”字。《说文·彳部》：“德，升也。从彳，悳声。”本义为“升登”[①]，假借为品德之“悳”。悳作悳，异体字。

(四)形声

《说文·叙》：“形声者，以事为名，取譬相成，江、河是也。”意思是：形声这种构字法，是依据事物来造字，以一个反映该事物的类属字作形符，再取一个与该事物读音相同或相近的字譬拟所造形声字的字音，“江”“河”二字就是这种字。《说文》释语中的“为名”即“造字”，“为”犹言“造”，“名”义为“字”；“事”指事物，从例字“江”“河”来看，这里的“事”指河流。古人称河流为“水”，故“江、河”二字的形符“水”意指“河流”，与古人所谓汉水、淮水、《水经》之“水”相同。《说文·水部》的“河、涑、涪、潼、江、沱”等都是河流名称，其形符“水”都是“河流”义。引申可指液态的水。《说文·水部》的“演、涣、泌、活、滂、汪”等，都是与水相关的字，形符“水”指液态的水，用引申义。

形声字用形符和声符构成，这是总原则。但在具体的构字过程中受各种因素的影响，形声字有多种不同的类别。此外，形声字的形符和部分声符具有一定的表意功能。

1.形声字的构成类别

(1)独体字或合体字构成的形声字

形声字的形符和声符，有的是独体字，有的是合体字，所构成的形声字有四种不同的类别。

A.形符和声符都是独体字。如：台、琢、彤、确、暘、宓等。《说文·口部》：“台，说（悦）也。从口，㠯声。”“口、㠯”是独体字；《说文·舟部》：“彤，船行也。从舟，彡声。”“舟、彡”是独体字。《说文·石部》：“确，礐石也。从石，角声。”“石、角”是独体字。余例类此。

B.形符是独体字，声符是合体字。如：楛、樵、贿、赋、儆、償等。《说文·木部》：“楛，木也。从木，苦声。”形符“木”是独体象形字；声符“苦”从艸、古声，是合体字；《说文·贝部》：“贿，材也。从贝，有声。”形符“贝”是独体象形字，声符“有”从又(手)持肉会意，是合体字；《说文·人部》：“儆，戒也。从人，敬声。”形符“人”是独体象形字，声符“敬”从支、苟声，是合体字。余例类此。

C.形符是合体字，声符是独体字。如：野、起、越、颷、餉等。《说文·里部》：“野，郊外也。从里，予声。”形符“里”从田、从土，会意合体字；声符“予”是独体字。《说文·走部》：“起，能立也。从走，巳声。”形符“走”从夭（人）、从止（足），会意合体字；声符“巳”是独体字。《说文·風部》：“颷，小风也。从風，术声。”形符“風”从虫、凡声，形声合体字，声符

① “德”义为升登，参见[清]段玉裁《说文解字注》“德”字注。

"术"是独体字。余例类此。

D.形符和声符都是合体字。如：啓、衢、嚭等。《说文·攴部》："啓，教也。从攴，启声。"形符"攴"是从又、卜声的形声合体字；声符"启"是"从户、从口"的会意合体字。《说文·行部》："衢，四达谓之衢。从行，瞿声。"形符"行"是"从彳、从亍"的会意合体字；声符"瞿"是"从隹，从䀠，䀠亦声"的会意兼形声合体字。《说文·喜部》："嚭，大也。从喜，否声。"形符"喜"是"从壴①、从口"的会意合体字；声符"否"是"从口、从不"的会意合体字。

（2）原字加形符或声符构成的形声字

A.原字加形符构成的形声字。如：筐、捧、等。《说文·匚部》："匡，饮器，筥也。从匚，王(㞷)声。筐，匡或从竹。""筐"字在匡上加形符竹成为"从竹、匡声"的形声字。㞷(huáng)义为"草木妄生"，隶变为"王"。捧，原作奉，《说文·廾部》："奉，承也。从手，从廾，丰声。"是个形声字。侯马盟书作，从廾，丰声；汉印文作，与《说文》"奉"相同。后来再加形符扌(手)作"捧"，成为"从手、奉声"的形声字。本作盂，《说文·皿部》："盂，饭器也。从皿，于声。"是个形声字。金文加形符"金"作，成为"从金、盂声"的形声字。

B.原字加声符构成的形声字。如鳳(凤)、雞(鸡)、寶(宝)等。"鳳"字甲骨文作，像凤鸟形；又或加声符"凡"作，成为形声字。简化字作"凤"。"雞"字甲骨文作，像鸡形；又或加声符"奚"作，成为形声字。简化字作"鸡"。"寶"字甲骨文作，是个"从宀、玉、贝"的会意字，金文加声符"缶"作，成为"从、缶声"的形声字。简化字作"宝"。

（3）省形和省声的形声字

为了书写的简便或字形的美观，有些形声字的形符和声符笔画有所省简。下列八字，前四字的形符和后四字的声符，都简省了部分笔画或构件。

星：《说文·晶部》："曐，万物之精，上为列星。从晶，生声……星，曐或省。"

耇：《说文·老部》："耇，老人面冻黎若垢。从老省，句声。"

弑：《说文·殺部》："弑，臣殺君也。《易》曰：'臣弑其君。'从殺省，式声。"

亭：《说文·高部》："亭，民所安定也。亭有楼。从高省，丁声。"

畿：《说文·田部》："畿，天子千里地，以远近言之则言畿也。从田，幾省声。"

①《说文·壴部》："壴，陈乐立而上见也。"义为陈列乐器。或认为"壴"即乐器"鼓"，郭沫若《卜辞通纂·世系》："壴乃鼓之初文，象形。"

夢:《说文·夕部》:“夢,不明也。从夕,瞢省声。”简化字作梦。

狦:《说文·犬部》:“狦,恶健犬也。从犬,删省声。”

潸:《说文·水部》:“潸,涕流皃(貌)。从水,散省声。”

(4)形符和声符的多种组合位置

汉字自小篆以来,逐渐定型为方块形。在这种方块字形中,形声字的形符和声符的组合位置多种多样,归纳起来主要有以下八种:

(1)左形右声:河松理悟　　(2)左声右形:期锦郸歌

(3)上形下声:花窜篇露　　(4)上声下形:盎驾婆璧

(5)内形外声:闻莽鳳哀　　(6)内声外形:阔围衷衢

(7)形偏一角:荆脩疆勝　　(8)声偏一角:施寐從徒

在这八种组合位置中,左形右声是基本形式。左声右形、上声下形和上形下声的字也比较多,内形外声和内声外形的数量相对要少一些。形符或声符偏在一角是特殊组合方式。“荆”从艸、刑声,形符“艸”偏在左上角;“脩”从月(肉)、攸声,形符“月(肉)”偏在右下角;“疆”从土、彊(qiáng)声,形符“土”偏在左下角;“勝”从力、朕声,形符“力”偏在右下角;“施”从㫃(yǎn)、也声,声符“也”偏在右下角;“寐”从㝱(mèng)省,未声,声符“未”偏在右下角;“從”从辵(chuò)、从,从亦声,“徒”从辵、土声,声符“从”“土”都偏在右上角。

2.形声字形符和部分声符的表意功能

(1)形符的表意功能

形声字的形符主要用来表示意义,其中有的形符表示该字的本义,有的则表示该字的类属义。形符表示该字本义的如“斧、狗、煇”等,数量不多。

斧:《说文·斤部》:“斧,斫也。从斤,父声。”段玉裁注:“斧,所以斫也。”按:段注的解释正确。“斧”不是动作,而是用来砍斫的工具。“斧”以“斤”为形符,所指就是斤。

狗:《说文·犬部》:“狗,孔子曰:‘狗,叩也。’叩气吠以守。从犬,句声。”①“狗”字以“犬”为形符,其本义即形符“犬”的意思。

煇:《说文·火部》:“煇,光也。从火,军声。”光即火光,“煇”以“火”为形符,其本义即形符“火”的意思。

形声字的形符表示该字的类属义,这类形声字数量非常多。下面列出的“吞、呼、吸、味、问、和”等形声字,意义各不相同,但都与口有关系,故形符都用口,表示与口有关

---

① 张舜徽《说文解字约注》(中州书画社,1983,卷十九,第32页):“徐锴曰:‘叩者,声有节若叩物。’王筠曰:‘叩气吠以守,谓叩气而吠以守御。’”

的类属义：

吞：《说文·口部》："吞，咽也。从口，天声。"本义是吞咽。

呼：《说文·口部》："呼，外息也。从口，乎声。"本义是呼气。

吸：《说文·口部》："吸，内息也。从口，及声。"本义是吸气。

味：《说文·口部》："味，滋味也，从口，未声。"本义是味道。

问：《说文·口部》："问，讯也。从口，门声。"本义是讯问。

和：《说文·口部》："和，相应也。从口，禾声。"本义是应和。

(2)部分声符的表意功能

形声字的声符一般用来表示字音，但有些声符有一定的表意功能，如：

鬚：《释名·释形体》："鬚，颐下曰鬚。"指下巴长出的鬚毛，泛指胡须。"鬚"字"从髟、须声"，是个形声字。然而声符"须"本义就是面毛，也泛指胡须。《说文·须部》："须，面毛也。"《易·贲》："《象》曰：'贲其须，与上兴也。'"孔颖达疏："须是上须(附)于面。"在"鬚"字中，声符"须"既表音，也表意。

裘：《说文·裘部》："裘，皮衣也。从衣，求声……求，古文省衣。"甲骨文裘作，像皮毛外露的裘衣；金文作或，前者即《说文》古文"求"，后者是在"求"上加形符衣的"裘"，为《说文》"裘"字所本。"求"本指裘衣，故在"裘"字里，"求"既是声符，又表示"裘衣"义。

網：本作"网"，义为"渔网"。《说文·网部》："网，庖犠所结绳以渔。从冂，下象网交文……罔，网或从亡。網，网或从糸。""罔"字"从网、亡声"，"網"字"从糸、罔声"，都是"网"字的后起形声字。"網"字的声符"罔"本是"渔网"义，故在"網"字中，"罔"既表示读音，又含有渔网义。

从来源看，声符有表意功能的形声字，大都是在原字上加形符的形声字。原字加形符后转为声符时，同时将自身的音义带入形声字中，故这种形声字的声符既表音，也表意。

(五)转注

《说文·叙》："转注者，建类一首，同意相受，考、老(妣)是也。"意思是：转注这种构字法，是给已在使用中的多义字的一个字义造字，首先给该字义建立事类(即义类)并确立一个类首字加于该字之上形成转注字，同时把该字被转注的字义完全不变地授注给转注字(所谓"同意相受(授)")，"考"和"老(妣)"就是这种字。许慎释语中的"受"即授，是授注或加注的意思。考、老(妣)是古人对死去的父母的称谓,父为考,母为老(妣)。也可以指称已故的祖父母,分别叫祖考和祖老(妣)。转注作为造字法,是造字者回转头去给被转注字(或称原体字①)加注类首,从而造出新的可区别于该字其他意义的区别字,所以古人称这种构字法为转注②。

在殷商甲骨文和西周金文中,考、老(妣)常写作丂、匕,其中匕又或写作比,如:"于灕父丂。"(《甲骨文释文》H22188)"用作朕文丂叀中(仲)障宝簋。"(同簋)。"用母匕辛彘。"(《甲骨文释文》H22246(19))"庚申侑于比庚宰。"(人1832)。丂、匕用来指称已故父母是假借用法,其本义丂是古代柯类器具,匕是古人进食用的器具匙(异体作柶)。为了与本义相区别,古人给丂、匕的假借义造转注字,首先根据已故父母是老辈人,立其事类(义类)为老人,确立其类首为"老"(lǎo)省去下部七字(化字初文)作"耂",然后把类首"耂"分别加注在"丂"、"匕"之上,造出转注字"考"和"老(妣)",按"同意相受(授)"的原理,把原丂、匕的父丂义和母匕义分别授注给"考"和"老(妣)",至此"丂"转注为"考"、"匕"转注为"老(妣)"的造字过程就完成了。

从"匕"转注来的"老(妣)"字与寿老义的"老"(lǎo)字,音义和构造都不相同。母妣义的"老(妣)"读bǐ,是由"匕"字加类首"老(耂)"形成的转注字;寿老义的"老"读lǎo,是《说文·老部》解释的"从人、毛、七,言须发变白也"的会意字,二字的差别仅在于下部的七和匕,七字的丿交叉于竖线,匕字的丿不与竖线交叉,其区别极其细微。为了避免误解,古人根据母老(妣)是女性,又在"匕"或"比"字旁加注类首"女"造出转注字"妣"和"妣",如"以享以孝于大宗皇祖皇妣(妣)皇丂(考)皇母。"(陈逆匿)"遘于妣戊武乙爽。"(戊辰簋)。"甲寅卜,妣庚……宰又牛。"(《甲骨文释文》H27526)后来"妣"字通行,"妣"废弃不用(《说文·女部》妣字下有妣字,许慎解释是妣的籀文),"老(妣)"在《说文·叙》中举为转注例字,其他地方也不再使用,传世文献中没有出现母妣、祖妣义的"老(妣)"。

《说文·叙》的六书例字每书都举两字并列,两字都有相同的类属关系:日、月是星象,上、下是方位,武、信是德行,江、河是地理,考、老(妣)是人伦,令、长是官职。可见古人对六书的解释和例字的选用,是比较严格的③。

转注字为区别字义而产生,所区别的字义有假借义、引申义和本义三种。此外还有少数字因形体变化导致字形表义不明,或者是器物材质改变而需要明确其材质,古人也给这些字造转注字。

---

① 孙雍长.转注论(增补本).北京:语文出版社,2010.

② 方有国.六书"转注"补说.汉字文化,2008(4).

③ 方有国."考""老"解诂与转注再认识.北京:汉字文化,2014(6).

1. 表示假借义的转注字

采→彩①：采转注为彩，《说文·木部》："采，捋取也。从木，从爪。"本义是采摘。假借为彩色字，《尚书·益稷》："以五采彰施于五色。"蔡沈集传："采者，青黄赤白黑也。"后假借义造转注字加类首彡作彩。

戚→慼：戚转注为慼，《说文·戉部》："戚，戉也。从戉，尗声。"本义是一种兵器。假借为悲戚字，《诗经·小雅·小明》："心之忧也，自诒伊戚。"后假借义造转注字加类首心作慼或慽。

乌→呜：乌转注为呜，《说文·乌部》："乌，孝鸟也。象形。"本义为乌鸦。假借为感叹语"乌呼"或"乌虖"字，如《汉书·晁错传》："乌虖，戒之！"后假借义造转注字加类首口作呜。

其他如：夫→袂、府→俯、甲→狎、匡→恇、亢→抗、来→勑、劳→捞、里→悝、利→痢、栗→慄、良→埌、旅→膂、马→码、师→狮、隹→唯、与→欤、龙→宠茏、求→逑赇、取→聚趣、辟→避僻譬嬖霹壁。

2. 表示引申义的转注字

弟→悌：弟转注为悌，《说文·弟部》："弟，韦束之次弟也。"本义为次弟（第）。引申为兄弟之弟，进而引申为孝弟之弟（音 tì），《论语·学而》："其为人也孝弟。"邢昺疏："孝于父母，顺于兄长。"后敬顺兄长这一引申义另造转注字加类首心作悌。

竟→境：竟转注为境，《说文·音部》："竟，乐曲尽为竟。从音，从人。"本义是乐曲终止或完结。引申为国土终止的边境义，《礼记·曲礼上》："入竟而问禁。"后引申义另造转注字加类首土作境。

含→琀：含转注为琀，《说文·口部》："含，嗛也。从口，今声。"本义是含物口中。引申指死者口含的珠玉等物，《公羊传·文公五年》："含者何？口实也。"何休注："缘生以事死，不忍虚其口。天子以珠，诸侯以玉，大夫以碧，士以贝，春秋之制也。"《说文·玉部》："琀，送死口中玉也。从玉从含，含亦声。"段玉裁注："按琀，士用贝，见《士丧礼》；诸侯用璧，见《杂记》；天子用玉。"

其他如：亡→忘、刀→舠、夹→铗、见→现、焦→憔、皆→偕、解→懈、卷→捲、夸→誇、立→位、两→辆、满→懑、全→痊、舍→捨、衰→縗、孙→逊、四→驷、五→伍、昏→婚阍、句→笱軥、并→腁骈、支→枝肢、生→牲性姓。

3. 表示本义的转注字

这类转注字有三个小类。第一类是因字形表假借义而为本义造转注字，如：

①"→"号所指的后字是前字的转注字。因"同意相受"，前字的字义与转注字的字义相同。下文同此。

或→國：或转注为國，《说文·戈部》：“或，邦也。从囗，从戈以守一。一，地也。”本义是邦国。《毛公鼎》：“迺唯是丧我或。”我或即我國。后“或”假借为表示代词、副词、连词等虚词字，本义另造转注字加类首囗作國，简化字作国。

云→雲：云转注为雲，《说文·雲部》：“雲，山川气也。从雨，云象雲回转形……云，古文省雨。”按；云是雲的初文，本义为云气，古代常假借为云曰字（如《论语·子张》：“子夏云何？”）本义云气另造转注字加类首雨作雲。简化字作云，用雲的古文云字。

其他如：求→裘、其→箕、莫→暮、帝→蒂、须→鬚、然→燃、且→祖、七→切、韋→衛、西→酒、孚→俘、而→耏、易→蜴、罔→網、某→楳（梅）、队→坠、西→栖、午→杵、它→蛇。

第二类是因字形表引申义而为本义造转注字。如：

文→纹：文转注为纹，《说文·文部》：“文，错画也。象交文。”甲金文分别作（甲）、（金），像正面人形中间画有花纹，本义是纹身。《庄子·逍遥游》：“越人断发文身。”此“文”字用本义。引申为花纹。《山海经·北山经》：“有鸟焉，其状如乌，文首，白喙，赤足。”文首即纹首。又引申为文字或文化之“文”。本义另造转注字加类首糸作纹。

要→腰：要转注为腰，《说文·臼部》：“要，身中也。象人要（腰）自臼之形。”本义指人的要（腰）部。《墨子·兼爱中》：“昔者楚灵王好士细要，故灵王之臣皆以一饭为节。”经引申，“要”有中间、重要、要求等意义并用“要”字表示，本义另造转注字，在“要”字左边加类首月（肉）作腰。

其他如：止→趾、责→债、者→诸、北→背、禽→擒、田→畋、正→征、冬→终、匡→筐、曾→甑、爰→援、复→復。

第三类是因字形变化表义不明或者是器物材质改变而为本义造转注字。古代汉字中这类转注字所见不多，如：

畾→靁：畾转注为靁，《说文·雨部》：“靁，阴阳薄动靁雨生物者也。从雨，畾象回转形。”畾古文字作（金），是靁字的初文，其形态为滚动的火球，俗称滚雷，《说文》训“畾象回转形”即此义。隶变后其字作畾，暴雨滚雷之意不显，于是另造转注字加类首雨作靁，简化字作雷。

鬲→甌鬲：鬲转注为甌、鎘。《说文·鬲部》：“鬲，鼎属，实五觳。斗二升曰觳。象腹交文，三足……甌，鬲或从瓦。”鬲是象形字，本义是鼎属炊具，是瓦器类土烧制品，为明确其为瓦器，古人另造加类首瓦的转注字作甌。又古代鬲或用金属材料制成，于是又造加类首金的转注字作鎘。

其他如：臽→陷、→胃、盂→、缶→。

转注字有类首提示字义，又有原字表示读音，因而转注字也是一种形声字，但与一般的形声字有三点不同。一是字形结构的过程不同。一般的形声字是意符和声符同时参与结构字形，转注字是在原体字上加注类首而成。二是字义的来源不同。一般的形声字，其字义来源于语言中的词；转注字的字义是“同意相受（授）”而来，即来源于被转注的原体字。三是一般形声字的声符只表示该字的读音，不表示意义，转注字的声符原来是被转注的原体字，这个字既有音也有义，其意义被授注于转注字，因而原体字参与了转注字的意义构成。特别是为引申义和本义所造的转注字，这一特点很明显，其中为引申义造的转注字，形成一组组同源字，只有为假借义造的转注字稍有不同，这类字的声符作为原体字时只用语音表达意义，加类首进入转注字以后，意义由类首提示，原体字只表示读音，相当于一般形声字的声符。这类转注字与一般形声字比较接近，但其造字过程和字义来源与一般形声字不完全同，需要加以区别①。

上节曾讨论到部分原字加形符的形声字，其声符有表意功能，这种形声字其实就是为本义或引申义造的转注字。因原字的本义或引申义“同意相受（授）”给了加注形符而形成的形声字（即转注字），所以这类形声字的声符具有一定的表意功能。

（六）假借

《说文·叙》：“假借者，本无其字，依声旗讬（托）事。令、长是也。”意思是：假借这种构字法，是语言中称说事物的某个词本来没有字，依照该词的读音借一个音同或音近字来寄托该词的意义，令和长就是这种字。许慎释语中“事”指语言的词所称说的事物，也是该词的意义来源。“令”《说文·卩部》：“发号也。”本义为发号令，假借为县令的令；“长”《说文·长部》：“久远也。”段玉裁注：“引申为滋长、长幼之长。”又假借为县长之长。汉代制度，有一万户人口的县长称“令”，不足一万户人口的县长称“长”。

清代以来有些学者认为，许慎举的县令、县长的令和长，分别是发号令之令和长幼之长的引申义，许慎解释假借的含义正确，举令、长作为假借例字则错误。这种观点可能没有准确理解六书假借的真实含义。古人造字，其原则是以形托义，一字一义，这个“一义”就是字形结构反映出来的字本义。如果把这个字用去记录字本义以外的其他词义，包括该字的假借义、引申义等，古人都认为是假借。令、长的本义是发号令和久远，拿来称说县令、县长是引申义不是本义，故《说文·叙》将令、长二字举为假借例字。

当然假借现象不只是《说文·叙》解释的一种，古代汉字中还有许多没有引申关系只

①方有国．六书“转注”补说．汉字文化，2008(4)．

是音同音近的假借。前者因假借记录引申义，可叫作“引申假借”[1]，后者因只有音同音近的谐音关系，可叫作“谐音假借”。这两种假借都是“本无其字”的假借。此外还有本字存在而不用，仍然借字记词，这种假借可叫作“本有其字”的假借。

1. 引申假借

元：《说文·元部》：“元，始也，从一，从兀。”《尔雅·释诂下》：“元，首也。”按金文“元”字或作，突出人的头，《尔雅》解释为“首”，是正确的，《说文》的解释可商。《左传·僖公三十三年》：“（先轸）免胄如狄师，死焉。狄人归其元，如生。”此“元”义即“首”。引申假借为元旦、元首之“元”，今常用；又引申假借为始义之“元”，《说文·元部》：“元，始也。”即此引申义。

劳：《说文·力部》：“劳，剧也。从力、荧省。荧火烧冂(jiǒng)，用力者劳。”本义为辛劳、劳苦。《诗经·邶风·凯风》：“棘心夭夭，母氏劬劳。”此“劳”义即辛劳。引申假借表示功劳、慰劳之“劳”。

秋：《说文·禾部》：“秋，禾谷孰（熟）也。”本义是禾谷成熟。《尚书·盘庚上》：“若农服田力穑，乃亦有秋。”此“秋”即庄稼成熟义。引申假借表示秋季的“秋”。

節：《说文·竹部》：“節，竹约也。从竹，即声。”简化字作节。本义是竹节。引申假借表示关节、骨节、节气、节约等“節”。

城：《说文·土部》：“城，以盛民也。从土，从成，成亦声。”本义是城墙。引申假借为城市之“城”。

樹：《说文·木部》：“樹，生植之总名。从木，尌声。”简化字作树。本义是栽种。引申假借表示所栽种的树。

2. 谐音假借

斤：《说文·斤部》：“斤，斫木斧也。象形。”《孟子·梁惠王上》：“斧斤以时入山林。”此例“斤”用本义。谐音假借表示重量单位的“斤”。

公：《说文·八部》：“公，平分也。从八，从厶。八犹背也。韩非曰：‘背厶为公。’”（厶，古私字）“公”本义是公平。谐音假借表示公侯的“公”。

權：《说文·木部》：“權，黄华木。从木，雚声。一曰反常。”简化字作权。权字本义是黄华木。《说文》释“一曰反常”即谐音假借义之“权”，义即权变，《广韵·仙韵》：“权，变也。

---

①[清]段玉裁《说文解字注》有“引申假借”说，包括字义引申假借和单纯谐音假借，前者如《说文·交部》：“交，交胫也。”段玉裁注：“凡两者相合曰交，皆此义之引伸假借耳。”后者如《说文·木部》“果，木实也。”段玉裁注：“引伸假借为诚实、果敢之称。”按此例“引申假借”没有字义引申关系，应是谐音假借。本书“引申假借”取段注有字义引申关系的假借。

反常合道，又宜也。”此外权字还谐音假借表示权力之“权”。

隹：《说文·隹部》：“隹，鸟之短尾总名也。象形。”本义是鸟名。谐音假借表示语气词“隹”，后加形符口写作“唯”。

汝：《说文·水部》：“汝，水出弘农卢氏还归山，东入淮。从水，女声。”本义是河流名。谐音假借表示古代汉语第二人称代词之“汝”。

或：《说文·戈部》：“或，邦也。从口，从戈以守一。一，地也。”本义是邦国。谐音假借表示古代汉语无定代词“或”或连词“或”。

3.本有其字的假借

早、蚤：《说文·日部》：“早，晨也。从日在甲上。”段玉裁注：“‘甲’象人头，在其上则早之意也。”隶变甲为十，字写作早，本义是早晨，引申为时间靠前的早先。蚤，繁体作蝨，或省一“虫”作蚤，江陵楚简、武威简又省叉为又作蚤。《说文·䖵部》：“𧓎，齧人跳虫。从䖵，叉声。叉，古爪字。蚤，蝨或从虫。”本义是跳蚤。司马迁《史记·孝武本纪》：“天子既诛文成，后悔恨其早死。”例中“早”用本字；《史记·秦本纪》：“怀公太子曰昭子，蚤死。”例中“蚤”用假借字。出土文献，睡虎地秦简已有“早”字（见《睡虎地秦简文字编》秦二、秦五），司马迁时代“早”字已经通行，故其《史记》“蚤死”和“早死”并用，前者“蚤”是本有其字的假借。

攴、剥：《说文·攴部》：“攴，小击也。从又，卜声。”本义是扑打。段玉裁注《说文》“攴”字：“经典隶变作‘扑’，凡《尚书》、三《礼》‘鞭扑’字皆作‘扑’。”今“扑”字通行。攴字产生很早，见于甲骨文卜辞：“丙辰攴禾。”（合集22536）“攴禾”即扑打禾谷。《说文·刀部》：“剥，裂也。从刀，从录。录，刻割也。录亦声。”本义是剥割。《诗经·豳风·七月》：“八月剥枣。”剥枣即攴枣或扑枣。甲骨文已有“攴”字，《诗经》本应用本字“攴”，用“剥”是本有其字的假借。

殊、诛：《说文·歺部》：“殊，死也。从歺，朱声。汉令曰：‘蛮夷长有罪，当殊之。’”殊本义为诛杀。《汉书·高帝纪》：“其赦天下殊死以下。”颜师古注：“殊，斩刑也。”此“殊”用本义。《说文·言部》：“诛，讨也。从言，朱声。”本义是用言辞责讨或责备他人。《论语·公冶长》：“于予与何诛？”此“诛”用本义。《淮南子·时则训》：“阿上乱法者诛。”此“诛”本字作“殊”，用诛是本有其字的假借。后来诛代替殊的诛杀义，殊另假借表示特殊的“殊”，属本无其字的假借。

古人有本字不用而用假借字，原因大致有三。一是早期书面语大量使用假借字的用字习惯。早期书面语如甲骨文、金文等，汉字数量不多，被迫大量使用假借字并形成一种习惯，在这种习惯的驱使下，即使有本字，古人仍按习惯使用假借字。二是本字虽已产生，但流传不广，有些作者没有见到本字，书写时仍按照传统使用假借字。三是观念问题。早期书面语大量使用假借字，使古人产生一个观念，认为使用本字和假借字都是正确的，所以即使有了本字，仍使用假借字。从文字表意明确和用字规范来看，使用本字无疑是正确的，本有其字的假借应该加以限制或纠正。

三、"六书"说的局限

"六书"说是古代汉字的构造理论，为后世学者分析研究汉字奠定了良好的基础，但"六书"理论明显存在一些局限，主要表现在以下四个方面。

（一）把"假借"用字法并列于构字法

《说文》把假借和象形、指事、会意、形声、转注等五书并列在一起，实际上是把假借视为构字法，这是值得商榷的。构字法是构造汉字的方法，运用这种方法，必然有一个具体的字体构造过程，经过这个过程，其结果是产生了一个新字，在汉字群体中增加了一个新成员。而假借只是借用现成的同音或音近字记录语言中一个词，只是给现成的某个字增加了一个用法，没有具体的构字过程，也没有新字的产生，因此，假借只能是用字法，不是构字法。《说文》把假借和其他能产生新字的五书并列起来，视为构字法，是值得商榷的。

文字学界有些学者支持"假借"是构字法的观点，认为"六书"作为造字法，都是给语言中的某个词一个相应的记词字体，其中象形、指事、会意、形声等是以造字的方式产生记词字体，假借是以借字的方式产生记词字体，都能满足记词的要求，所以假借也是造字法，是"不造字的造字"。这种看法忽略了构字法必须产生新字的原则。假借，无论是引申假借还是谐音假借，都是旧字的借用。构字和借用他字虽然都满足了记词的需要，但能否产生新字，二者划然有别，不可混同。

（二）转注的解释疏漏较多

转注一直是个谜团，问题出在《说文》本身。一是《说文》没有明确转注例字"考老"应读作"考老（妣）"。许慎时代"老（妣）"字早已消失，他所见到的是小篆妣和籀文㚸（见《说文》妣字下）。然而"老（妣）"作为转注例字在《说文·叙》中还一直存在，许慎没有给予"老（妣）"字相应的解释或说明，这无疑是个严重的疏漏。二是《说文》正文没有收载"老（妣）"字。既然《说文·叙》举"老（妣）"为转注例字，那么在《说文》正文中应该列出"老（妣）"字加以解释。如果不在正文中列出，就在妣字下说明"老（妣）"是妣的初文或转注字，也是可以的，但这些工作《说文》都没有做，也是一个很大的疏漏。三是没有准确解释转注例字"考、老(妣)"的本义和构字原理，致使后人误以为例字"考、老(妣)"就是《说文》正文中的"考、老"(lǎo)，而《说文》正文解释"考"是"从老省，丂声"的形声字，"老"(lǎo)是"从人、毛、七"的会意字，二字都不是转注字。四是"考""老"互训错误。《说文·老部》训"考，老(lǎo)也"，"老(lǎo)，考也"，这样训解表明许慎认为"考""老"(lǎo)二字本义都是寿老。实际上"考"本义指父考，其引申义才是寿老。《说文》考、老(lǎo)互训，是拿"考"的引申义训释"老"(lǎo)的本义，直接导致后世学者一直把"考老(妣)"的"老(妣)"当作寿老义的"老"(lǎo)，谜团由此而生。读作"考老(妣)"，所有谜团都化解了。

(三)六书界限有的模糊不清

1. 象形、指事、会意、形声的界限不清

旦：《说文·旦部》："旦，明也。从日见一上。一，地也。"据此解释，"旦"字是从"日"和"一"(地平线)构成的会意字。但也好像是象形字，因为《说文》释字体例，解释会意字一般用"从某、从某"，释"旦"字则是"从日见一上"，谓旦字像太阳出现在地平线上，似乎又是象形字。

牟：《说文·牛部》："牟，牛鸣也。从牛，厶象其声气从口出。""牟"字由"牛"和表示牛鸣声气的符号"厶"构成，像"从牛、从厶"的会意字，也像以符号"厶"指声气的指事字，与指事字"本、末"用符号"一"指木的根部或梢部的方式相同。

牽：《说文·牛部》："牽，引前也。从牛，象引牛之縻也。玄声。"据此，"牽"字是以"玄"为声符的形声字，但从"牽"字"从牛、从冂、从玄"(牛鼻绳)来看，"牽"也是会意字；又"牽"字整体像牵着牛鼻绳前行之状，也好像是象形字。清代王筠《说文释例》："玄在牛上者，以箝制鼻之状也；冂在玄字腰中者，以绳系箝股之状也。"①认为"牽"字是"指事而兼形、意与声者也"，即一字兼四书，划归哪一类，似乎都可以。

2. 转注字混同于形声字

转注字的构字过程和原理与形声字都有差别，但《说文》正文没有一个转注字的解释或说明，所有的转注字都归入形声字了。书中解释转注字的用语和方式与解释形声字也无区别，都用"从某，某声"或"从某省，某声"。如"考"是"丂"的转注字，《说文·老部》："考，老也。从老省，丂声。""裘"是"求"的转注字，《说文·求部》："裘，皮衣也。从衣，求声。""背"是"北"的转注字，《说文·肉部》："背，脊也。从肉，北声。"

《说文》对有些形声字注明"亦声"，其中有些是转注字，如"忘"是"亡"的转注字，《说

① [清]王筠.说文释例(影印本上册卷一).北京：北京市中国书店，1983：39.

文·心部》:“忘,不识也。从心,从亡,亡亦声。”“琀”是“含”的转注字,《说文·玉部》:“琀,送死口中玉也。从玉,从含,含亦声。”但“亦声”的解释最多说明该字是会意兼形声的字,仍不能让人明白该字是转注字。

(四)其他问题

主要是变笔字、笔画增减字难以按六书归类,如刁、毋、乞等。

刀:《说文·刀部》:“刀,兵也。”本义为一种兵器,也泛指各种刀具。假借为刁斗字或姓氏字,读diāo,字形改作“刁”,将“刀”的丿改作挑。“刁斗”一词始见于《汉书·李广苏建传》:“不击刁斗自卫。”《玉篇·刀部》:“刀,亦姓。俗作刁。”“刀”是象形字,“刁”不是象形字,归入指事、会意、形声、转注、假借,都不恰当。

毋:表“禁止”义的否定词。最初假借“母”字表示。于省吾《易经新证》:“陈侯午敦:‘永枼母忘。’母忘即毋忘。”①为了与“母”字相区别,古人把“母”中两点改为丿作毋。“母”是象形字,《广韵》引《仓颉篇》:“其中有两点者,象人乳形。”改两点为丿的“毋”字已不是象形字,同时也不是六书中其他哪一书的字形。《说文·女部》:“毋,止之也。从女,有奸之者。”归入《女部》,段玉裁注释说:“从女、一。女有奸之者,一禁止之,令勿奸也。”把区别字形的笔画丿解作“禁止”义,很牵强。

乞:《广韵·未部》:“乞,求也。”义为“乞求;乞讨”。最初假借“气”字表示,如《马王堆汉墓帛书·十六经·果童》:“营行气食,周流四国,以视贫贱之极。”《说文·气部》:“气,云气也。象形。”本义为“云气”。为区别本义和假借义,“乞求、乞讨”义的“气”字简省中间的“一”写作“乞”。按照《说文》六书,乞字归入哪一书,都不合适。

第二节 汉字构造的其他学说

一、“四体二用”说

明代学者赵古则研究传统六书时指出:

故六书初一曰象形,文字之本也;次二曰指事,加于象形者也;次三曰会意,次四曰谐声,合乎象形指事者也;次五曰假借,次六曰转注,侂(讬)夫四者之中者也②。

① 于省吾.双剑誃易经新证.于省吾著作集.北京:中华书局,2009.

② [明]赵古则《六书本义·六书本义纲领》,《四库全书》经部+小学二。

赵氏认为，象形是最早的构字法，其次是在象形字上添加符号成字的指事，第三、四分别是会意和形声，合并象形或指事字而成字，第五、六分别是假借和转注，这两种方法不产生新字，而是“侂(讬)夫四者之中者也”，即寄侂(讬)在象形、指事、会意、谐声等四书之中。

后来明代学者杨慎把六书分为“四经二纬”，认为：

六书以十为分，象形居其一，象事居其二，象意居其三，象声居其四。假借，假此四者也；转注，注此四者也。四象以为经，假借、转注以为纬。四象之书有限，假借、转注无穷也①。

在明代学者的基础上，清人戴震提出“四体二用”说：

大致造字之始，无所凭依。宇宙间，事与形两大端而已。指其事之实曰指事，一、二、上、下是也；象其形之大体曰象形，日、月、水、火是也……取乎声谐曰谐声，声不谐而会合其意曰会意。四者，书之体止此矣。由是之于用，数字共一用者，如初、哉、首、基之皆为始，卬、吾、台、予之皆为我，其义转相为注曰转注；一字具数用者，依于义以引申，依于声而旁寄，假此以施于彼曰假借，所以用文字者，斯其两大端也②。

戴震的学生段玉裁注《说文解字》也引述其老师这一观点：

指事、象形、形声、会意四者，字之体也；转注、假借二者，字之用也。圣人复起，不易斯言矣③。

此外清人王筠说：

观乎天文，观乎人文，而文生焉；天文者，自然而成，有形可象者也；人文者，人之所为，有事可指者也，故文统象形指事二体。字者，孳乳而浸多也，合数字以成一字者皆是，即会意、形声二体也。四者为经，造字之本也；转注、假借为纬，用字之法也④。

“四体二用”说把六书分为体、用两类，四体指六书中能造出字体的四书，即象形、指事、会意、形声；二用指六书中的转注和假借，转注是字义“转相为注”，假借是“假此以施于彼”，都不产生新字，故是用字法。这一说法把假借列为用字法是正确的，主要问题是受《说文》转注解释疏漏的影响，没有识破转注是构字法，而是把转注理解为词义相互训释之法。事实上转注是古代汉字中非常重要的构字方法，并产生了大量的转注字，为分化多义字的不同字义和明确字形表义不明的现象，发挥了十分重要的作用，其造字法的

① [明]杨慎．古音后语．北京：中华书局，1985：183.

② [清]戴震．答江慎修先生论小学．戴震文集．北京：中华书局，1980：61.

③ [清]段玉裁．说文解字注(卷十五)．上海：上海古籍出版社，1981：755.

④ [清]王筠．说文释例(影印本上册卷一)，北京：北京市中国书店，1983：3.

地位和功能，应该得到肯定和确认。

二、“三书”说

(一)唐兰的“三书”说

唐兰在1934年写的《古文字学导论》中对汉字的构造提出“三书”说，他说：

我把中国文字分析为三种，名为三书。第一是象形文字，第二是象意文字，这两种是属于上古期的图绘文字。第三是形声文字，是属于近古期的声符文字。这三种文字的分类，可以包括尽一切中国文字，不归于形，必归于义，不归于义，必归于声[①]。

对于三书的界限，唐兰说：

这里有一个最简捷的方法，只要把象单体物形的“象形字”和注有声符的“形声字”区别出来，所剩下的就都是“象意”[②]。

唐兰认为汉字产生和发展有三个时期：

由绘画到象形文字的完成是原始期。由象意文字的兴起到完成，是上古期。由形声文字的兴起到完成，是近古期[③]。

他所提出的象形字、象意字和形声字，分别对应于原始期、上古期和近古期。

与传统六书比较，唐兰的象形字即六书的表示具体事物的象形字，如虎、兕、牛、马；其象意字包括表抽象意义的单体象意字如“大”、复体象意字如“伐”、变体象意字如“欠、见”(由人字分化而来)以及部分指事字如“上、下”等，其形声字即六书的形声字。唐兰的三书中没有指事、转注和假借。指事字归到象意字里，转注、假借是汉字演变的“六技”(分化、引申、假借、孳乳、转注、緟益)中的两技。

唐兰的“三书”说首次冲破了传统六书的束缚，给汉字的构造建立了一个新的体系，使汉字结构分析比较符合汉字的实际情况。但唐兰的“三书”说明显存在不足，有三点：一是象形和象意难以划分清楚，如“大”究竟是象形还是象意？二是把转注看作六技之一，没有认识到转注是能产生新字的构字法；三是汉字发展演变的三个时期的划分如陈梦家所说“是虚拟的”[④]，界限也比较模糊。

---

① 唐兰.古文字学导论(增订本).济南：齐鲁书社 1981：402-403.

② 唐兰.古文字学导论(增订本).济南：齐鲁书社，1981：103.

③ 唐兰.古文字学导论(增订本).济南：齐鲁书社，1981：83.

④ 陈梦家.殷虚卜辞综述.北京：中华书局，1988：6.

(二)陈梦家的“三书”说

陈梦家的“三书”说是象形、假借、形声。他在1956出版的《殷虚卜辞综述》中说：

“事与物，都是我们象形的对象，这些事物有处于静态的，也有处于动态的。因此象形字当然不仅是名字而且可以是动字。”“我们所说的象形，大约包括了许慎所说的象形、指事、会意，也就是班固所说的象形、象事、象意。”“假借字必须是文字的基本类型之一，它是文字与语言联系的重要环节；脱离了语言，文字就不存在了。”“假借字只有注音的功能，它对于表现一个字义，是不周全的。为了防止混淆、明确意义，于假借字加上事物同类的形符，如羽假借为次日，加上‘日’的形符，成为翊。这便是形声所以产生的原因之一。”“象形、假借、形声并不是三种预设的造字法则，只是文字发展的三个过程。汉字从象形开始，在发展与应用的过程中变作了音符，是为假借字；再向前发展而有象形与假借之增加形符与音符的过程，是为形声字。”①

陈梦家的“三书”说基于汉字发展的过程，其基本观点是正确的，但三书的名称，犹如裘锡圭所说：“象形应该改为表意(指用意符造字)。这样才能使汉字里所有的表意字在三书说里都有它们的位置。”②此外，假借在汉字发展过程中，确实占据一个阶段并促成了形声字的产生，但假借本身没有构成新字的功能，只是旧字的应用，因而是用字法不是造字法，这一点需要明确。

(三)刘又辛的“三书”说

刘又辛1957年发表《从汉字演变的历史看文字改革》一文③，提出了汉字表形、假借、形声三阶段说。

第一阶段是表形字阶段，时代在甲骨文之前。这一阶段汉字的特点是“因字形而见义。所谓‘形’是和语音对举的，所以连会意、指事字也都应该算做表形的文字。”象形字是“根据物的形体画成的”，指事字是“用一种形状再加以标识而造成的”，“会意字其实就是复合的象形字”，“三者都还离不开画画的手段。这种文字是用眼睛看的，不是用耳朵听的。从一个符号虽然可以读出一个音节的声音，可是是通过这个符号的形体本身所代表的意义去读这个声音的”，所以是表形的文字。“甲骨文不是最原始的文字”，“它已经有了表音文字出现，可以把甲骨文当做第一、二阶段演化过程中的文字看待”。

第二阶段是假借字阶段，时代从殷商甲骨文到春秋战国时期。这一阶段“汉字开始

① 陈梦家.殷虚卜辞综述.北京：中华书局，1988：76-79.

② 裘锡圭.文字学概要.北京：商务印书馆，1988：106.

③ 刘又辛.从汉字演变的历史看文字改革.中国语文，1957(5).

走上标音文字的路，大量使用假借字”。“这种假借字……在汉字中一直占着很重要的地位”，“这样的文字对记录汉语的能力大大加强了。凡是不易造成或不能造的字，只要借一个同音字来使用就行”。但“假借字的大量应用曾经引起长时期的文字混乱状况：一方面是同一个字可以假借为不同的词，就造成一字多义的现象；一方面是同一个词可以用不同的假借字来表示，就造成一词异形的现象”。

第三阶段是形声字阶段，时代从秦朝开始至今。“在春秋战国期间，形声字已经逐渐居于优势。这是中国社会、经济、文化剧烈变动的时期，文字的变化也不能不跟着发生变化。在这时期，假借字和形声字两条路线的斗争达到最高点，而最后却决定性地表现在秦朝的文字统一政策上面。李斯‘书同文字’的政策是根据当时的需要决定的。这种政策就决定了汉字的形声字路线。所以汉字的第三个阶段应该从秦朝开始。”《说文》形声字约占80%，“80%是一个决定性的百分比，以后汉字便只有量的发展，没有质的变化了。从《说文》以后，字数日渐增加，而增加的新字绝大多数都是形声字。宋代郑樵在《通志·六书略》里有一个统计：象形、指事、会意字一共1455字，而形声字却有21341字，占当时总字数的94%左右”。

刘又辛的“三书”说“较为合理地说明了汉字的历史发展趋势和阶段，以及决定这种发展的内部和外部原因，总体上讲是比较合理的”[①]。但“表形字阶段还缺乏实证”，“纯粹的表形字能否构成完善的文字体系”，“甲骨文是不是表音文字体系”，还需进一步探讨[②]。

（四）裘锡圭的“三书”说

裘锡圭在1988年出版的《文字学概要》中提出他的“三书”说，分别是表意字、假借字和形声字。他说：

表意字使用意符，也可以称为意符字。假借字使用音符，也可以称为表音字或音符字。形声字同时使用意符和音符，也可以称为半表意半表音字或意符音符字[③]。

裘锡圭的“三书”说是在陈梦家“三书”说的基础上提出来的，两家的“三书”内涵基本相同，只是裘锡圭把陈梦家的“象形”改为“表意”。这一改动更符合实际，值得肯定。其不足如裘锡圭自己指出的，有些字如记号字（如“五、六、七、八”），半记号字（如叢的简化字“丛”），变体表音字（如兵字的表音变体“乒、乓”），合音字（如“甭、覅”），两声字（如

---

① 喻遂生.文字学教程.北京：北京大学出版社，2014：195.

② 喻遂生.文字学教程.北京：北京大学出版社，2014：95-96.

③ 裘锡圭.文字学概要.北京：商务印书馆，1988：107.

“悟、耻”)等,不能纳入他的三书[①]。此外,假借是不产生新字的用字法,把它与能产生新字的表意法和形声法相并列,不太合理。转注是能产生新字的构字法而排除在外[②],也值得商榷。

三、“新六书”说

(一)王凤阳的“新六书”说

王凤阳在《汉字学》中提出了他的“新六书”说[③]。他认为汉字的发展经历了四个阶段。第一阶段(夏代以前)是图画提示文字阶段,只有表达法,没有写词法,因而也就没有造字法。第二阶段(夏代至秦)是象形表意文字阶段,其写词法包括象形写词法,象声写词法(假借,不产生文字),形声写词法,其中象形写词法“可以大别为四类:象物、象事、象意、标示。这就是象形写词法的四种造字法”。标示相当于传统六书的指事。第三阶段(秦代至今)是记号表意文字阶段,其写词法包括形声写词法和会意写词法,对应于造字法分别是形声造字法和会意造字法。这一阶段和第二阶段都有形声写词法和形声造字法。第四阶段(近现代)是变革文字的酝酿时期,尚未变成现实。归纳起来,王凤阳的“新六书”就是:象物、象事、象意、标示、形声、会意。前四书为象形文字,后二书为记号文字。

王凤阳的“新六书”说存在一些缺陷:“‘写词法’这个概念不确切,也没有存在的必要”;“时代的划界太绝对,如说会意造字法是记号文字(秦代以后)中才出现的,标示字仅存在于象形文字中,这都与事实不符。”[④]此外把能产生新字的转注法排斥在造字法之外,也是可商榷的。

(二)詹鄞鑫的“新六书”说

詹鄞鑫的“新六书”说见于他的《汉字说略》[⑤],是局部调整了裘锡圭的“三书”说而提出来的说法。首先是按传统认识把三书中的假借视为用字法,排除于造字法之外;其次是把裘锡圭“三书”说的“表意”中各小类与“形声”并列起来,把裘锡圭的表意字中的“抽

① 裘锡圭.文字学概要.北京:商务印书馆,1988:107-108。

② 裘锡圭《文字学概要》(商务印书馆,1988:102):“在今天研究汉字,根本不用去管转注这个术语。不讲转注,完全能够把汉字的构造讲清楚。”

③ 王凤阳.汉字学.长春:吉林文史出版社,1989:273-517.

④ 张玉金,夏中华.汉字学概论.南宁:广西教育出版社,2001:156-157.

⑤ 詹鄞鑫.汉字说略.沈阳:辽宁教育出版社,1991:151-217.

象字”归入象事字，让不再属于表意字的变体字可以包括三书不能归类的变体表音字、半记号字、记号字和变体形声字。经过调整后的“新六书”是：象形、指示、象事、会意、形声、变体。

詹鄞鑫的“新六书”说把假借排除于造字法之外是正确的，但此“新六书说缺乏一个基本的理论视点，且逻辑层次不清，其六书不是在一个层次上划分出来的。”[①]此外，转注造字法仍旧被视为用字法，也是不正确的。

四、“新四书”说

“新四书”说是张玉金、夏中华在《汉字学概论》[②]中提出来的。他们认为传统六书有三个缺陷：一是把造字法和用字法混为一谈，假借、转注是用字法，不是造字法；二是“同一种造字方法，被分成象形、指事、会意三类，三者的界线是模糊不清的”，如象形字“日、月”；指事字“上、下”；会意字“尖、泪”，“其实都是通过其形体表达语素意义的，是同一种字。”三是有些汉字，如变笔字“刁”、两音符字“锫”，反切音节字“虩(亭夜反)，古文字五六七八等，“就说不清它们的造字法是什么”。他们根据“汉字是语素文字”的观点，把汉字的造字法分为表义法、表音法、音义法、记号法四种。其中表义法字分为独体(如“木”)、准合体(如“本”)、合体(如“牢”)、变体(如“荼”变“茶”)等；表音法字分为变体(如“气”变“乞”)、两声(如“锫”)、合音(如𦣛，名夜反)等；音义法字分为表义字加注音符(如“晶”加音符“生”作曐，省作星)，原字加注意符(如“禽”加意符扌作“擒”)，改换音符(如“潦”改换音符作“涝”)，改换意符(如“赴”改换意符作“讣”)，意符换成音符(如“戜”，意符“戈”换作音符“或”而作“聝”)，直接用意符加音符构成(如意符“礻”加音符“喜”构成“禧”)，用两个字符的音和义构成(如用“不”和“用”字的音义构成“甭”)；记号法字分为全记号字(如“五六七八”)，部分使用记号字(如“丛”)。

“新四书”说从汉字记录语素的视角研究汉字构造法是十分正确的。语素有音有义，造出汉字记录其义是表义法，记录其音是表音法，记录其音和义是音义法，不与音义发生关系就是记号法。四个方法建立在一个平面上，有逻辑性，也符合汉字记录汉语的实际。“新四书”的每书之下还分出若干小类，使古今复杂而多样的汉字都有自己的位置，值得肯定。

“新四书”说也有不足，主要有两点。一是受传统观点的影响，否定转注是造字法。实际上“新四书”说在分析音义法中原字加注意符的字就是转注字，只是没有点破而已。

---

① 张玉金，夏中华．汉字学概论．南宁：广西教育出版社，2001：156.

② 张玉金，夏中华．汉字学概论．南宁：广西教育出版社，2001：155-171.

二是分类层次有欠明晰，如把字符分为“形符、义符、音符、记号”，其中义符与形符为并列关系；又说“形符是音符和义符的基础”①，据此义符则是形符的下位小类。义符应在哪一层次，需要明确和固定下来。此外意符和义符的关系，也需要清楚明了。

思考练习

一、填空题

1. 六书的“书”含义是(　　)，也表示(　　)。

2. 汉代六书三家说的共同来源是(　　)。

3.《说文·叙》“以事为名，取譬相成”是解释六书中(　　)的构字原理，“事”的意思是(　　)，“名”的意思是(　　)。

4.“四体二用”说是(　　)的观点，“体”和“用”的含义分别是(　　)和(　　)。

二、解释题

1. 解释下列汉字构造的六书类别和本义。

(1)雀 (2)寸 (3)伐 (4)旅 (5)釜

(6)亦 (7)無 (8)膏 (9)物 (10)来

2. 解释下面每组例字的构字过程和原理。

(1)其→箕 (2)辟→避 (3)昏→婚 (4)止→趾

三、简答题

1. 你认为六书“假借”的原意是什么？

2. 形声和会意字都是合体字，怎样区分二者的不同？

3. 举例简述形声字形符和声符功能。

【拓展延伸】

1. 唐兰．中国文字学．上海：上海古籍出版社，1979.
2. 陈梦家．殷虚卜辞综述．北京：中华书局，1988.
3. 裘锡圭．文字学概要．北京：商务印书馆，1988.
4. 刘又辛，方有国．汉字发展史纲要．北京：中国大百科全书出版社，2000.
5. 方有国．六书“转注”补说．汉字文化，2008(4).
6. 方有国．“考”“老”解诂与转注再认识．汉字文化，2014(6).

①张玉金，夏中华．汉字学概论．南宁：广西教育出版社，1991:161.

第三章

汉字的演变

【章目要览】

汉字的演变，主要指汉字形体的演变，是汉字从古至今展示出来的外形变化。这种变化主要表现在字体和结构两个方面。汉字在文字学意义上的字体，经历了甲骨文、金文、大篆、六国古文、小篆、隶书、楷书、草书、行书等变化。从甲骨文到小篆属古文字阶段，以下是今文字阶段。每一种字体都有其独特的形态。汉字的结构变化包括多个方面，其中增加偏旁、改换偏旁、分化与合并、字形讹变、汉字简化等，是结构变化的主要方面。了解汉字形体从古至今的演变概况，有助于明确我们今天见到的汉字的来源，从而正确理解汉字的形音义。

【相关知识】

本章内容是现代汉语、古代汉语有关知识的拓展与延伸。现代汉语教材一般有“文字”部分，其中会略微涉及现代汉字的前身以及汉字形体的演变等。古代汉语教材通常有汉字的结构和发展方面内容，这也会涉及汉字形体的演变。这些知识为本章的学习奠定一定基础。

【情景案例】

《太平御览》第728卷记载了一个传说：孔子的学生子贡外出，久而未归。孔子及其弟子们为他着急，于是卜了一卦，结果得了一个鼎卦：“无足。”大家焦急万分，以为“无足”说明子贡再也不会回来。而颜回却对孔子说：“所谓‘无足’，是说子贡要乘船而来，不用步行。他很快就会回来。”第二天子贡果然回来了。这一传说固然不可信，但“乘船而来，不用步行”，却暗示了“歬”字的形义。“歬”字的金文从止、从舟，小篆与金文结构相同。《说文·止部》：“歬，不行而进谓之歬。从止在舟上。”“歬”是前进之“前”的本字。“止”是人的脚，人站在船上，虽然不用脚走路，但船在前行，人自然也在前进。“前”字从刀、歬声，本义是“剪刀”；因假借为“歬”，另加“刀”作“剪”，以表其本义。

【重点提示】

本章阐述汉字发展史中所经历的几种字体及其特点；列举汉字结构演变的主要途径。重点了解各种字体的特点，尤其是隶书和楷书。对汉字结构的演变，应特别重视结构演变与字义的关系。

从古至今,汉字的形体发生了多次变化,这种变化主要表现在两个方面:一是汉字的字体,一是汉字的结构。

第一节　汉字字体的演变

所谓字体,指同一种文字的各种不同形体,是文字的外在形式。汉字的字体包括多个方面的内容:其一,根据不同时期、不同书写工具和介质所体现的字形特点和总体风格,总结划分出来的形体类别,如甲骨文、金文、小篆、楷书等,这是文字学意义上的字体;其二,根据字形特点和风格划分出来的,用于印刷、电子显示等汉字的形体类别,如宋体、楷体、黑体等,这是印刷学意义上的字体;其三,在书法方面的不同流派与风格,如欧(阳询)体、颜(真卿)体、柳(公权)体等,这是书法学意义上的字体。我们这里所谈的仅指文字学意义上的字体。

从殷商甲骨文到今天通行的楷书,汉字的字体经历了多次变化。这种变化以隶书为分水岭,隶书以前的汉字称古文字,其后的汉字(含隶书)称今文字。有人称前者为古文字阶段的汉字,后者为隶楷阶段的汉字。

一、古文字的演变

古文字包括甲骨文、金文、大篆、六国古文、小篆。

(一)甲骨文

甲骨文是商周时代刻写在龟甲、兽骨(主要是牛肩胛骨)上的文字,是我国现存最早的汉字。

甲骨文于19世纪末在河南安阳小屯村一带出土,是商王盘庚迁殷以后到纣王亡国时(公元前14世纪中期至前11世纪中期)的遗物。

商代人迷信,崇尚神灵,凡事往往先占卜其吉凶,如征战、农事、田渔、出入、风雨、祭祀以及疾病、生育等,甲骨文便是商人占卜的记录,故又称卜辞;因这种文字绝大多数是用刀刻的,所以也称契文、书契或殷契等;因其出土地是殷都故址,故又称殷虚书契、殷虚文字等[①]。

---

① "虚"指有人住过而现已荒废的地方,其字后作"墟"。

也有少量甲骨文是刻在骨器上的非占卜用的文字，如把10个天干和12个地支相配组成的60个干支名称的甲子表。此外还有纯属记事的，大都刻在不作占卜用的兽骨上。

刻有文字的甲骨最初是自然出土于安阳小屯村的农田中，当地农民种地时常发现这类甲骨，把它们当作中药龙骨出售。直至1899年，这些甲骨上的刻画之纹才首先被王懿荣辨识为商代文字，并开始收集。其后相继有不少学者对甲骨文进行收集、著录、研究和考释。

二维码3-1

商代文字并非全是用刀契刻的甲骨文，其时的书写工具应主要是毛笔。“聿”是“筆”的初文，甲骨文“聿”字作，正像手执笔写字形。《尚书·多士》：“惟殷先人，有册有典。”“册”的甲骨文作、等形，像用竹片或木片编成的简册形；“典”字的甲骨文作，像双手捧册形。由此可见，商代已经用毛笔书写于竹简以记事。但竹简易腐烂，用毛笔书写的典册未遗留下来，现已无法见到，仅从商代后期留下来的甲骨及玉、石、陶器等遗物上见到少量毛笔字。我们今天能见到的商代典册文字仅是用刀契刻的甲骨文 。也有个别甲骨文是先写后刻的，即先用毛笔书写，然后按毛笔字迹施以刀刻。

甲骨文是商代文字的代表，但西周也有甲骨文。周代甲骨文以1977年在陕西省岐山县凤雏村发现的周原甲骨文为主，这是西周时期的甲骨文。周原是这一带地区古地名，周王朝的发祥地。

现在已见到的甲骨文大约有4500个单字，可识者1000余个。

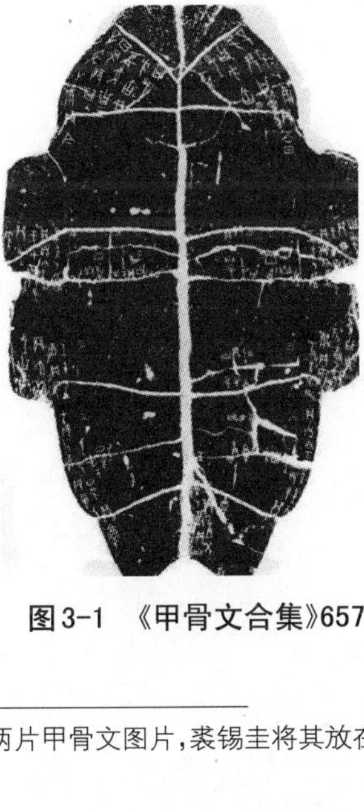

图3-1　《甲骨文合集》6571版

图3-2　《甲骨文合集》10405版①

① 这两片甲骨文图片，裘锡圭将其放在《文字学概要》附图中。

甲骨文的主要特点：

1.象形性较强。甲骨文产生的年代距汉字产生的年代不算太远，不少字的图画性很明显。如：

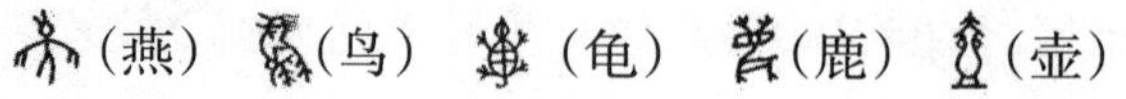
（燕）（鸟）（龟）（鹿）（壶）

以上都是独体象形字。另有一些合体字的偏旁，其图画性也很明显。如：

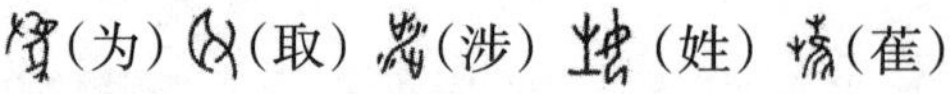
（为）（取）（涉）（姓）（萑）

甲骨文以上这类字的形体，为汉字产生于图画提供了有力证据。

2.象形、指事、会意、形声字都已具备（形声字较少，不超过20%）。如：

象形字：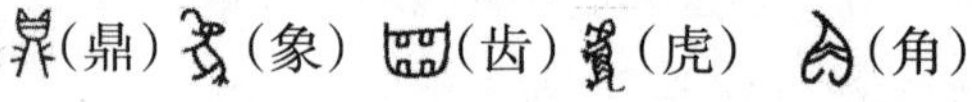（鼎）（象）（齿）（虎）（角）

指事字：（三）（上）（下）（亦）（甘）

会意字：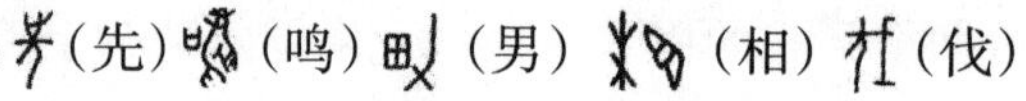（先）（鸣）（男）（相）（伐）

形声字：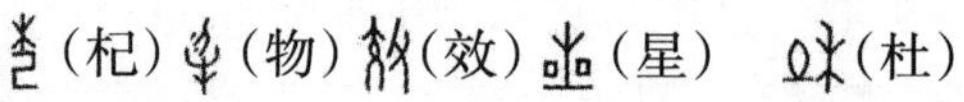（杞）（物）（效）（星）（杜）

由此可知，甲骨文并非我国最早的文字，而是相当成熟的文字。

3.高度运用了同音假借的原则，主要是"本无其字"的假借。据统计，甲骨卜辞中假借字占70%以上。

4.形体尚不固定，异体字多。主要表现在：

（1）同一个字，线条、图形的繁简不一致。如：

朝：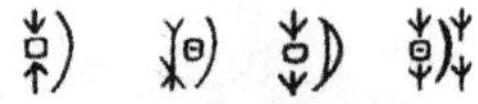

典：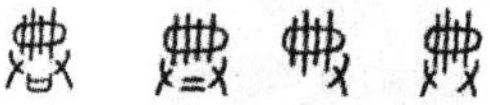

泉：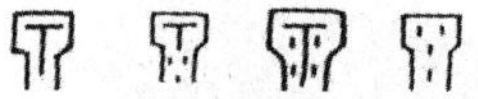

车：

（2）书写比较自由，同一字正写、反写甚至倒写均可。如：

丑：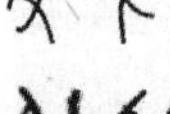

从：

矢：

侯：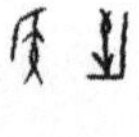

(3)偏旁位置不固定。同一个字,各偏旁的部位不一致。如:

保:

妇: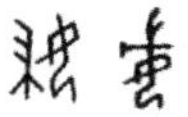

如: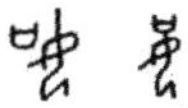

(4)构字偏旁尚不固定,有的字由不同的偏旁组成。如:

牢:

逐;

“牢”字“从宀、从牛”,也可“从宀、从羊”,还可“从宀、从马”;“逐”字“从止、从豕”,也可“从止、从鹿”,还可“从止、从兔”。

(5)有的字最初是象形字,后来添加表音的声符,变为形声字。如:

凤:

鸡:

星: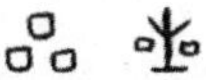

5. 合文现象比较多。所谓合文,指把两个或三个字合成一体,从形式上看好像一个字,实际读成两个或三个字。如:

(五十) (六十)(小甲)

(太乙)(太丁)(太甲)(示癸)(五月)

(十三月)

6. 因书写工具(刻刀)和书写材料(甲骨)的关系,笔画多直而细长。

(二)金文

金文是古人铸或刻在青铜器上的文字。早期金文一般与青铜器同时铸成,自入战国以后,有些金文是在青铜器铸成之后加刻上去的。

金文是吉金文字的简称。古代以祭祀为吉礼,故称祭祀用的青铜器为吉金。古代青铜器主要有礼器和乐器两大类,礼器[①]以鼎为多,乐器以钟为多,故前人将钟和鼎作为古青铜器的总称,所以金文又称“钟鼎文”或“钟鼎款识”等。对“款识”之义,说法不一,

① 祭祀所用之器,祭神以致福为礼。

现在一般认为阴文(凹下去之文)为款,阳文(凸起来之文)为识。祭器又称彝器,故金文又被称为“彝器铭文”“彝器款识”。

在青铜器上铸刻文字的风气,自商代中期已开始,一直流传至汉代,其间以周代为最盛。故狭义的金文指商周(主要是周代)钟鼎器物上的铭文;广义的金文包括下至汉代的器物铭文。我们这里指的是前者。

商代金文发现较少,字体与甲骨文相似,铭辞简单,字数不多,一般只有五六个字,已发现的最长的不过40余字,通常是记录受祭者、造器者、器名等。西周金文字体齐整,铭辞字数渐多,超过百字者颇为常见,最多的可近500字,如毛公鼎498字。所记载的多为有关祀典(祭祀典礼)、锡命(赏赐策命)、征伐、契约等。战国末年金文字体逐渐和小篆接近,长篇记事铭文较少,一般只记录督造者、铸工和器名。

金文可作为周代尤其是西周至春秋文字的代表。

金文的发现较早,许慎《说文·叙》:“郡国亦往往于山川得鼎彝,其铭即前代之古文。”这里所说的“前代之古文”,显然即铸刻在青铜器上的金文。但许氏所见金文恐怕不多,真正对金文进行专门搜集、研究是在宋代。

图3-3　商代《戍嗣子鼎》铭文

图3-4　周代《禽簋》铭文

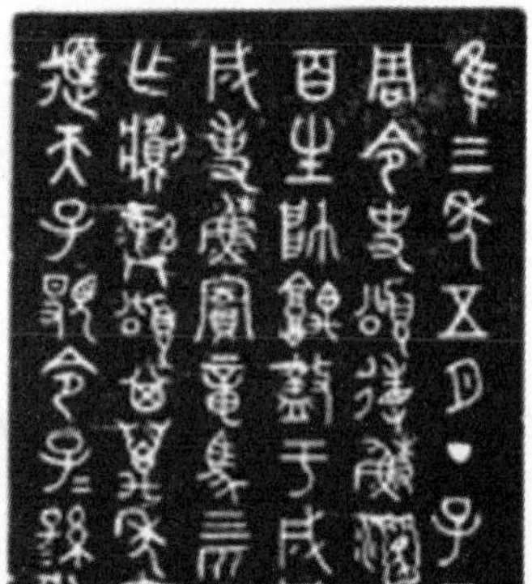

图3-5　周代《史颂鼎》铭文

据1985年中华书局出版的容庚《金文编》(修订第四版)记载,到目前为止,所见金文的总数为3772个,其中可识的2420个。

金文的主要特点:

1. 与甲骨文属同一体系。在字形结构上,早期金文(商代和西周前期)与甲骨文无

大的区别。只是因书写材料不同,字形线条一般比甲骨文肥厚粗壮。试比较以下几字:

例字	甲骨文	金文
正		
步:		
大:		
力:		
隹:		

2.时代虽较甲骨文晚,但一部分字保存了较原始的形态,即保存了比甲骨文更早的写法。

3.异体字比甲骨文相对减少,但不少字仍有多种异体,形体尚未固定。如:

邑:

亯 

羊:

京:

乘:

4.仍有少量合文,但比甲骨文大为减少。如:

(小子)(小臣)(武王)(文王)(嗣子)

5.形声字大量产生,有40%左右。

6.图画性日趋减弱,符号性日益增强,笔画逐渐线条化、简化。

(三)大篆

大篆是通行于春秋时代到战国初期的一种文字,篆书的一种,与小篆相对。

大篆有广狭两义:狭义的专指籀文,即《史籀篇》里的文字(详下)。《汉书·艺文志》载"《史籀》十五篇",班固自注:"周宣王太史作大篆十五篇,建武时亡六篇矣。"广义指甲骨文、金文、籀文、六国文字等小篆以前的古文字。我们这里指狭义的大篆。

籀文,又称籀书。现在一般认为是春秋、战国时期秦地流行的西土文字,或称秦系文字。因见于《史籀篇》，故名。相传《史籀篇》是周代史官教学童读书的识字课本。《汉书·艺文志》："《史籀篇》者，周时史官教学童书也，与孔氏壁中古文异体。"该书早佚，现存籀文主要见于许慎《说文》中。《说文》共收籀文200余个，附于相应正体字之后，属《说文》重文之一。

除籀文外，石鼓文、诅楚文也可作大篆的代表。

石鼓文，我国现存最早的石刻文字，因刻在十只鼓形石头上，故名。每一石鼓周围刻有一首四言诗，记秦国国君打猎、游玩情形，故又称"猎碣"。现其中一石的文字已完全磨灭，其余九石也有残缺，藏于北京故宫博物院。原应有600多字，今仅见300余字。该石鼓于唐代在陕西凤翔县发现，据近人考证，为秦国之物，但确切年代，尚无定论。石鼓文较籀文稍晚，形同籀文。有人认为其字体是从籀文到小篆的过渡形态。

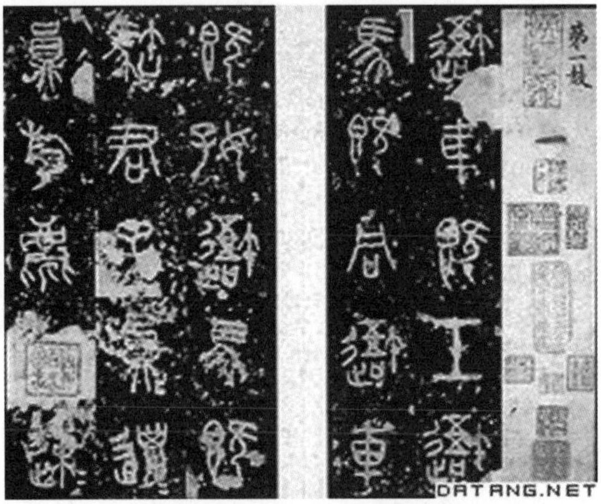

图3-6　石鼓文（第一鼓部分）

诅楚文，战国时期秦国的刻石文字。内容是秦王因楚伐秦，祈求天神降灾于楚、制克楚兵、复其边城的文辞，故后世称之为"诅楚文"。《尚书·无逸》："民否则厥心违怨，否则厥口诅祝。"孔颖达疏："请神加殃谓之诅。"诅楚文约为秦惠王和楚怀王时作品，当时沉于水或埋于土。北宋时先后出土三石，三石文辞基本相同，分别以所祭神名命名：一曰"巫咸文"，326字；一曰"亚驼文"，325字；一曰"大沈厥湫文"（又称"大沈久湫""大沈湫文""湫渊"），318字。诅楚文字体与籀文、石鼓文基本一致。原刻石与拓本约在南宋末年亡佚，有元代拓本流传至今。

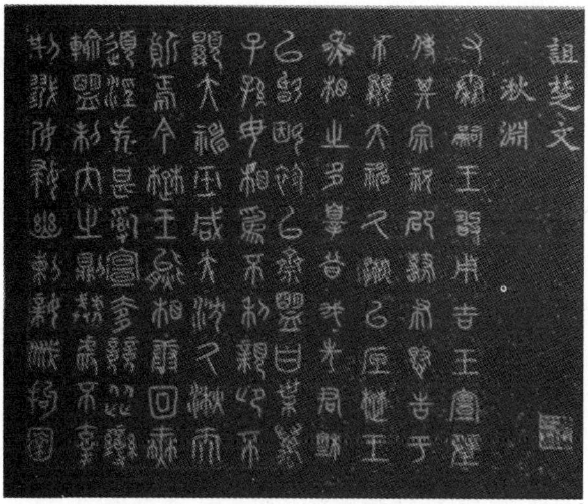

图3-7　诅楚文《大沈厥湫文》部分

大篆的特点是字体多重叠、繁复，正如清代段玉裁注《说文》“斋”字所言：“凡籀文多繁重。”

(四)六国古文

六国古文是战国时期秦以外的东方六国文字的合称。又称战国古文、东土文字、古文等[①]。

六国古文与秦系文字相对，是在诸侯割据之下所形成的区域性文字殊体。在战国七雄中，秦国文字自成体系，紧承西周金文，通行大篆、小篆。东方六国各行其政，各国文化自由发展，地区间文字异形现象突出，致使六国古文与秦系文字大不相同，与正统文字差别很大，甚至到了面目全非的地步。其主要特点是：字形趋于简易，省变特甚，形体多变，异体繁多，具有很强的地域性，文字显得较为混乱。

秦统一后，书同文字，六国文字遂废止。《说文》中所收古文，三国魏正始年间刊立的《三体石经》中的古文，历代出土的战国时六国铜器、兵器、货币、玺印、陶器、简帛上的文字等，均属这种文字。

(五)小篆

小篆与大篆相对，是由大篆简化和发展而来的一种文字。也称秦篆，或径称篆书，是秦代通行的文字。

① 广义的古文指隶书以前的文字；狭义的古文专指六国古文。

秦始皇统一六国之前，秦国接受、继承西周文字，并在此基础上发展成大篆，随后又发展为较大篆简省的小篆。秦统一后，李斯等人以秦国文字为基础，参照大篆加以整理规范，以标准的小篆字体统一全国文字。许慎《说文·叙》：“（战国之时）言语异声，文字异形。秦始皇帝初兼天下，丞相李斯乃奏同之，罢其不与秦文合者。斯作《仓颉篇》，中车府令赵高作《爰历篇》，太史令胡毋敬作《博学篇》，皆取史籀大篆，或颇省改，所谓小篆者也。”这里所说的“秦文”，指战国末年秦国使用的小篆。

需要说明的是，历史上曾有李斯创制小篆之说，此说自不可取。秦统一之前，小篆已经出现。李斯等人只是对这种字体参照大篆进行整理加工，使之更为定型、规范，然后书写出标准字体予以推广。

秦始皇统一天下后，曾往多地游览，并立石刻铭，歌功颂德，如《泰山刻石》《琅邪台刻石》《峄山刻石》《会稽刻石》等，这些刻石上的文字，是标准的小篆字体，相传是李斯的手笔，在当时具有规范字体的作用。这些石刻上的文字是文物上的秦朝小篆，最能展示小篆原貌，但原石多已不存，少量尚存者，字迹大多漫灭。另有流传下来的秦代量器、衡器以及统一度量衡时颁布的诏版实物上的文字，也是珍贵的秦代小篆文字资料。

《说文》收小篆9000余字，这是文献上的秦朝小篆。将这些字与流传下来的秦代实物上的小篆相比，有的字略有差异，可能是后人转写《说文》时的改动或失误。

小篆的主要特点：

1. 将以前古文字的曲线变为线条，圆转匀称，象形意味大大减少，符号性更加明显。下面是“中华文化原(源)远流长”八字的小篆体，可大致看出小篆字体模样。

以下将“女、申、鹿、眉、爲(为)”五字的小篆体和甲骨文、金文体比较，可清楚看出小篆的“符号性更加明显”：

例字	甲骨文	金文	小篆
女			
申			
鹿			
眉			
爲			

2.形体大多比较简化。小篆相对于大篆而言，形体比较简单。

3.形体和偏旁相对固定，写法有一定规范，异体字减少，接近一字一形的要求。以"言"作偏旁的左右结构字为例，在金文中，有的将"言"写在左边，有的写在右边，而在小篆里一律写在左边。

4.合文已经淘汰。

汉字发展到小篆是一大进步，它对古文字的规范和统一有着特殊贡献。

二、今文字的演变

今文字包括隶书、楷书、草书、行书。

(一)隶书

由小篆简化演变而成的一种易于书写的字体，也称隶字、佐书，产生于战国晚期，通行于两汉。

关于"隶书"名称的由来，有代表性的说法有两种：

一种认为"隶"之义为徒隶，即服劳役的罪犯。古有程邈作隶书之说，因程邈是徒隶，故名。《晋书·卫恒传》引卫恒《四体书势》："下杜人程邈为衙狱吏，得罪始皇，幽系云阳十年。从狱中作大篆，少者增益，多者损减，方者使员，员者使方，奏之始皇。始皇善之，出以为御史，使定书。或曰邈所定乃隶字也。"《魏书·术艺传·江式》："隶书者，始皇使下杜人程邈附于小篆所作也，以邈徒隶，即谓之隶书。"也有说隶书体是因施于徒隶而得名。《汉书·艺文志》："是时(秦代)始建隶书矣，起于官狱多事，苟趋省易，施之于徒隶也。"又《汉纪·成帝纪》："秦时狱官多事，省文从易，施之于徒隶，故谓之隶书。"

另一种认为"隶"之义为"隶人"，即胥吏，官府中从事文书工作的小吏。隶书即隶人所用的书体。《晋书·卫恒传》引卫恒《四体书势》："秦既用篆，奏事繁多，篆字难成，即令隶人佐书，曰隶字。"佐，辅佐，隶书便于书写，可辅佐篆书。

其实，隶书是秦时正规字体小篆以外的一种辅助性字体，最初流行于民间下层社会，"隶"是对这种书体的鄙称(徒隶之书)。秦代政权集中，文书繁多，小篆书写不便，一些书吏抄写时便使用了这种简易的字体。至于程邈创隶书之说，如同仓颉造字、李斯作小篆之说一样，肯定不可尽信。程氏很可能对隶书做过搜集和整理，对这种字体的形成起过积极作用。

隶书有秦隶与汉隶之分。

秦隶是秦代的隶书，又称古隶，是小篆潦草的一种写法，与小篆非常接近，只是比小篆方正，是古文字到今文字的过渡。小篆是秦代通行的、社会上层使用的字体，而民间下层社会则喜欢使用经小篆省改、便于书写的字体，这就是秦隶。这种字体应产生于战国末期，1975年底，在湖北省云梦县睡虎地十一号秦墓，发掘出1100多枚竹简，这些竹简的抄写时间不一，大致从战国末年至秦代初年，这是现今所见最早的、研究秦隶最重要的资料。

汉隶又称“八分”，与古隶相对而言，又称今隶，出现于西汉中期，是比较成熟的隶书，比秦隶更易于书写，这便是至今仍作为书体之一的隶书。秦隶保留了较多的小篆形迹，而汉隶方严平整，美观规范，已完全成熟定型，脱离小篆而成为一种独立的字体。至于“八分”名称的来源，历史上异说甚多，其中一个说法认为：这种字体字形方扁，像“八”字那样向两旁分开、伸展，故有此名。

汉隶是今文字之始，是古今文字的分水岭，之前的汉字称古文字。

大约东汉中晚期，在日常使用的成熟的隶书基础上，演变出了一种与汉隶有明显区别的俗体。这种字体受草书影响而逐步形成，呈现出由汉隶向楷书过渡的面貌。有学者将这种隶书称为新隶体，这是魏晋时期人们所使用的主要字体。

汉字由小篆到隶书的变化称为隶变。隶变对汉字的结构产生了很大的影响，改变了篆书及以前古文字的面貌。

考释古文字时，按照古文字原有结构写成当时通行的字体，称为隶定，是隶古定的简称。隶古定原是汉代人用语，指用隶书写定古文。后楷书通行，用楷书转写古文字也称隶定。

隶书的主要特点：

1. 彻底地线条化、符号化。隶书把小篆以前的曲线形体和小篆的圆转线条变成平直方正的笔画，“随体诘诎”的象形文字原貌已不复存在。如：在小篆中，“魚”“燕”的尾巴，“馬”的腿和尾巴，“鳥”的爪和尾巴，还能看出一些象形痕迹；而在隶书中都变成四点，再也看不出它们的象形原形。所谓方块汉字即指这种隶变后的文字。以下是这几个字的小篆与隶书比较：

例字：魚　燕　馬　鳥

小篆：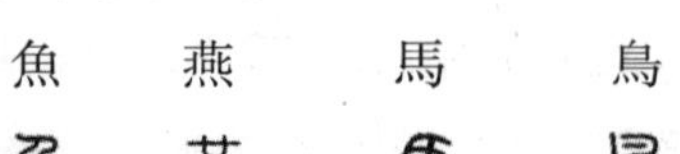

隶书：魚　燕　馬　鳥

2. 结构简化，笔画减少。比较下列字体：

例字：净　屈　雷　雪

小篆：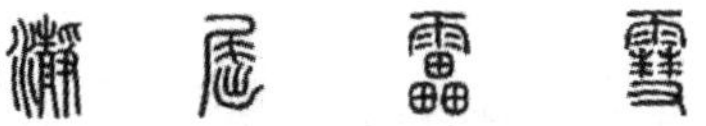

隶书：净　屈　雷　雪

瀞，这是小篆结构，从水，静声。隶书作“净”，从水，争声。今作“净”。屈，小篆“从尾，出声”[①]，隶变后作“屈”。雷，小篆“从雨，畾声”，隶变后作“雷”。雪，小篆“从雨，彗声”，隶变后作“雪”。

3. 偏旁分化、混同，打乱了汉字的结构体系。

(1)分化。在小篆里，一个字用作偏旁与独立成字时的写法无明显区别；而在隶书里，有的字却有明显差异，甚至同一个偏旁在不同字里也写法不同。如：

心，作偏旁的字：志　性　恭

邑，作偏旁的字：都　邦　挹

火，作偏旁的字：炙　灼　然

(2)混同。本来是不同的字，用作偏旁时混同一字。如：

小篆

隶书

胖　脂　肪　肥

肯　肖　育

朕　服

青

期　朗

“胖、脂、肪、肥”等左边是“肉”旁，“肯(《说文》作‘肎’)、肖、育”等下边也是“肉”旁，“朕、服”等左边是“舟”旁，“青”字下边是“丹”旁，隶变后皆与“期、朗”等字的“月”旁混同。

正因为有以上特点，隶书使有的汉字的字形由笔意变成了笔势。

保持原来的造字意图，能够体现字的本义的汉字形体，叫作笔意。经过演变，逐渐符号化，从而脱离了原始的造字意图，无由看出其所依据的本义，这种汉字的形体叫作笔势。

隶书改变了许多汉字的形体结构，使这些字的形义关系不得其解。如以下六字的

①《说文·尾部》：“屈，无尾也。从尾，出声。”

形体与结构比较：

隶书字形	小篆字形	小篆形体结构
香		从黍，从甘。
赤		从大，从火。
表		从衣，从毛。
布		从巾，父声。
更		从攴，丙声。
年		从禾，千声。

总之，在汉字的发展过程中，隶书的产生是一次重大的变革。这种变革直接影响到汉字的构造，改变了篆书及其以前古文字的面貌，很难按“六书”分析汉字的形体。

汉隶后来朝两个方向发展：一是楷化而为楷书，一是草化而为草书。

（二）楷书

由隶书演化、发展而来，从汉末一直通行至今的一种字体。本名“正书”或“真书”，唐以后改称“楷书”。

正书和真书的名称都来源于“章程”书。南朝宋人羊欣《古来能书人名》：“钟书有三体：一曰铭石之书，最妙者也。二曰章程书，传秘书、教小学者也。三曰行押书，相闻者也。”钟指钟繇，汉魏之际人，世传为真书之祖，这里阐述他擅长的三种字体。“章程”与“楷法”同义，“章程”二字合音即为“正”或“真”。章程书即正书，也即真书。一说“正书”“真书”指通行的正体字。行押书即行书（详下）。

“楷”是“法式”“楷模”之义，楷书就是供人学习、模仿的标准字体。

楷书大约萌芽于西汉，形成于汉魏之际，其后开始通行。这种字体直接脱胎于隶书，是隶书的定型化，其形体方正，笔画平直，“方块字”的特点更加明显。

宋代刻板印刷大为发展，在楷书基础上发展出一种专用于刻板印刷的字体，后世称为“宋体”。明代末年，又从宋体演变为横细直粗、字形方正的字体。因便于雕刻，阅读醒目，成为十六世纪以来汉字的主要印刷体，但仍称“宋体”。二十世纪初，有人集宋代刻本字样，仿刻出一种印刷活字字体，以后又有发展，成为“仿宋体”。该字体笔画匀称，横竖皆细，以别于横细直粗的宋体。

(三)草书

为书写的简易、快速而产生的一种字体。“草书”即草率写出的简便字体。

草书有广狭二义:广义指不论时代写得潦草的字,狭义专指一种字体。我们这里指后者。

许慎《说文·叙》:“汉兴有草书。”谓汉初已有草隶字体,即隶书的草率写法。从出土的西汉帛书和竹简看,有些字已有连笔,略具草意。汉武帝中期的木简,已有通体作草书的。

草书最初流行于民间,后经文人加工,便逐渐有了比较规整、严格的形体。

草书因高度简化,书写方便,有实用价值,对后代一些简化字的确定、使用有启示作用,如今天所使用的“为、马、书、东、长、专”等字,即由草书楷化而来。

草书有两种性质不大相同的类型:章草和今草。

与汉隶相应的草书称章草,是由汉隶速写而成的一种字体。其得名之由,历代说法颇多。大约“章”取“章程”“章法”之义,因其笔画省变有章法可循,故名。该字体的特点是一字之中笔画相连而上下字不相连缀,字字独立。章草最著名的书法家是东汉时的杜操(后因避魏武帝曹操讳,有关典籍改称杜度)。

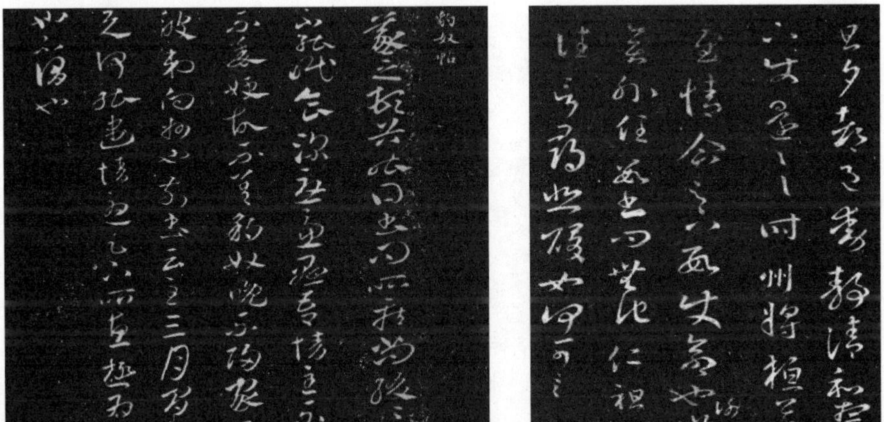

图3-8　王羲之的草书帖(章草)

与楷书相应的草书称今草,是由章草结合楷书发展而成的字体,六朝时期为与章草区别而有此称。该字体一字笔画之间和上下字之间多相连缀,其体势若一笔写成,故又名“一笔书”。相传汉末张芝始创今草。唐代张怀瓘《书断》:“自杜度妙于章草,崔瑗、崔寔父子继能……伯英(张芝之字)学崔、杜之法,温故知新,因而变之,以成今草……字之体势一笔而成，偶有不连，而血脉不断……世称一笔书者，起自张伯英，即此也。”张芝对今草大约有整理之功，并非创制者。张芝的今草现已不存，唐代人的传本多为伪托。传世的今草，以晋代的真迹为最早，其中又以王羲之、王献之父子的草帖最为著名。

到了唐代，今草又发展成更加具有随意性的狂草。这种字体用笔连绵环绕，书写风格龙飞凤舞，狂放不羁，破坏了汉字原有的结构，非一般人所能认识和书写，因而仅具有书法艺术价值，而失去汉字作为交际工具的实用意义。狂草以唐代张旭、怀素为代表，世称“颠张狂素”。

图3-9　张旭《肚痛帖》(局部)

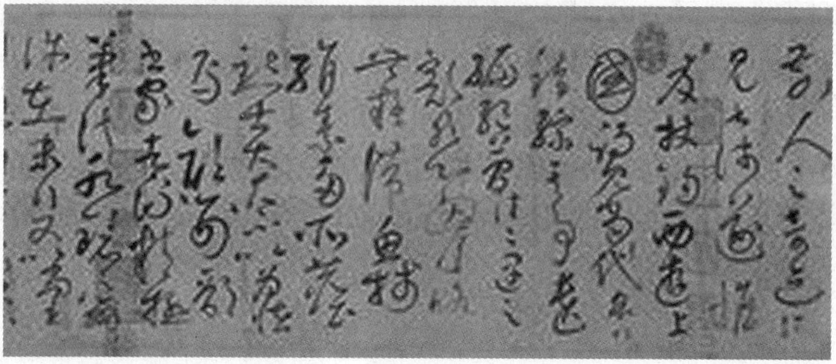

图3-10　怀素《自叙帖》(局部)

(四)行书

介于楷书与草书之间的一种书写流畅的字体，在楷书基础上适当加入草书特点而成。又称行押书、押书(在公文、契约上签字、署名为押)。

唐代张怀瓘《书议》：“夫行书，非草非真，离方遁圆，在乎季孟之间，兼真者谓之真行，带草者谓之草行。”真行，指行书中含真书(楷书)成分较多者，后世称为行楷；草行，指行书中含草书成分较多者，后世称为行草。

行书笔画没有楷书那样端正，故书写速度较快；又不像草书那样潦草，故易于辨识。因此，行书有极大的实用价值，至今仍为人们手书时所习用。

从各地出土的有年号的汉简、汉砖看，东汉中期便有行书，大约汉末即已通行。世传汉末刘德升始创行书。唐代张怀瓘《书断》："刘德升，字君嗣，颍川人，桓、灵之时，以造行书擅名……胡昭、钟繇并师其法。"刘氏大约把已经流行的行书归纳出章法，进行整理，并在传授方面成就突出。胡昭、钟繇为汉魏之际人，以师法刘德升而著名，至西晋时他们的行书被世人重视和推广。东晋王羲之、王献之父子的行书更超过胡、钟二氏，王羲之的《兰亭序》更是千古闻名的杰作，被誉为"天下第一行书"，是行书的楷模。

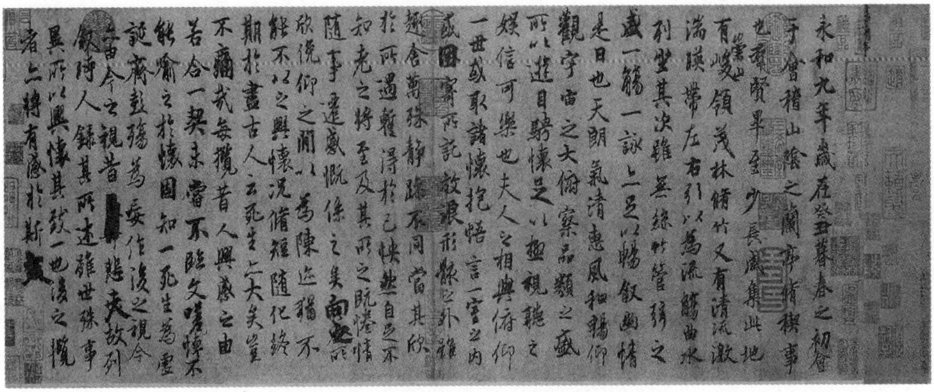

图3-11　王羲之《兰亭序》(神龙本)

第二节　汉字结构的演变

从古到今，许多汉字的结构发生了或多或少的变化，这可从多个方面加以说明。我们这里仅从增加偏旁、改换偏旁、分化与合并、字形讹变、字形简化等方面进行阐述。

一、增加偏旁

有人将汉字的这种演变称为结构的繁化。这可分为两类：

(一)增加表义偏旁

1. 增加表义偏旁以表字的本义

有的字因被其假借义或引申义所专用，于是在原字基础上添加表义偏旁以表其本义。如[1]：

莫—暮 莫，甲骨文作，上下都是艸，中间是日（太阳），表示日落草中，天黑了，音mù。《说文·茻部》：“莫，日且冥也。从日在茻中。”《诗经·齐风·东方未明》：“不夙则莫。”《礼记·聘义》：“日莫人倦。”此字又可用作多种与本义无关的假借义，比如：可用作无定代词，表示没有什么或没有谁。音mò。《战国策·楚策》：“群臣莫对。”《三国志·蜀书·诸葛亮传》：“非刘豫州莫可以当曹操者。”又可用作否定副词，相当于“不”。《国语·鲁语下》：“女知莫若妇，男知莫若夫。”韦昭注：“言处女之智不如妇，童男之智不如夫也。”后“莫”渐为其假借义所专用，于是添加表义偏旁“日”成“暮”以表其本义。《广韵·暮韵》：“暮，日晚也。”《国语·晋语五》：“范文子暮退朝。”

然—燃 然，本义为燃烧。《说文·火部》：“然，烧也。”《孟子·公孙丑上》：“若火之始然，泉之始达。”此字可假借作代词，义为“如此”“这样”。《玉篇·火部》：“然，如是也。”《孟子·梁惠王上》：“河东凶亦然。”又可假借作连词，表示转折、让步等关系。《左传·僖公三十年》：“吾不能早用子，今急而求子，是寡人之过也。然郑亡，子亦有不利焉。”此“然”义为“然而”“但是”，表转折。宋代邵雍《感事吟》：“然非我事我心恻，珍重羲皇一卷书。”此“然”义为“虽然”，表让步。后“然”渐为其假借义所专用，于是添加表义偏旁“火”成“燃”以表其本义。汉代王充《论衡·论死》：“天下无独燃之火。”《世说新语·文学》引曹植诗：“萁在釜下燃，豆在釜中泣。”

同类之例又如其—箕、孰—熟、申—電等，每组字的前者都被其假借义所专用，后加表义偏旁成后者以表其本义。

要—腰 要，本义是人体胯上胁下部分，即身体的中部。《说文·臼部》：“要，身中也。”《墨子·兼爱中》：“昔者，楚灵王好士细要。”细要即细腰，纤细的腰身。引申为“拦阻；截击”义。《孟子·公孙丑下》：“（孟仲子）使数人要于路。”《后汉书·班超传》：“（班超）乃遣兵数百于东界要之。”又引申为“重要”“要点”等义。《孝经·开宗明义》：“先王有至德要道，以顺天下。”《商君书·农战》：“故其治国也，察要而已矣。”后“要”渐为其引申义所专用，另添加表义偏旁“肉”（隶变作“月”）成“腰”字以表其本义。《急就篇》卷三：“尻髋脊膂腰背吕。”王应麟补注：“腰，身中也。”唐代李白《梦游天姥吟留别》：“安能摧眉折腰事权贵，使我不得开心颜。”

包—胞 包，本义为“胎衣”，母体内用以包裹胎儿。《说文·包部》：“包，象人裹妊，巳在中，象子未成形也。”裹，怀藏，怀抱，其义今作“怀”。巳，甲骨文作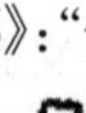、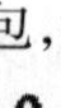等形，与“子”

① 本节所举字例，有的取自裘锡圭：《文字学概要》. 北京：商务印书馆，1996。

同，像胎儿形。“包”的小篆作，像胎儿在衣胞中之形。林义光《文源》：“包，当即胞之古文，胎衣也。”引申为“裹扎”“包含”等义。段玉裁注《说文》“包”：“引申之为凡外裹之称。”《诗经·召南·野有死麕》：“野有死麕，白茅包之。”毛亨传：“包，裹也。”《易·泰》：“九二，包荒，用冯河。”王弼注：“能包含荒秽，受纳冯河。”后“包”字渐为其引申义所专用，另添加表义偏旁“肉”（隶变作“月”）作“胞”以表其“胎衣”本义。《说文·包部》：“胞，儿生裹也。”徐灏《注笺》：“‘胞’即‘包’字，从‘包’加‘肉’旁。”桂馥《义证》：“今犹谓之衣胞。”《集韵·尤韵》：“胞，胎衣也。”

同类之例又如止—趾、文—纹、益—溢等。每组字的前者都被其引申义所专用，后加表义偏旁以表其本义。

这类添加表义偏旁之字，本是为原字的本义而造，但有的不仅用来表示原字本义，还可用来表示引申义。如“溢”，本是为“益”的“器满”义（水从器皿中漫出）而造的字，但又可表示“水泛滥成灾”“充满”等义。当这类字产生后，原字一般不再表示本义。

2. 增加表示物体原料、类别的表义偏旁而本义不变

由于社会生产力的发展，某些器物、用具的原料发生变化，于是加上相应的表义偏旁来表示，新字与原字本义相同。如：

聿—筆　聿，甲骨文作，像以手执笔形，本义为“笔”。《说文·聿部》：“聿，所以书也。”即用来写字的工具。因笔管多用竹制，故后加“竹”头作“筆”。朱骏声《说文通讯定声》释“聿”：“秦以后皆作筆字。”后简化作“笔”。

盂—　《说文·皿部》：“盂，饭器也。”①即盛饭的器皿。因古代盂曾以青铜制作，故金文中出现了加“金”旁的“”字。

監—鑑　監，甲骨文作，金文作，像一人俯身张目看水盆之形，古人以水为镜，本义为“镜子”，音jiàn，简化作“监”。《管子·轻重己》：“搢玉总，带金监。”“金监”即青铜镜。贾谊《新书·胎教》：“明监，所以照形也。”引申为“照视”“照影”。《尔雅·释诂下》：“监，视也。”《尚书·酒诰》：“古人有言曰：‘人无于水监，当于民监。’”孔安国传：“视水见己形，视民行事见吉凶。”后来盛水以照面的水盆用青铜制作，战国后又大量制作青铜镜，故加“金”旁作“鑑”。《广雅·释器》：“鑑谓之镜。”《庄子·则阳》：“生而美者，人与之鑑，不告，则不知其美于人也。”郭象注：“鑑，镜也。”又《广雅·释诂三》：“鑑，照也。”《庄子·德充符》：“人莫鑑于流水，而鑑于止水。”成玄英疏：“鑑，照也。”徐灏《说文注笺》释“鑑”：

① [清]段玉裁《说文解字注》改作“饮器也”。

“鑑，古只作監，从皿以盛水也。因其可以照形，而‘監察’之义生焉。其后范铜为之，而用以照形者亦谓之鑑。”按：鑑又写作“鑒”，简化作“鉴”。

3. 增加表义偏旁以突出其本义

有的字的形体经过演变，字形的表义部分不十分明显，遂添加表义偏旁予以突出，新字是原字的异体字。如：

采—採 采，甲骨文作、等形，从爪，从木；或从爪，从果；像以手采摘树上果实形。小篆仍从爪，从木。《说文·木部》：“采，捋取也。从木，从爪。”隶变后成“采”，其上半部分的“爫”难以看出表示“手”义的“爪”形，表义部分不十分明显，另加偏旁“手”（隶变作“扌”）成“採”。《玉篇·手部》：“採，採摘也。”《广韵·海韵》：“採，取也。俗。”今“採”简化作“采”。

岡—崗 “岡”本为“从山、网声”的形声字，本义为“山脊”“山梁”。《说文·山部》：“岡，山骨也。从山，网声。”按：“山骨”乃“山脊”之误，徐锴《说文系传》：“岡，山脊也。”《尔雅·释山》：“山脊，岡。”因表义偏旁“山”位于字的内下方，不甚明显，故另于字的上部再加表义偏旁“山”作“崗”。《集韵·唐韵》：“岡，俗作崗。”汉代班彪《北征赋》：“乘陵崗以登降。”今“岡”“崗”分别简化作“冈”和“岗”。

㐭—稟—廩 㐭，本义为“粮仓”。《说文·㐭部》：“㐭，谷所振入也。”即百谷收藏的地方。“振”之义为“收；收敛”。《玉篇·㐭部》：“㐭，藏米室也。”因该字的形体难以显示与“粮”相关之义，故加表义偏旁“禾”作“稟”。《说文·㐭部》：“稟，赐谷也。从㐭，从禾。”段玉裁注：“禾犹谷也，谷在于㐭。”按：《说文》“赐谷”之释是“稟”的引申义而非本义。《集韵·浸韵》：“㐭，《说文》：‘谷所振入。’”“或作廩、稟。”因粮仓与房屋有关，后再加表义偏旁“广”作“廩”。《说文》列“廩”为“㐭”之重文，释作：“廩，㐭或从广，从禾。”《广雅·释宫》：“廩，仓也。”①

4. 增加表义偏旁以表字的引申义

有的字因意义引申而意义较多，为加区别，遂加上相应的表义偏旁以表其引申义。如：

竟—境 竟，本义为“乐曲终止”。《说文·音部》：“竟，乐曲尽为竟。”段玉裁注：“曲之所止也。”桂馥《义证》引《九经字样》：“竟，乐曲终也。”引申为“终了；完毕”。《玉篇·音部》：“竟，终也。”《诗经·大雅·瞻卬》：“鞫人忮忒，谮始竟背。”郑玄笺：“竟，犹终也。”再引申为“疆界”，即国土终止之处。段玉裁注《说文》“竟”：“引伸之凡事之所止、土地之所止

① 广，音 yǎn，《说文·广部》释作“因广为屋”，即依傍山崖建造的房屋，故从“广”之字与房屋有关。

皆曰竟。"《周礼·夏官·掌固》:"凡国都之竟有沟树之固。"郑玄注:"竟,界也。"《礼记·曲礼上》:"入竟而问禁。"后加表义偏旁"土"作"境"以表"疆界"义。《说文新附·土部》:"境,疆也。"《孟子·梁惠王下》:"臣始至于境,问国之大禁,然后敢入。"

取—娶 取,本义为"(捕获到野兽或战俘时)割下左耳"。《说文·又部》:"取,捕取也。"《周礼·夏官·大司马》:"(狩)大兽公之,小禽私之,获者取左耳。"《左传·僖公二十二年》:"虽及胡耇,获则取之,何有于二毛?"引申为"捕捉;捉拿"。《集韵·厚韵》:"取,获也。"《诗经·豳风·七月》:"取彼狐狸,为公子裘。"古代有抢婚之俗,由此再引申为"把女子接过来成亲"。《易·咸》:"咸,亨利贞,取女,吉。"《诗经·豳风·伐柯》:"取妻如何? 匪媒不得。"后加表义偏旁"女"作"娶"以表此引申义。《说文·女部》:"娶,取妇也。"段玉裁注:"取彼之女,为我之妇也。"汉代桓宽《盐铁论·未通》:"二十而冠,三十而娶,可以从戎事。"

昏—婚 昏,本义为"日暮"。《说文·日部》:"昏,日冥也。"《尚书·大禹谟》:"昏迷不恭。"孔颖达疏:"日入为昏。"《诗经·陈风·东门之杨》:"昏以为期,明星煌煌。"古代婚礼在黄昏举行,故引申为"男女结为夫妇",即"结婚"。《诗经·邶风·谷风》:"宴尔新昏,如兄如弟。"《左传·僖公二十七年》:"楚始得曹,而新昏于卫。"后加表义偏旁"女"作"婚"以表此引申义。《国语·晋语四》:"同姓不婚,恶不殖也。"汉代班固《白虎通·嫁娶》:"婚姻者何谓也? 昏时行礼,故谓之婚也。"

5. 增加表义偏旁以表字的假借义

古时字少,常用音同或音近字记录词,即以假借字记录词。其后为表义明确,便将假借字加上表义偏旁,造出记录该词的专用字。如:

戚—慼 戚,古代兵器名,斧属。《说文·戉部》:"戚,戉也。"又"戉,斧也。"《诗经·大雅·公刘》:"弓矢斯张,干戈戚扬。"毛亨传:"戚,斧也。"该字又可用作"忧愁""悲伤"义。《诗经·小雅·小明》:"心之忧矣,自诒伊戚。"毛亨传:"戚,忧也。"《庄子·大宗师》:"哭泣无涕,心中不戚。" 此为"戚"之假借义,与本义无关。后增添表义偏旁"心"作"慼"以表此假借义。《广雅·释诂一》:"慼,忧也。"《左传·僖公二十四年》:"《诗》曰:'自诒伊慼',其子臧之谓矣。"杜预注:"慼,忧也。"

辟—避 辟,本义为"法律;法规"。《说文·辟部》:"辟,法也。"《尔雅·释诂上》:"辟,法也。"《诗经·大雅·板》:"民之多辟,无自立辟。"毛亨传:"辟,法也。"该字又可用作"躲开、回避"义。《左传·隐公元年》:"姜氏欲之,焉辟害?"《汉书·武五子传》:"时上疾,辟暑甘泉宫。" 此义与"辟"之本义无涉,为该字假借义。后增添表义偏旁"辵"(隶变作"辶")作"避"以表此假借义。《说文·辵部》:"避,回也。"即回避。《孙子·虚实》:"兵之形,避实击虚。”同理，“辟”又可用作“宠幸”“墙壁”“中心有孔的玉”“比方”等假借义，后分别添加相应的表义偏旁造出“嬖”“壁”“璧”“譬”等字以表这类之义。

舍—捨 舍，本义是“客馆”。《说文·亼部》：“舍，市居曰舍。”段玉裁注：“此市字非买卖所之，谓宾客所之也。”朱骏声《说文通训定声》：“舍，客居也。”《庄子·天道》：“百舍重趼而不敢息。”成玄英疏：“舍，逆旅也。”“逆旅”即客馆。该字又可用作“放下；放弃”义。《荀子·劝学》：“锲而舍之，朽木不折。”《国语·楚语上》：“女无亦谓我老耄而舍我。”韦昭注：“舍，弃也。”此为“舍”之假借义，与“客馆”义无关。后添加表义偏旁“手”（隶变作“扌”）以表此假借义。《说文·手部》：“捨，释也。”即放下，放开。《文选·北征赋》：“捨高亥之切忧兮。”李周翰注：“捨，弃也。”今“捨”简化作“舍”。

6. 为记录双音节词的字增加表义偏旁

为使记录双音节词的字表义更明确，有时增加其表义偏旁。这类双音节词通常是连绵词。如：

夫容—芙蓉 夫容，荷花的别名。《汉书·司马相如传上》：“其西则有涌泉清池，激水推移，外发夫容菱华，内隐巨石白沙。”又《汉书·扬雄传上》：“衿芰茄之绿衣兮，被夫容之朱裳。”后加表义偏旁“艸”（隶变作“艹”）作“芙蓉”。《楚辞·离骚》：“制芰荷以为衣兮，集芙蓉以为裳。”唐代王维《临湖亭》诗：“当轩对樽酒，四面芙蓉开。”

科斗—蝌蚪 科斗，蛙或蟾蜍的幼体。《庄子·秋水》：“还虷蟹与科斗，莫吾能若也。”陆德明《经典释文》：“科斗，虾蟆子也。”《尔雅·释鱼》：“科斗，活东。”邢昺疏：“此虫一名科斗，一名活东，头圆大而尾细。”后加表义偏旁“虫”作“蝌蚪”。明代李时珍《本草纲目·虫四·蝌蚪》：“蝌蚪生水中，虾蟆、青蛙之子也。”

鹿盧—轆轤 鹿盧，亦作鹿櫨，引以下棺或置于井上以汲水的滑车或绞盘。《晋书·载记·石季龙上》：“钟一没于河，募浮没三百人入河，系以竹絙，牛百头，鹿櫨引之乃出。”《古文苑·僮约》：“屈竹作杷，削治鹿盧。”后加表义偏旁“車”作“轆轤”，简化作“辘轳”。南朝宋人刘义庆《世说新语·排调》：“井上辘轳卧婴儿。”《齐民要术·种葵》：“井别作桔槔、辘轳。”

（二）增加表音偏旁

对一些无表音成分的字添加表音偏旁。有人称之为汉字的音化。这主要有以下两种类型：

1. 象形字或会意字增加表音偏旁

为标明字的读音，或与其他字相区别，在象形字或会意字基础上添加表音偏旁。如：

鳳、鷄　这两个字，甲骨文最初均为象形字，分别作、，为了与“鳥”相区别，后分别添加表音偏旁“凡”和“奚”作、。

网　甲骨文作，像渔网形，后加表音偏旁“亡”，小篆作，隶变作“罔”。

臧　甲骨文作，从臣，从戈，像以戈刺目形（“臣”像竖目之形），本义为“奴隶”。后加声符“爿”（音 qiáng）作“臧”。

寶　甲骨文作，由“宀”“貝”“玉”三部分组成，表房中有貝有玉等宝物，会意字。金文添加表音偏旁“缶”作。小篆承金文作，隶变作寶。

2. 象形字读音变化或方音不同添加表音偏旁

有的象形字的读音有了变化，或因方言读音的不同，后来添加表音偏旁以标注其读音[①]。如：

犬—狗　犬，甲骨文作，象形字。后加表音偏旁“句”作“狗”。

頁—頭　頁，甲骨文作。首，甲骨文作。二者实为一字，象形字，本义为“人头”。《说文·页部》：“页，头也。”后加表音偏旁“豆”作“頭”。简化字作“头”。

豖—豬　豖，甲骨文作，象形字。后加表音偏旁“者”作“豬”。

另有增加表音偏旁以表字的引申义一类，待本节下面论“字的分化”时阐述。

以上增加偏旁以成新字的各种类型，是形声字产生的重要途径

二、改换偏旁

有的字，改换其中的一个偏旁而成新字。这主要有以下情况：

（一）改换原表意字的部分偏旁为表音偏旁，新字与原字最初属异体字。如：

—囿　囿，甲骨文作、等形，会意字，外边是围墙，里面有四“木”或四“屮”（草），乃古代供田猎用的有围墙的园林。后将里面的“四木”或“四屮”改换为“有”以表其读音。《说文·囗部》：“囿，苑有垣也。从囗，有声。”《诗·大雅·灵台》：“王在灵囿，麀鹿攸伏。”毛传：“囿，所以域养禽兽也。”

① 参见梁东汉．汉字的结构及其流变．上海：上海教育出版社，1959：36-37.

圉—圄　圉，甲骨文作、等形，从囗，从执；或从囗，从㚔。“㚔”音niè，手铐类刑具，小篆作，隶变作“幸”。该字为会意字，本义是“牢狱”。《说文·㚔部》：“圉，囹圄，所以拘罪人。”后将“幸”改换为“吾”以表其音，成新字“圄”。王筠《说文释例》释“囿”：“盖囿为古字，圄为后作。”《广韵·语韵》：“圄，囹圄，周狱名。”

（二）改换形声字表字义类属的偏旁（形符），使之较为接近当时事物类属或人们的思想认识。新字与原字最初属异体字。如：

箴—鍼　《说文·竹部》：“箴，缀衣箴也。从竹，咸声。”缝衣用的工具，今作“针”。《别雅》卷二：“箴，针也。”《礼记·内则》：“衣裳绽裂，纫箴请补缀。”远古之针以竹签制成，故字从“竹”。后缝衣之针以金属制作，故其字作“鍼”，将形符“竹”改换为“金”。《说文·金部》：“鍼，所以缝也。从金，咸声。”即缝衣的工具。《急就篇》卷二：“鍼缕补缝绽紩缘。”颜师古注：“鍼，所以缝衣也。”按：《说文》对“箴”“鍼”二字分别作释，其实二者是异体字。

萎—餧　萎，本义为“喂牛”。《说文·艸部》：“萎，食牛也。从艸，委声。”食，音义同“饲”。食牛即饲牛，也即今所谓“喂牛”。《广韵·寘韵》：“萎，萎牛。”饲牛用草，故字从“艸”。后来“萎”不限于饲牛，亦不限于以草为饲料，故字作“餧”，将形符“艸”改换为“食”。段玉裁注《说文》“萎”：“今字作餧。”《广雅·释诂三》：“餧，食也。”《玉篇·食部》：“餧，饲也。”

（三）改换作假借字用的形声字表意偏旁，使其成为记录该词的本字。如：

詳—佯　《说文·言部》：“詳，审议也。”即审察，审理。《尚书·蔡仲之命》：“詳乃视听。”孔安国传：“詳，审汝视听。”此为本义。该字又借以表“假装”义。《楚辞·天问》：“梅伯受醢，箕子詳狂。”洪兴祖补注：“詳，诈也。与佯同。”“佯”字后出。《玉篇·人部》：“佯，诈也。”《孙子·军争》：“佯北勿从。”佯北，假装败退。此将“詳”字的表意偏旁“言”改换为“人”，成为“假装”义的本字。

澹—贍　《说文·水部》：“澹，水摇也。”水波起伏貌。《玉篇·水部》：“澹，水动貌。”《广韵·阚韵》：“澹，水摇动貌。”这是“澹”字本义。该字又可用作“满足；供给”义。《荀子·王制》：“物不能澹则必争。”杨倞注：“澹读为贍。既无等级，则皆不知纪极，故物不能足也。”纪极：终极，限度。《汉书·赵充国传》：“今久转运烦费，倾我不虞之用以澹一隅，臣愚以为不便。”颜师古注：“澹，古贍字。贍，给也。”此义与“澹”的本义“水波起伏貌”无关，应是该字假借义。后改换“澹”的表义偏旁“水”为“貝”以成“贍”字，以表“满足；供给”义。《汉书·昭帝纪》：“朕闻百姓未贍。”颜师古注：“贍，足也。”《说文新附·贝部》：“贍，给也。”《战国策·魏策三》:“国有事,未贍下兵也。”鲍彪注:“贍,给也。”“贍”字是“满足;供给”义的本字,今简化作“赡”。

另有改换偏旁以表字的引申义一类,待本节下文论“字的分化”时阐述。

三、字的分化与合并

(一)字的分化

在汉字里,常见一个字表示两个或两个以上的意义或音义的现象。有时为记录语言的需要,将一个字分化为两个或两个以上的字,分别承担原字的部分意义。这一分化现象主要有以下几类:

二维码3-2

1.异体字的分化

有的字最初有几种不同写法,音义全同,属异体字。后来其不同写法的字各有专用,分化为用法不同的字。如:

亨—享　此二者本是一字异体。甲骨文作,像宗庙形。《说文》正篆(列为字头以释其形义的篆文)作,隶定作“亯”,释为:“亯,献也。”其重文作,可隶定为“亨”或“享”。段玉裁注《说文》“亯”:“据玄应书,则亯者,籀文也。小篆作,故隶书作亨。作享,小篆之变也。”较早时代,“祭享、享受”之类的意义可写作“亨”。《正字通·亠部》:“亨,即古享字。”《易·大有》:“公用亨于天子。”陆德明《经典释文》:“用亨,京云:‘献也。’于云:‘享,宴也。’姚云:‘享,祀也。’”。“亨通”之类的意义可写作“享”。《别雅》卷二:“元享,元亨也。”《经籍籑诂·庚韵》:“张公神碑:元享利贞。亨作享。”后亨、享分化为二字,各有专用之义。《广韵·庚韵》:“亨,通也。”即通达。《字汇·亠部》:“享,受也。”即享受;享用。

兀—元　甲骨文作或,两横或一横之下加一个“人”字,本义为“人头”。林义光《文源》:“兀,盖与元同字。”高鸿缙《中国字例》:“元、兀一字,意为人之首也。名词。”小篆分化为二字。《说文·儿部》:“兀,高而上平也。”《广韵·没韵》:“兀,高貌。”又《说文·一部》:“元,始也。”这应是该字引申义。《尔雅·释诂下》:“元,首也。”《左传·僖公三十三年》:“狄人归其元,面如生。”杜预注:“元,首也。”

常—裳　常,本义为“裙子”,与“裳”为异体字。《说文·巾部》:“常,下帬也。从巾,尚声。裳,常或从衣。”段玉裁注:“今字裳行而常废也。”按:“帬”是“裙”的异体字。《玉篇·巾部》:“常,帬也。今作裳。”《逸周书·度邑》:“叔旦泣涕于常,悲不能对。”《说文·衣部》:“衣,依也。上曰衣,下曰裳。”后“常”与“裳”分化为用法不同的字。“常”多用作“常规”

“永久”等义。《国语·越语下》：“无忘国常。”韦昭注：“常，旧法。”《礼记·少仪》：“马不常秣。”陆德明《经典释文》：“常，恒也。”“裳”多用于“衣服”义。《水经注·江水》：“故渔者歌曰：‘巴东三峡巫峡长，猿鸣三声泪沾裳。’”

2. 字形略变的分化字

有的字通过笔画的细微改变分化出新字，承担其部分意义。如：

句—勾　句，本义为“弯曲”，音 gōu。《说文·句部》：“句，曲也。”王筠《句读》：“凡曲皆曰句。”《尔雅·释木》：“句如羽，乔。”邢昺疏：“句，曲也。”古书无标点，古人读书，一句话可停顿之处便加一个点或圆圈或钩（句）作标记，其后一句话完了可停顿之处也称“句”。段玉裁注《说文》“句”：“凡章句之句，亦取稽留可钩乙之意，古音总如钩。后人句曲音钩，章句音屦，又改句曲字为勾。”朱骏声《说文通训定声》释“句”：“周伯琦曰：‘语绝为句。’按：取稽留可钩乙之意，曲画以识之也。《说文》‘瞿’下曰：‘读如章句之句’。则后汉时已转其音如今言屦。” “钩乙”即“钩 ”，文中可停顿之处。后“句”专用作“句读、语句”字，音 jù。《玉篇·句部》：“句，止也，言语章句也。”《集韵·遇韵》：“句，词绝也。”另将其笔画略变作“勾”，音 gōu，表“弯曲”义。《尚书大传》卷五：“古之人衣上有冒而勾领。”郑玄注：“勾领绕颈也。”勾领即曲领。

刀—刁　刀，《说文·刀部》：“刀，兵也。”即兵器。徐铉注音“都牢切”，《广韵·豪韵》注音与徐铉同，音 dāo。该字在古代又有“刁”音。《玉篇·刀部》：“刀，又丁幺切。《庄子》云：刀刀乎。亦姓，俗作刁。”今本《庄子·齐物论》作“刁刁乎”。《史记·李将军列传》：“不击刀斗以自卫。”司马贞《索隐》：“刀，音貂。”刀斗，古代军中所用的一种有柄的小斗，铜质，白天用作炊具，晚上击以巡更。后将“刀”的字形略变分化出“刁”，以取代“刁”音的“刀”字。“刀斗”也写作“刁斗”。南朝梁代虞羲《咏霍将军北伐》：“羽书时断绝，刁斗昼夜惊。”

荼—茶　荼，本是苦菜之名。《说文·艸部》：“荼，苦荼。”《诗·邶风·谷风》：“谁谓荼苦，其甘如荠。”毛亨传：“荼，苦菜也。” 茶叶味苦，故茶叶的“茶”最初用“荼”字表示。《尔雅·释木》：“槚，苦荼。”郭璞注：“树小如栀子，冬生叶，可煮作羹饮。今呼早采者为荼，晚取者为茗。” 郝懿行《义疏》：“今‘茶’字古作‘荼’。……至唐陆羽著《茶经》始减一画作‘茶’，今则知茶不复知荼矣。”“槚”是茶树。顾炎武《唐韵正》卷四：“荼，宅加切，古音塗。……梁以下始有今音，又妄减一画为‘茶’字。”由此可知，“茶”由“荼”减去一画而成，今“荼”与“茶”用法各异，已分化为音义不同的两个字。

3. 为引申义造的分化字

这可分为以下几类：

(1)增加或改换表义偏旁

增加表义偏旁,本节前面论述“增加表义偏旁以表字的引申义”时已谈到,并以“竟—境、取—娶、昏—婚”为例,后者是为引申义而造的分化字。又如:

坐—座　坐,字形像二人对坐于土上(古人席地而坐),《说文·土部》释为“止也”,人的止息方式之一。引申为“席;席位”。《论语·宪问》:“孔子与之坐而问焉。”《韩非子·外储说左下》:“郑人有且置其履者,先自度其足而置之其坐。”后增加偏旁“广”作“座”以表此引申义。《史记·日者列传》:“扫除设座。”汉代傅毅《舞赋》:“陈茵席而设座兮,溢金罍而列玉觞。”

學—斆　“學”的本义是向别人学习,接受教育。《广雅·释诂三》:“學,效也。”即师法,效仿。《玉篇·子部》:“學,受教也。”《尚书·说命》:“学于古训,乃有获。”教别人学习也称“學”,《广雅·释诂四》:“學,教也。”《国语·晋语九》:“顺德以学子,择言以教子。”韦昭注:“学,教也。”这是该字引申义。后增加偏旁“攴”作“斆”以表此引申义,音变为xiào。《说文·攴部》:“斆,觉悟也。”即教导,使觉悟。《集韵·效韵》:“斆,教也。”《尚书·说命》:“斆学半。”义为“教占学的一半”(教学相长)。“學”今简化作“学”。

禽—擒　禽,甲骨文作,金文添加声符“今”作,本义为“捕捉鸟兽的长柄小网”,名词。引申为“捕获,捉拿”,动词。《左传·僖公二十二年》:“君子不重伤,不禽二毛。”《战国策·魏策二》:“战必不胜,不胜必禽。”后增加偏旁“手”(隶变作“扌”)作“擒”以表此引申义。《类篇·手部》:“擒,捉也。”《文选·檄蜀文》:“蜀侯见擒于秦。”吕向注:“擒,获也。”

以上“座、斆、擒”三字,是分别为“坐、學、禽”的引申义而造的分化字。以下是改换表义偏旁的分化字之例。

赴—訃　赴,本义为“趋走;前往”。《说文·走部》:“赴,趋也。”《大戴礼记·劝学》:“其赴百仞之溪。”王聘珍《解诂》:“赴,趋也。”《史记·滑稽列传》:“欲赴佗国奔亡,痛吾两主使不通。”引申为“急走报丧”。《礼记·文王世子》:“死必赴。”《左传·文公十四年》:“凡崩、薨,不赴则不书。”后“急走报丧”义作“訃”,将表义偏旁“走”改换为“言”。《玉篇·言部》:“訃,告丧也。”段玉裁注《说文》“赴”:“古文赴告字只作赴者,取其急疾之意。今文从言,急疾意转隐矣。”《礼记·杂记》:“凡訃于其君,曰:君之臣某死。”郑玄注:“臣死,其子使人至君所告之。”今“訃”简化作“讣”。

緜—棉　緜,本义为“连绵不断”。《说文·系部》:“緜,联微也。”段玉裁注:“其相连者甚微眇,是曰緜。”(微眇:细小;微末。)《广雅·释诂四》:“緜,连也。”《玉篇·系部》:“緜,緜緜不绝也。”其字后作“綿”,今简化作“绵”。《玉篇·糸部》:“綿,与緜同。”引申之指丝绵,剥取蚕茧表面的乱丝整理而成的绒状物,可絮衣服、被子等。《释名·释采帛》:“煮茧曰莫。…… 或谓之牵离。煮熟烂，牵引使离散如綿然。”毕沅《疏证》：“今人以茧之不堪为丝者乃为綿。”韩愈《故河南令张君墓志铭》：“度支符州，折民户租，岁征綿六千屯。”我国最初只有丝绵，中古时代始种植木棉（攀枝花，落叶乔木，种子表皮有许多白色纤维，可装枕头、垫褥等）、草棉（古称“古终”，棉桃中的纤维称“棉花”）。其字最初写作“綿”。《文选·吴都赋》：“綿杬杶栌。”李善注引刘逵曰：“木綿树，高大，其实如酒杯，皮薄，中有如丝绵者。”唐代章碣《送谢进士还闽》诗：“却拥木綿吟丽句，便攀龙眼醉香醪。”后改换其偏旁“糸”作“木”，分化出“棉”。《广韵·仙韵》：“棉，木棉，树名。”《本草纲目拾遗·草部下·草棉》：“（棉）似草者名古终，今俗呼棉花，乃草棉也。”

柴—祡　柴，《说文·木部》：“柴，小木散材。”也指作燃料的木柴。《礼记·月令》：“乃命四监，收秩薪柴。”郑玄注：“大者可析谓之薪，小者合束谓之柴。”引申为祭名，烧柴祭天。《尚书·舜典》：“岁二月，东巡守，至于岱宗，柴。”蔡沈《集传》：“柴，燔柴以祀天也。”（燔：焚烧。）《礼记·大传》：“柴于上帝。”孔颖达疏：“谓燔柴以祭天。”此引申义后作“祡”，将表义偏旁“木”改换为“示”。《说文·示部》：“祡，烧祡焚燎以祭天神。”“烧祡”应作“烧柴”，徐锴《说文系传》作“烧柴燎以祭天神。”《广韵·佳韵》：“祡，祭天燔柴。”

以上“訃、棉、祡”三字，是分别为“赴、綿、柴”的引申义而造的分化字。

（2）增加或改换表音偏旁

食–飼　食，本义为“饭食”，名词，音 shí。《玉篇·食部》：“食，饭食。”《周礼·天官·膳夫》：“膳夫掌王之食饮膳羞。”郑玄注：“食，饭也。”引申为“给人吃；喂食”，动词，音 sì。《左传·文公十八年》：“功以食民。”杜预注：“食，养也。”《诗经·小雅·绵蛮》：“饮之食之，教之诲之。”后这一引申义加表音偏旁“司”作“飼”。《玉篇·食部》释“飼”同“飤”，又：“飤，食也。”段玉裁注《说文》“飤”：“飤，以食食人、物，其字本作食，俗作飤，或作飼。”慧琳《一切经音义》卷七十九引《考声》：“飼，与畜食也。”“飼”今简化作“饲”，只用于喂养动物。“飼”为“食”的分化字。

以上为增加表音偏旁例；以下之例为改换表音偏旁。

潦—涝　潦，本义为“雨水大”。《说文·水部》：“潦，雨水大貌。从水，尞声。”《玉篇·水部》：“潦，雨水盛也。”《诗经·召南·采蘋》：“于以采藻？于彼行潦。”马瑞辰《传笺通释》：“雨水之大曰潦。”引申为“水淹；雨多成灾”。《庄子·秋水》：“禹之时十年九潦。”《史记·孝景本纪》：“（中五年夏）天下大潦。”此义后作“涝”，将表音偏旁“尞”改换为“劳”。《广韵·号韵》：“涝，淹也。”《三国志·魏志·郑浑传》：“郡界下湿，患水涝，百姓饥之。”“涝”为“潦”的分化字。

(3)与原字无字形联系的分化字

以上两类为引申义而造的分化字，与原字在字形上都有联系，而这类分化字与原字无字形联系。如：

甜—菾　甜，《说文·甘部》作"甛"，释作："美也。从甘，从舌。舌，知甘者。"徐灏《注笺》："甘之至为甛。"像糖或蜜的味道。菾，菜名，二年生草本，主根为肉质块根，含糖质，可制糖。《本草纲目·菜部·菾菜》："菾与甜通，因其味也。""菾"是"甜"的分化字，专指这类菜。"菾菜"又作"甜菜"。

畏—威　畏，甲骨文作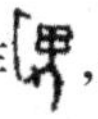，像鬼执杖形，可畏惧之象，本义为"害怕；恐惧"。《说文·由部》："畏，恶也。"《广雅·释诂二》："畏，惧也。"引申为"威慑，使畏惧"。《广雅·释言》："畏，威也。"《尚书·皋陶谟》："天明畏，自我民明畏。"孙星衍疏："畏，一作威。明威，言赏罚。"此义后作"威"。"威"的字形"从戌，从女"。戌与戊、戉等皆古代斧钺类兵器。以戌加于女之头，表"威慑"之义。林义光《文源》："从戌，象戈戮人。女见之，女畏惧之象。"《诗经·小雅·常棣》："死丧之威，兄弟孔怀。"毛亨传："威，畏也。"《释名·释言语》："威，畏也，可畏惧也。"此释"威"的音义来源，"威"得名于"畏。""威"是"畏"的分化字。

灌—祼　灌，《说文·水部》释为水名，而其基本义是"浇灌"。水名之"灌"与"浇灌"字可能为同形字。《广韵·换韵》："灌，浇也。"《庄子·逍遥游》："时雨降矣，而犹浸灌。"郭庆藩《集释》："灌，溉也。"引申为古代祭名，以酒浇地之祭，古代帝王祭奠祖先。《论语·八佾》："子曰：禘自既灌而往者，吾不欲观之矣。"何晏注引孔安国曰："灌者，酌郁鬯灌于太祖以降神也。"郁鬯，古人用于祭祀的香酒。《礼记·郊特牲》："灌用郁鬯，灌用臭也。"此义后作"祼"。《说文·示部》："祼，灌祭也。"《孟子·离娄上》："(《诗》云)殷士肤敏，祼将于京。"朱熹《集注》："祼，宗庙之祭，以郁鬯之酒灌地而降神也。""祼"为"灌"的分化字。

(二)字的合并

一个字将其意义并入另一字，而自身不再使用，这是文字的合并现象。这主要有以下类型：

1. 原字与分化字之间的合并

字的合并往往以字的分化为前提。这可分为两小类：

二维码 3-3

(1)原字并入分化字。如：

屰—逆　屰，本义为"不顺"。《说文·干部》："屰，不顺也。"甲骨文作、等形，是倒写的"大"字，即倒人形，表"不顺"义。这是顺逆之"逆"的最初写法。段玉裁注《说文》

“屰”：“后人多用逆。”《说文·辵部》：“逆，迎也。从辵，屰声。”“屰”兼表“逆”字的音义。《尔雅·释言》：“逆，迎也。”邢昺疏：“逆，谓迎迓。”《左传·僖公二年》：“保于逆旅。”孔颖达疏：“逆，迎也。”“迎”是“顺逆”之“逆”的引申义。迎人者与被迎者彼此方向相逆。“逆”是“屰”的分化字。后“逆”行而“屰”废。《玉篇·干部》：“屰，《说文》曰：‘不顺也’。今作‘逆’。”

朿—刺 朿，木类植物的芒刺。《说文·朿部》：“朿，木芒也。”王筠《句读》：“在草曰芒，在木曰朿。”刺，《说文·刀部》：“刺，君杀大夫曰刺。刺，直伤也。从刀，从朿，朿亦声。”“刺”是会意兼形声字，“直伤”应为该字本义，即以锐利之物径直戳入以伤人。《孟子·梁惠王上》：“是何异于刺人而杀之。”木芒锐利，可刺伤人。“刺”为“朿”的分化字。慧琳《一切经音义》卷二十五：“刺，古文作朿。”今草木芒刺字作“刺”，“刺”行而“朿”废。段玉裁注《说文》“朿”：“朿，今字作刺，刺行而朿废矣。”

侌—陰 《说文·雲部》：“霒，雲覆日也。从雲，今声。侌，古文或省。”段玉裁注：“古文‘雲’本无‘雨’耳，非省也。”徐灏《注笺》：“云翳日而侌也。引申之凡日光所不到者皆为侌。”《说文》释“侌”为“霒”之省不可信，“霒”是“侌”加“雲”而成的后出字。“侌”字“从云，今声”，为陰晴之“陰”的最初写法，本义是“云遮日”，即日光被云遮蔽。引申为“山之北；阴蔽”等义。此引申义后作“陰”。《说文·𨸏部》：“陰，闇也。水之南，山之北也。”“陰”字从“𨸏”，本义为“山之北”，那是日光照不到之处，故可引伸为“阴暗”义。《诗经·大雅·公刘》：“相其陰阳，观其流泉。”郑玄笺：“山北为陰。”《楚辞·九歌·大司命》：“壹陰兮壹阳，众莫知兮余所为。”王逸注：“陰，晦也。”后“陰”行而“侌”废，现“陰”简化作“阴”。

(2)分化字并入原字。如：

須—鬚 須，本指“长在下巴上的胡子”，后泛指胡须。《说文·须部》：“須，面毛也。”段玉裁注改作“颐下毛也”。《周礼·秋官·冥氏》：“则献其皮革齿須备。”郑玄注引郑司农云：“須，直谓颐下須。”《汉书·高帝纪上》：“高祖为人，隆准而龙颜，美須髯。”颜师古注：“在颐曰須，在颊曰髯。”该字可假借以表“应该；必须”义。清代刘淇《助字辨略》卷一：“須，应也。”三国魏人应璩《与满公琰书》：“适有事务，須自经营。”又可借以表“等待”义。《易·归妹》：“归妹以須。”陆德明《经典释文》：“須，待也。”《诗经·邶风·匏有苦叶》：“人涉卬否，卬須我友。”毛传：“人皆涉，我友未至，我独待之而不涉。”后“須”多用作假借义，另加偏旁“髟”作“鬚”以表其本义。《释名·释形体》：“颐下曰鬚。”古乐府《陌上桑》：“为人洁白皙，鬑鬑颇有鬚。”后来“鬚”字废，胡须字仍用“須”，今简化作“须”。

夸—誇 夸，本义为“奢侈”。《说文·大部》：“夸，奢也。”《荀子·仲尼》：“主损绌之，则恐惧而不怨，贵而不为夸。”杨倞注：“夸，奢侈也。”引申为“虚夸；浮夸”义。《逸周书·谥法》：“华言无实曰夸。”《晏子春秋·问下二十》：“不夸言，不愧行，君子也。”夸言，即说大话。此引申义后作“誇”。《说文·言部》：“誇，譀也。”即说大话，言语不实，夸大其辞。《广韵·麻韵》：“誇，大言也。”后“夸”行而“誇”废，“虚夸；浮夸”等义仍用“夸”。

复—復、複 《说文·夊部》：“复，行故道也。”行走在已经走过的路上。《玉篇·夊部》：“复，今作復。”又《说文·彳部》：“復，往来也。”往而复来，即返回。“復”为“复”增加表义偏旁之异体，音义无别。段玉裁注《说文》“复”：“《彳部》有復，復行而複废矣。疑《彳部》之復乃后增也。”《尔雅·释言》：“復，返也。”引申有“再次”“重叠”等义。《论语·述而》：“久矣，吾不復梦见周公也。”《礼记·明堂位》：“復庙重檐。”郑玄注：“復庙，重屋也。”又《说文·衣部》：“複，重衣貌。”《玉篇·衣部》：“複，重衣也。”《释名·释衣服》：“有里曰複，无里曰禅。”有里的衣服，即夹衣，里外两层重叠。段玉裁注《说文》“複”：“複与復义近，故书多用復为之。”“複”为“复”与“復”的分化字，后“復”与“複”二字废，仅用“复”。

2.音同或音近字之间的合并

这类字之间仅音同或音近，其本义和引申义无联系，一字并入另一字是同音替代。这大约有两种情况：

(1)古代二者有通用现象，或曾用作相同之义。如：

征—徵 征，本义为“远行”。《尔雅·释言》：“征，行也。”邢昺疏：“征，出行也。”《楚辞·离骚》：“济沅湘以南征兮。”王逸注：“征，行也。”引申为“征伐”。《尚书大传》卷一：“虽弗请于天子而征之可也。”郑玄注：“征，伐也。”《诗经·鲁颂·泮水》：“桓桓于征，狄彼东南。”郑玄笺：“征，征伐也。”徵，本义为“征召”，多指君召臣，上召下。《说文·壬部》：“徵，召也。”《左传·宣公九年》：：“春，王使来徵聘。”杜预注：“徵，召也。”引申有“求取”等义。《吕氏春秋·达郁》：“日暮矣，桓公乐之而徵烛。”高诱注：“徵，求也。”《史记·货殖列传》：“故物贱之徵贵，贵之徵贱。”司马贞《索隐》：“徵言求也。”以上之义二者不相混。征士，指出征的士兵。徵士，指不接受朝廷征聘的隐士。但二者都有“征税；赋税”等义。《周礼·地官·闾师》：“以时徵其赋。”贾公彦疏：“闾师徵敛百里内之赋贡。”《管子·治国》：“而上徵暴急无时，则民倍贷以给上之徵矣。”尹知章注：“谓徭税不以时。”“徵”的这类义实为“求取”义之引申义。又：《孟子·梁惠王下》：“关市讥而不征。”不征，指不征税。《周礼·地官·大司徒》：“制天下之地征。”郑玄注：“征，税也。”“征”的这类义与本义无关，实乃借作“徵”。朱骏声《说文通训定声》释“征”：“征，假借为徵。”徵字简化后并入“征”①。

粗—麤 粗，《说文·米部》：“粗，疏也。”该字从“米”，本义为“糙米”；也指“大米、白

① 古代五音“宫商角徵羽”之“徵”未简化，但此“徵”音zh，是“徵”的另一音义。

面以外的食粮"(粗粮)。《庄子·人间世》:"吾食也执粗而不臧。"引申为"粗糙;粗劣"义。段玉裁注《说文》"粗":"凡物不精者皆谓之粗。"《集韵·模韵》:"粗,不精也。"又有"粗大"义,指物体径围大或体积大。《礼记·月令》:"食菽与鸡,其器高以粗。"郑玄注:"粗,犹大也。"又,麤,《说文·鹿部》:"麤,行超远也。"行走时跳跃很远。"麤"在古代多假借为"粗",有"粗劣、粗疏、粗大"等义。朱骏声《说文通训定声》释"麤":"麤,假借又为粗。"《玉篇·鹿部》:"麤,不精也;大也;疏也。" "麤"字简化后并入"粗"。

郁—鬱 郁,古地名用字。《说文·邑部》:"郁,右扶风郁夷也。" 右扶风,汉代政区名,相当于郡。郁夷,县名。《史记·五帝本纪》:"分命羲仲居郁夷。"鬱,树木积聚,繁茂。《说文·林部》:"鬱,木丛生者。"《诗经·秦风·晨风》:"鴥彼晨风,鬱彼北林。"毛亨传:"鬱,积也。"孔颖达疏:"鬱积而茂盛者,彼北林之木也。"该字又有"芳草;芳香"等义。郦道元《水经注·温水》:"鬱,芳草也。"《文选·广绝交论》:"心同琴瑟,言鬱郁于兰茝。"李善注:"鬱郁,香也。""兰"与"茝"都是香草,"鬱"与"郁"是同义词的组合,二者都有"香"义。慧琳《一切经音义》卷七引《考声》:"香气郁郁也。"一般认为"郁"假借为"鬱",故有"香"义。朱骏声《说文通训定声》释"郁":"郁,假借为鬱。"其实,二者的"芳草、芳香"之类义均是假借义。"鬱"字简化后并入"郁"。

(2)古代二者无通用现象。如:

杰—傑 "杰"字《说文》未收。《广韵·薛韵》收此字,释为人名用字。傑,《说文·人部》:"傑,傲也。"《玉篇·人部》:"傑,特立也。"即特异;超出一般。引申为"才智超群的人"。《孟子·公孙丑上》:"尊贤使能,俊傑在位,则天下之士皆悦。"赵岐注:"俊,美才出众者也;万人者称傑。"《淮南子·时则》:"命太尉赞傑俊。"高诱注:"才过于人为傑。"《正字通·木部》:"杰,今人以为豪傑之傑。"但古书似无用例。"傑"字简化后并入"杰"。

叶—葉 叶,本为"协"的异体字,音 xié,本义为"合,共同"。《说文·劦部》:"協,众之同和也。从劦,从十。叶,古文協,从曰、十。叶,或从口。"《玉篇·口部》:"叶,合也。"玄应《一切经音义》卷七:"叶,同也。"葉,《说文·艸部》:"葉,草木之葉也。"二者不相通用。"葉"字简化后并入"叶"。

丑—醜 丑,甲骨文作,像手形。《说文·丑部》:"丑,……象手之形。"古代用作地支第二位。《尔雅·释天》:"太岁在丑曰赤奋若。"醜,《说文·鬼部》:"醜,可恶也。从鬼,酉声。"即令人厌恶;憎恶。《淮南子·说林》:"盗贼之辈醜吠狗。"高诱注:"醜,犹恶也。"引申为"难看"义。《淮南子·说山》:"嫫母有所美,西施有所醜。"《后汉书·逸民传·梁鸿》:"同县孟氏有女,状肥醜而黑。"丑、醜二字不相通用。"醜"字简化后并入"丑"。

四、字形的讹变

有的字在使用过程中，或者出于当时人的误解，或者追求书写的简便，形体发生了讹变。这种讹变后的字经长期使用，积非成是，最终得到社会公认。从讹变后的字形与字义关系看，可分为两类。

（一）有理性讹变

讹变后的字形与字义有一定联系，人们可根据讹变后的字形解释字义。有人称这类字的形义关系为理据重构。如：

旳—的　旳，本义为“鲜明，明显”。《说文·日部》：“旳，明也。从日，勺声。”《广雅·释诂四》：“旳，明也。”“旳”字后来讹作“的”，故“的”有“明”义。邵英《说文群经正字》：“今经典作‘的’。《说文》无‘的’，作‘旳’为正。”《广韵·锡韵》：“的，明也。”慧琳《一切经音义》卷八引《考声》：“的，明貌也。”“的”虽是讹字，但其表意偏旁为“白”，与其“明”义也相合。段玉裁注《说文》“旳”：“旳者，白之明也，故俗字作‘的’。”

東　甲骨文“東”字作，像两端无底、以绳束之的口袋形，即“橐”之初文。假借表东西方向的“东”。小篆字形讹变成，《说文·东部》释“東”引官溥之说：“从日在木中。”段玉裁注：“木，榑木也。”榑木即扶桑，传说中的神树，太阳升起的地方，即东方。小篆的“東”虽是甲骨文字的讹变，但可以解释该字“太阳出来的方向”之义。

羞　甲骨文作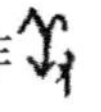，字形“从又（手）持羊”，会意字，本义是“进献食物”。《说文·丑部》：“羞，进献也。从羊。羊，所进也。从丑，丑亦声。”《左传·昭公二十七年》：“羞者献体改服于门外。”杜预注：“羞，进食也。”小篆将甲骨文字的偏旁“又”讹变为形近的“丑”，变成会意兼形声字，《说文》遂释作“从丑，丑亦声”。“丑”的甲骨文作，也像手形，故也能释该字“进献”之义。

折　甲骨文作，像以斤断木形。《说文·艸部》：“折，断也。从斤断艸。”即“折断；弄断”。《荀子·劝学》：“锲而舍之，朽木不折。”小篆“折”作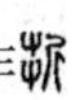，将所断之“木”讹变为“二中”，故《说文》释作“从斤断艸”，但此讹体仍可释“断”义。隶书讹变为**折**，从手，从斤，会“以手持斤断物”之意，仍可释该字“断”义。

(二)无理性讹变

讹变后的字形与字义无联系,无法因形求义。这类字较多。如:

眾—衆　眾,《说文·㐺部》:“眾,多也。”义为“许多人”。该字甲骨文作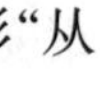,字形“从日下三人”,表“多人”之义。金文作,或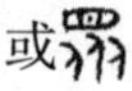,前者仍作“日下三人”,后者讹变作“目下三人”。小篆承讹变的金文字形作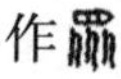。但讹变的“目下三人”字形仍能表示“多人”之义。后“眾”字作“衆”,上半部讹作“血”,这一字形无法解释该字“多人”义。现“衆”简化作“众”。

畱—留　畱,《说文·田部》:“畱,止也。从田,丣声。”段玉裁注:“田,所止也。犹‘坐’从‘土’也。”丣,酉之古文。后字形作“留”,表音的“丣”讹作“卯”,“卯”既不表音,也不表义。邵英《说文群经正字》:“(畱)俗作留,从卯,非。”《玉篇·田部》:“留,止也。”《战国策·秦策五》:“令之留于酸枣。”高诱注:“留,止也。”

飆—飈　“飆”是“猋”的分化字。《说文·犬部》:“猋,犬走貌。”犬奔跑貌。也为群犬奔跑貌。《广韵·宵韵》:“猋,群犬走貌。”引申为“奔跑;急速前去”。段玉裁注《说文》“猋”:“猋,引申为凡走之称。”《楚辞·九歌·云中君》:“灵皇皇兮既降,猋远举兮云中。”王逸注:“猋,去疾貌也。”再引申为“暴风;旋风”。《尔雅·释天》:“扶摇谓之猋。”郭璞注:“暴风从下上。”《礼记·月令》:“(孟春之月)猋风暴雨总至。”郑玄注:“回风为猋。”此义后加“風”作“飆”。《说文·风部》:“飆,扶摇风也。”桂馥《义证》:“扶摇风也者,《初学记》引作‘疾风也。’”“猋”在“飆”字中既表音也表义。后“飆”讹作“飈”,也作“飇”。《广韵·宵韵》:“飈,风也。俗作飇。”唐代慧琳《一切经音义》卷八十二:“飇,《考声》云:‘疾风,从下而上曰飇。’”《说文·焱部》:“焱,火华也。”即“火花;火焰”。音yàn。“焱”在“飈”(或“飇”)中既不表音,也不表义。今“飆”字通行,简化作“飙”;“飈”和“飇”已作异体字淘汰。

羡—羡　羡,《说文·次部》:“羡,贪欲也。”孔广居《疑疑》:“从次、从羊,会垂次羊肉之意。”朱骏声《说文通训定声》:“次亦声。”“次”为“涎”之异体,本义为“口水”。《说文·次部》:“次,慕欲口液也。”即因想要得到而流口水。《玉篇·次部》:“次,亦作涎。”《广韵·仙韵》:“次,口液也。”综上所述,“羡”为会意兼形声字,从羊,从次,次亦声。见羊肉而流口水,本义为“贪欲”,即因喜爱而希望得到。后“羡”讹作“羡”。《龙龛手鉴·羊部》“羡”同“羡”。《淮南子·说林》:“临河而羡鱼,不若归家织网。”此“羡”即用其“贪欲”本义。但“羡”所从之“次”是今“次序”字,《说文·欠部》:“次,不前不精也。”徐锴《系传》:“不前,是次于上也。不精,是其次也。”“次”在“羡”字中既不表音,也不表义,“羡”的字形无法表示其“贪欲”义。今“羡”通行,表示“羡慕、多余”等意义,而“羡”字被淘汰。

五、汉字的简化

汉字从产生至今的几千年中，一直没有停止过发展演变。就其笔画而言，在汉字发展史上增繁与简化两种现象都存在，不过，由繁趋简是汉字发展的主导趋势，这是汉字的工具性特点所决定的。汉字是记录汉语的工具，为了使用的方便，在表意明确、易于相互区别的前提下，简省笔画就是人们自然而合理的要求。

（一）简体字与繁体字

简体字与繁体字是相对而言的。一个字如果有两个或两个以上的不同写法并有笔画多少的差异，则笔画多的是繁体字，笔画少的是简体字。

简体字的出现可以追溯到甲骨文时代。甲骨文的形体尚未定型，一个字常有多种异体，这其中有的就有线条或图形的繁简之异，这就构成了同一个字的繁体与简体之别。在两周金文中，简体字也不少。商周以后，人们在汉字的使用中，为了书写的便捷，每个时期都创造了一些与当时规范的正体汉字相对的俗体字。这类俗体字，往往笔画比同一字的正体字少，是正体字的简体。比如“粮”，“糧”字的简体，先秦古籍已见此字，《墨子·鲁问》：“攻其邻家，杀其人民，取其狗豕食粮衣裘。”毕沅校：“粮，糧字俗写。”《说文》未收此字，大约以为是俗体。又如“来”，“來”字的简体，从汉代开始就已大量使用，汉代的居延简、敦煌简中已见此字。再如“乱”，“亂”字的简体，北魏永平四年（455）的《郑文公下碑》就始见此字，《广韵·换韵》：“亂，俗作乱。”今天通行的简化字，有的便源于历代的简体字。

（二）简体字与简化字

简体字与简化字并非同一概念。简体字是流行于民间未经整理和改进的字形简易的汉字，这种字不具有法定性、规范性，有的字的简体不仅一种，而是多种。而简化字是在已经流行的简体字基础上，经过主管部门组织专家系统整理和改进，再由国家正式公布的字形简化的汉字。这种简化字具有法定性、规范性，同一个字的简化字只有一个。

由政府部门有组织、有计划、有目的地对汉字进行简化的工作，中华人民共和国成立前就已经开始。1935年8月，当时的国民政府教育部公布了《第一批简体字表》，该表共收简体字324个。不过，由于保守势力的反对，公布仅半年之后便被通令收回。真正对汉字进行全面系统的整理，并专门研究汉字的简化、逐步推广简化字，是中华人民共和国成立之后的事。

(三)中华人民共和国的汉字简化工作

中华人民共和国成立以后,政府十分重视汉字改革工作,1952年2月,中华人民共和国第一个主管文字改革工作的国家机构——中国文字改革研究委员会成立,隶属于中央人民政府政务院文化教育委员会。1954年12月,成立了国务院的直属机构之一——中国文字改革委员会(1985年12月更名为国家语言文字工作委员会),具体领导全国的汉字改革工作。这一工作主要有三项:简化汉字;制定和推行汉语拼音方案;推广普通话。

汉字简化的工作方针是"约定俗成,稳步前进"。所谓"约定俗成",是指在社会习惯的基础上因势利导,尽量采用那些群众创造的、已被社会普遍接受而流行的简体字;所谓"稳步前进",是指不把需要简化的字一次解决,而要分期分批有计划地进行,让人们有一个逐步熟悉的过程。

1956年1月28日,国务院全体会议第23次会议通过了文字改革委员会拟定的《汉字简化方案》。1月31日,《人民日报》公布了这一方案。该方案共分三个表:第一表列出简化字230个,这些字大部分已经在报刊使用,1956年2月1日即可正式应用。第二表列出简化字285个,这些字先试用两个月,经过修正再正式分批推行。第三表是汉字偏旁简化表,列出可类推的54个简化偏旁,也先试用两个月,经修正后再正式分批推行。该方案共收简化字515个,简化的繁体字544个,从1956年2月至1959年7月,分四批推行。在分批推行期间,根据社会上反馈的意见对此方案作了个别修正,最终四批共推行517个简化字,其中包括30个类推出来的简化字,原方案中有28个字未正式推行。

《汉字简化方案》受到群众的普遍欢迎,主要因笔画的简省给学习和使用者带来方便。但在推行过程中,也显露出一些还需完善的问题,其中一个主要问题是偏旁类推的范围规定得不够明确,有的简化字所用的偏旁或笔画不够恰当,且偏旁简化表收列的简化偏旁太少,不能满足实际应用的需要;此外,一部分同音代替字不太合理,对汉字简化的全盘规划不够周密等。为了解决这些问题,中国文字改革委员会根据国务院批示精神和有关规定,在广泛征求意见的基础上,于1964年5月编印了《简化字总表》。该表收录了《汉字简化方案》中的全部简化字,并重新刊定对原《汉字简化方案》中的简化偏旁形体、简化字所对应的繁体字等作过调整的内容。分为三个字表:第一表是352个不作偏旁用的简化字;第二表是132个可作偏旁用的简化字和14个简化偏旁;第三表是应用第二表的简化字和简化偏旁进行类推而得出的简化字,共1754个。三个表除去重复出现的字,总计实际收字2236个。

1977年12月20日，中国文字改革委员会发布《第二次汉字简化方案(草案)》，共收简化字853个，其中一表收248字，二表收605字。由于这一草案不够成熟，社会上使用这些简化字出现了一些混乱现象，国内不少专家和学者纷纷提出质疑，1986年6月24日，国务院发出通知，停止使用这一草案。国家语言文字工作委员会借此根据社会用字实际情况，于1986年10月10日重新发布《简化字总表》，对原表个别字作了调整，总字数2235个。

汉字的简化是一项国家层面的、异常严肃谨慎的工作，汉字的形体在一个时期内应当保持相对稳定，以利于社会大众运用。调整后的《简化字总表》中的简化字，是目前关于简化字的国家标准。这一总表的公布，标志着汉字简化工作基本完成，汉字的形体从此相对稳定。

(四)简化字的来源

今天通用的简化字，或者说《简化字总表》中的简化字，并非都是中华人民共和国成立以后创造、产生的，也不都是专家、学者们创造的。简化字有多种来源，主要有以下几个方面：

1. 古代使用并见于文献中的字

如“云、从、网、启、礼、无、弃”等。其中，“云、从、网”分别是“雲、從、網”三字的初文(最初写法)，“启”是“啓”的异体，早见于商代甲骨文；“礼、无、弃”三字，《说文》分别列为“禮、無、棄”的重文。又如“后、舍”二字。“后”本义是“君主”，又用作“皇后”字，先秦典籍中已见“后”假借作先後之“後”的用例，今用“后”作“後”的简化字。“舍”本义是“客馆”，先秦典籍中常用作“放弃”义，这是该字假借义。后添加形符“手”作“捨”以表此假借义。汉字简化后以古体“舍”取代后起字“捨”。

2. 早期人民群众中流传的简体字

如“体、际、块”等。体，《广韵·混韵》已收此字，释作：“粗貌。又劣也。”即“粗劣”。此义一般用“笨”字。而“体”又作“體”的简化字，最早出现在元抄本《京本通俗小说》中，1935年《手头字第一期字汇》收有“体”字。“际”与“块”分别作为“際”与“塊”的简体字，均见于1935年的《手头字第一期字汇》。“手头字”指宋元以后流行于民间未经系统整理和改进的字形简便的汉字。

3. 20世纪以后产生的新简体字

包括20世纪三四十年代中国共产党在延安等解放区倡导的一批简体字，以及中华人民共和国成立后产生的简化字。如“拥、护、讲、开、卢”等。“拥、护”分别作为“擁、護”

的简体字，流行于中华人民共和国成立前的解放区。“讲、开、卢”分别用作“講、開、盧”的简化字，产生于中华人民共和国成立后。

（五）简化汉字的方法

简化汉字的方法多种多样，主要有以下几种：

1. 截取原字一部分

把原字一部分省去，只保留局部以代替整体。保留的部分，其形体与原字无音和义的联系。如：

習—习　飛—飞　聲—声　業—业

奮—奋　開—开　鄉—乡　務—务

2. 简化或省去形声字的一个偏旁

这可分为两类：

（1）简化或省去形声字的声符。如：

補—补　戰—战　斃—毙　優—优

廠—厂　廣—广　虧—亏　隸—隶

前4例是简化声符；后4例是省去声符，其中“廠”是“厰”的异体。“虧字“从亏，雐声”。“隸”字“从隶，柰声”。

（2）简化或省去形声字的形符。如：

貓—猫　跡—迹　骯—肮　願—愿

術—术　誇—夸　禦—御　裏—里

前4例是简化形符；后4例是省去形符。

3. 改变造字方法

这类简化字保留了原字部分形体。这可分为两类：

（1）把笔画多的会意字变为笔画少的形声字。如：

竄—窜　郵—邮　進—进

“竄”字从鼠在穴中，其义为“隐藏”。“郵”，《说文·邑部》：“郵，境上行书舍。从邑，垂。垂，边也。”即边境上传递文书的驿站。進，《说文·辵部》：“進，登也。”其义为“向前；向上移动”。甲骨文作，从隹，从止。止即脚，隹（短尾鸟）脚能进不能退；后演变为“从隹、从辵”的“進”，表义相同。它们都是会意字，“窜、邮、进”，都是形声字。

（2）把笔画多的形声字变为笔画少的会意字。如：

淚—泪　簾—帘　巖—岩　嶽—岳

“淚”字“从水，戾声”。“簾”字“从竹，廉声”。“巖”字“从山，嚴声”。“嶽”字“从山，獄声”。它们都是形声字，简化字“泪、帘、岩、岳”均为会意字。

4. 借用同音字或音近字代替

如：穀—谷　醜—丑　鬭—斗　昇陞—升

用山谷之“谷”、地支字之“丑”（甲骨文像手形）、酒器之“斗”（也作容量单位），分别代替五穀之“穀”、醜陋之“醜”、争鬭之“鬭”；用容量单位之“升”代替昇降之“昇”与提陞之“陞”。繁体字与简化字之间仅是音同或音近，意义毫无联系。

5. 以简单符号代替原字一部分

这类符号在字中既不表义，也不表音，成了纯粹的记号。如：

漢—汉　對—对　趙—赵

棗—枣　師—师　區—区

6. 草书楷化

有的草书字只略具轮廓，字的结构和写法往往高度简化。将一个字的草书字形按楷书的笔画写下来即成简化字。如：

盡—尽　樂—乐　學—学

馬—马　專—专　書—书

7. 造出新的笔画较少的形声字或会意字代替原字

如：響—响　憂—忧　護—护　滅—灭　竈—灶

前3例是用新造的笔画较少的形声字代替原笔画较多的形声字，新造的简化字与原字无形体联系。后2例是用新造的笔画较少的会意字代替原笔画较多的形声字。

8. 偏旁类推

一些已经简化的字，作偏旁时也照样简化，即独立成字与作偏旁时写法相同。如：

据“貝”简化为“贝”，将“貨、資、貸、財、貢、貪、貧、則”等分别类推简化为“货、资、贷、财、贡、贪、贫、则”等。

据“齊”简化为“齐”，将“臍、濟、擠、躋、劑、儕、薺、霽”等分别类推简化为“脐、济、挤、跻、剂、侪、荠、霁”等。

据“門”简化为“门”，将“問、聞、閏、悶、間、閉、閨、閥”等分别类推简化为“问、闻、闰、闷、间、闭、闺、阀”等。

另有一些字，独立成字时未简化，但作某类偏旁时可类推简化。如：

“言”字未简化，但作左边偏旁时简化为“讠”，如：订、讨、训、设、词、诉、评、语、该、误、诸等。这类字作其他字偏旁时同样简化，如“儲、櫧”分别简化为“储、槠”。此外，

“言”作中间偏旁也简化,如“獄、辯、讎”分别简化为“狱、辩、雠”。

“金”字未简化,但作左边偏旁时简化为“钅”,如:钉、针、钙、钵、铲、铸、银、铜、锄、锐、钦等。这类字作其他字偏旁时也照样简化,如“撳、嶔”,分别简化作“揿、嵚”。此外,“銜”也简化为“衔”。“金”是“銜”的居于中间的偏旁。

《简化字总表》中的第三表,便是应用第二表所列简化字和简化偏旁类推得出的简化字。

以上仅是简化汉字的主要方法,尚不能概括全部简化字。

(六)使用简化字应注意的问题

简化字减少了汉字的笔画,方便人们学习、书写。不过,在使用简化字过程中,有些问题值得注意,否则便可能出现失误。

1. 不能随意类推简化字

如:

兒,简化为“儿”,但以“兒”作偏旁的“麑、霓、倪、鯢”等并未简化。

盧,简化为“卢”,但以“盧”作偏旁的“驢、爐、廬、蘆”,却分别简化为“驴、炉、庐、芦”。

單,简化为“单”,于是“彈、殫、憚、撣”分别简化为“弹、殚、惮、掸”,而“戰”却简化为“战”。

躍,简化为“跃”,但“耀、曜”二字却未简化。

讓,简化为“让”,但“釀”却简化为“酿”,而“壤、嚷、瓤”等未简化。

2. 有的字并非用作任何意义都简化,或并非在任何场合都使用同一简化字

有的字多音多义,同一个字记录不同的词,记录某类词的字简化了,而记录另一类词的字却未简化。如:

徵,用作“徵税”“徵兵”“徵求”的“徵”音“zhēng”,简化为“征”,而古代五音“宫商角徵羽”的“徵”音“zhǐ”,未简化。

乾,用作“乾燥”“乾旱”“乾渴”的“乾”音“gān”,简化为“干”,而“乾坤”“乾隆”的“乾”音“qián”,未简化。

瞭,用作“明瞭”的“瞭”音 liǎo,简化为“了”,而“瞭望”的“瞭”音 liào,未简化。

藉,用作“藉口”“凭藉”的“藉”音 jiè,简化为“借”,而“狼藉”的“藉”音 jí,未简化。

有的字有两个或多个意义,读相同的音,用作某类意义时已简化,而用作另外一类意义却不简化。如:

覆,用作“反覆”“回覆”义时简化为“复”,用作“覆盖”“覆辙”“颠覆”等义时则不

简化。

夥，用作“夥伴”“夥同”之义时简化作“伙”，用作“多”义时却未简化。

有的字为避免引起意义混淆时，就改用另一简化字。如：

餘，已简化为“余”，而“餘年”指一生中剩余的年月，也指晚年；暮年。“余”可用作第一人称代词，“余年”可理解为“我的年岁”。因此，在“餘年无多”这一特定文言句式中，“餘”可简化为“馀”，不简化作“余”。同类之例：晋代张华《答何劭》诗之一：“从容养餘日，取乐于桑榆。”“餘日”指晚年；暮年。南朝宋人谢灵运《君子有所思行》：“餘生不欢娱，何以竟暮归。”“餘生”犹残生，也即晚年。引用这类诗句，其中的“餘”只能简化作“馀”，若用“余”，可能产生歧义。

以上两点应注意的问题，从一个侧面反映出现行规范简化字，即《简化字总表》还存在一些不足。但既然这一总表已经由国家权威机关发布实施，就得严格执行。至于需改进之处，留待日后研究处理。

思考练习

1. 举例说明甲骨文的主要特点。

2. 举例比较隶书与小篆字体的不同特点。

3. 止-趾、益-溢、孰-熟、其-箕，每组的第一个字增加偏旁成为第二个字，分析说明这些字增加偏旁的原因和作用。

4. 翻查有关工具书或相应资料，说明“監（监）”与“鑑（鑒、鉴）”“镜”的字形结构演变与字义演变的关系。

【拓展延伸】

1. 裘锡圭. 文字学概要. 北京：商务印书馆，1996.

2. 王宁. 汉字学概要. 北京：北京师范大学出版社，2001.

3. 杨五铭. 文字学. 长沙：湖南人民出版社，1986.

4. 董琨. 中国汉字源流. 北京：商务印书馆，1998.

5. 梁东汉. 汉字的结构及其流变. 上海：上海教育出版社，1959.

第四章

现代汉字

【章目要览】

现代汉字指20世纪以来用于记录汉语的文字符号。这类汉字来源于从古代流传下来的传统字、简化字以及新造字。以现代汉字为研究对象的学科称现代汉字学，对现代汉字的研究内容广泛，意义重大。就现代汉字整体而言，其字形呈现出多方面特点，其结构可拆分为笔画与部件两个单位。中华人民共和国成立以来，在现代汉字的字形整理与字音规范方面做了大量卓有成效的工作。多音字和同音字、单义字与多义字(以多义字为主)在现代汉语中的存在，字形与字义、字义与词义的关系，反映了现代汉字在字音和字义方面的多种特点。而形声字的表音与表义功能，更体现了现代汉字的独特之处。

【相关知识】

现代汉字学是语言学领域的一个重要分支，它与现代汉语、古代汉语以及语言学理论等相关知识有密切联系。现代汉字的字音及其规范化，涉及现代汉语语音、古代汉语音韵学有关知识。现代汉字的整理及其规范化、现代汉字的字义方面的特点，需要联系古代汉语中的文字学知识。现代汉字的形、音、义特点，与语言学理论的文字、语音、词义等知识密切相关。

【情景案例】

从前，有个教书先生，常念别字，误人子弟，终被人告到县官那里。县官传他到堂审问。

“你教书常念别字，是吗?”

“不，不，绝无此事，纯属子虚鸟有。”

“什么? 鸟有? 你把乌字念成鸟字，当堂出错，你认打还是认罚?”

先生怕挨打，战战兢兢地说：“我认罚。”

县官提笔批示：罚鸡三只，免两只。

先生回家提了一只鸡来。

县官一看,责问道:“怎么就送来一只鸡?”

先生回答说:“大人你不是写的‘鸡三只,免两只’吗?”

县官啼笑皆非,只好喝令退堂。

【重点提示】

现代汉字和现代汉字学;现代汉字的构形单位和字形特点;现代汉字的整理;多音字、同音字、形声字;字义与词义。

我们通常所说的汉字,包括古代汉字与现代汉字。现代汉字是现代汉民族进行书面交际的主要工具,它与当今中国人民的生活、国家建设息息相关。随着新时期改革开放的逐步深入,随着汉字与科学技术的紧密联系,现代汉字的学习和运用空间不断扩大。因此,学习和研究现代汉字具有重要的现实意义。

第一节　现代汉字与现代汉字学

要讨论现代汉字,我们必须明确现代汉字的相关概念,并对现代汉字有关问题有一定的了解。

一、现代汉字概述

(一)现代汉字的含义

“现代汉字”这个术语早在20世纪50年代初期就出现了,但什么是现代汉字?人们从不同的角度进行理解和说明,看法不完全一致。就目前而言,主要有两种看法。

一种是从汉字的字体演变角度进行理解,以隶书作为分界线,把隶书以前的汉字称为古文字或古代汉字,把隶书以后到“五四”运动时期的汉字称为今文字或近代汉字,将“五四”以后到现在的汉字叫作现代文字。把现代汉字作为一个相对独立的文字阶段,其原因有三。第一,简化字成为规范字形。简体字、俗体字的存在虽跟规范汉字相始终,但产生的原因和多寡却不同:“五四”以前是人们自发地使用,没有统一的标准。“五四”以后则是大家按政府公布、推行的规范字形自觉地运用。我国开始认真研究、大力提倡,并由政府公布简化字是在“五四”以后。第二,“五四”是人们公认的现代汉语开始之时,现代汉字的主体是记录现代汉语的用字。第三,现代汉语的普及使一些古代汉语专用字成为死字。随着科技的发展,新名词大量涌现,于是产生了一批新字。因此,现代汉字指的是字体发展中的属于今文字阶段的一个小阶段的汉字,即“五四”以来的汉字。

对现代汉字的另一种理解是着眼于汉字所记录的语言。用汉字记录的书面语可以分成两大类:文言文和白话文。文言文记录的是古代汉语,而白话文记录的是六朝以后在北方话基础上形成的古白话和“五四”以后的现代汉语(现代白话)。由于记录的语言不同,所以使用的文字就会有差别。有些字只用在文言文中;有些则是现代产生的,只用于现代汉语书面语中;还有一些字则既可用于文言文,也可用于现代汉语书面语,即古今通用的字。因此可以根据记录语言的不同把汉字分为两类:一类是记录古代汉语的专用字,可以叫作古代汉语用字,如“矣、焉、哉”等。另一类是古今通用的字和记录现代汉语的专用字,叫作现代汉语用字,简称为现代汉字,前者如“伐、取、从”等,后者如“氧、铱、碘”等。

其实,以上两种对“现代汉字”的解说,只是理解的角度不同,共同之点是:现代汉字是现代使用的汉字。

我们认为,现代汉字可从以下几方面加以认识:

1. 文字是记录语言的符号,汉字是记录汉语的符号。

2.“现代汉字”顾名思义是现代的汉字,是记录现代汉语的符号。

3. 现代即现在这个时代,在我国历史分期上,指“五四”运动到现在的时期。“五四”是20世纪之初。

根据上述三点认识,我们可将“现代汉字”定义为:20世纪以来用于记录现代汉语的文字符号。

需要说明的是:台湾和港澳地区汉字的使用情况与内地不同,我们所说的现代汉字,主要指现代我国内地使用的汉字。

(二)现代汉字与现行汉字

在现代汉字研究中,有人使用“现行汉字”这一术语。

什么是“现行汉字”?“现行汉字”与“现代汉字”是什么关系? 目前主要有两种不同的看法。

一种看法认为:现代汉字比现行汉字范围要小,现代汉字是严格意义上记录现代汉民族共同语的汉字。而现行汉字除了现代汉字外,还包括方言用字,如“囡(音 nān,方言,“女孩”义)、囝(音 jiǎn,方言,“男孩”义)、怹(音 tān,方言,第三人称敬称)”等;也包括港澳台使用的和内地不同的汉字；还包括一部分古代汉语用字和外族语言用字（如日本等国现今使用的汉字）。总之，现行汉字指称的范围较现代汉字广泛，凡是现今在社会领域内使用的汉字都在它界定的范围内。

另一种看法认为："行"是"通行"之义，既然是通行，就必须规范，必须经过权威部门的审定。现行汉字指记录现代汉语的流通使用的规范汉字。因此，就概念而言，现行汉字肯定是现代汉字，但现代汉字不一定是现行汉字。我们研究现代汉字，主要依据现行汉字。

上述看法，我们赞同第二种。

（三）现代汉字的来源

现代汉字的来源主要有三个方面：

1. 从古代流传下来的传统汉字

这些字即上文所说的既可用于记录古代汉语，又可用于记录现代汉语的古今通用字。现代汉字中这类字很多，是现代汉字的主体，它们自楷书以来字形未经过实质性变化。如：

象形字：人、手、口、刀、水、火、牛、羊、鹿、燕。

指事字：上、下、本、末、朱、刃。

会意字：步、涉、社、逐、牧、林、牢、伐、解、祭。

形声字：旗、玩、草、牲、味、趣、造、很、跟、收、松、竿、稻。

2. 简化字

1986年10月10日国家语委重新发布《简化字总表》，对1964年5月发布的《简化字总表》的个别字做了调整，共简化汉字2235个，这些字对原繁体字的形体做了不同程度的改变和简化。

3. 新造字

严格地讲，简化字中除了沿用古代曾经用过的笔画较少的字外，其余都应算作新造字。不过，我们这里所说的新造字，指随着社会的发展而产生的无旧体字对应的现代新字。如：氧、癌、咖、吨、呎等。

（四）现代汉字的总量

汉字有几千年的历史，从古到今不断增多。《汉语大字典》收字56000个左右，但这是上下数千年所用汉字的汇集，任何时代都不可能使用几万个汉字，现代也如此。

要统计现代汉字的总量，不是一件容易的事。主要困难在于如何划清现代汉语用字和古代汉语用字的界限。此外，对方言词用字和普通话词用字的界限，有时难以分清。这里我们借助现代汉字的字词典、现代汉字的字频[①]和用字统计报告等材料，大致了解现代汉字总量的基本情况。

《新华字典》（第11版）收字10000余个，《现代汉语词典》（第6版）收字13000多个，其中都包括一些异体字和古汉语用字。

1954年6月，中国文字改革委员会公布的《现代用字统计报告》，所统计的现代汉字为9163个。1977年，新华印刷厂编成的《汉字频率表》，共有字种[②]6374个。电子工业出版社1988年4月出版的《汉字频度统计》，共收字种5991个。1986年6月由北京语言学院出版社出版的《现代汉语频率词典》中，其《汉字频率表》共有字种4574个。1992年由语文出版社出版的《现代汉语字频统计表》中的《社会科学·自然科学综合汉字频度表》，共有字种7754个。这些统计数是从不同的语料中得出的，为现代汉字的研究提供了实用数据，但还不能算是现代汉字的总量。

1988年1月26日，国家语委和教委联合发布《现代汉语常用字表》，共收字3500个，其中常用字2500个，次常用字1000个。

1988年3月25日，国家语委和新闻出版署联合发布《现代汉语通用字表》，共收字7000个，含《现代汉语常用字表》中的3500字。这7000个通用字基本上可以满足现代汉语的用字需要，虽然不能说这就是现代汉字的总量，但却是研究现代汉字的最重要材料。

二、现代汉字学概述

（一）现代汉字学的含义

周有光在1980年提出："汉字学分三部分：一、历史汉字学，二、现代汉字学，三、外族汉字学。"他认为："现代汉字学研究现代汉字的特性和问题，目的是为今天和明天的应用服务，也就是为四个现代化服务，减少汉字在现代生活中的不方便。"[③]

二维码4-1

根据周有光以上之说，我们认为：现代汉字学是以现代汉字为研究

① 字频指一个字在一定范围的语料中出现的次数。

② 字种，汉字统计单位。一个字纵使有多个繁简字、异体字，也作为一个字计算。

③ 周有光．现代汉字学发凡．语文现代化（第二辑）．北京：知识出版社，1980.

对象的科学，是我国传统文字学（汉字学）的分支学科。这一术语的内部结构是“现代汉字/学”，而不是“现代/汉字学”。

（二）现代汉字学研究的内容

现代汉字学研究的内容广泛，包括现代汉字的性质和特点、现代汉字的形音义、现代汉字的规范化和标准化、现代汉字的属性（包括字音、字形、字量、字序、字频等），以及现代汉字的信息处理、应用、发展前景规划等等。通过这些研究，既要让人们全面、系统、准确地认识现代汉字，更要为人们提供一种认识和研究现代汉字的基本理论和方法。

（三）现代汉字研究的意义

在过去相当长的时期内，汉字研究中存在着偏重古代忽视现代、偏重历史忽视现状的倾向。而且传统文字学主要研究汉字构成的理论和汉字字体变迁两个方面，很少涉及现实汉字应用问题。现代汉字学的建立弥补了传统文字学的不足，是传统文字学的延伸。

现代汉字是现代汉民族进行交际、传递信息的基本工具，它跟我们今天社会生活的关系十分密切，因此，研究现代汉字有很重要的现实意义。

1. 帮助人们更好地学习和使用现代汉字

当今社会，由于种种原因，依然存在用字混乱的现象；人们在学习和使用现代汉字方面，尤其是中小学生，仍感觉有一定的困难。这些问题需要在现代汉字学理论指导下加以解决。在提高汉字学习和使用效率，促进社会用字规范化、标准化，加强现代汉字的整理、研究，以及提高中小学的汉字教学质量等方面，现代汉字学都能发挥重要作用。

2. 提高汉字信息处理的技术水平

当前世界范围内的新技术革命，为汉字的技术应用开辟了广阔的前景。汉字信息处理直接关系到社会主义现代化建设和人民的日常生活。目前我国的汉字信息处理技术虽然取得了长足的进展，但由于汉字符号数量繁多，字形结构复杂，表音功能有限等原因，对其进行计算机信息处理遇到许多困难。如何克服这些困难，使计算机成为越来越多的人熟练使用的汉字信息处理工具，需要计算机科学家与语言文字学家通力协作，同时必须加强对现代汉字的全面系统研究。

3. 为国家制定并推行科学的语言文字政策提供理论依据

国家的语言文字政策，为人们正确使用语言文字提供依据和标准。制定并推行正确的语言文字政策，能在很大程度上推进国家的科技、文化、教育事业的进步，促进国家经济的发展。我国地域辽阔、人口众多、方言复杂，再加上汉字自身的许多特点，制定科学的语言文字政策，规范人们的用字，显得尤为重要。现代汉字学的理论以及相关研究成果，可为目前乃至今后一段时间的语言文字政策的制定提供重要的理论依据。

4. 有助于促进国际文化交流

汉字不仅是世界上历史最悠久、从产生至今一直使用并将继续使用下去的文字，而且也是世界上使用人口最多的文字。汉字不仅为汉民族的文化繁荣做出了巨大贡献，也为其他民族的文化发展做出过贡献。越南的“字喃”、日本的“假名”、朝韩的“谚文”等，都深受汉字的影响，直至今日，日本和韩国还在使用部分汉字。

当前，随着我国改革开放的不断深入，国力不断增强，对外交流更加广泛，全球范围内出现了学习汉语的热潮，世界主要国家学习汉语的人数正大幅度增长。对现代汉字的科学研究，有助于不断提高对外汉语教学质量，适应汉语热的国际形势需要，促进国际文化交流。

第二节　现代汉字的字形

字形指文字的外形，汉字的字形即单个汉字在空间上展示出来的形状。现代汉字由古代汉字发展演变而来，其字形自然保留了一些古代汉字的特点，但也发生了一些变化。

一、现代汉字的构形单位

汉字的构形单位，指一个汉字在结构上能拆分出来的基本单位。现代汉字可拆分出两个构形单位，一个是笔画，另一个是部件。

(一)笔画

1. 笔画的含义

笔画是构成汉字字形的各种点和线，是汉字构形和书写的最小单位。写字时由落笔到抬笔，就是一笔或一画。

准确地说，笔画是汉字隶变以后的基本结构单位。隶书以前的古汉字，一般由不规则的曲线或圆转不断的线条组成，基本无笔画可言。到了隶书，汉字才形成方正平直的笔画。至楷书，笔画最终定型下来。

2. 笔画的类型

笔画可分为基本笔画和复合笔画两类。有人称作基本笔形和派生笔形，或基本笔画和派生笔画。

基本笔画是笔形单一的笔画；复合笔画是由两种或两种以上基本笔画复合而成的笔画形状，是一种比较细致的笔画分类。

对现代汉字的基本笔画类型，说法不尽相同。传统上分为八种，即：点、横、竖、撇、捺、提(挑)、折、钩。有人把"提(挑)"排除在外，认为是七种。1965年1月30日，文化部和中国文字改革委员会联合发布《印刷通用汉字字形表》，规定现代汉字基本笔画为横、竖、撇、点、折五类：其中横包括长横、短横、横钩、横提；竖包括长竖、短竖、竖钩；撇包括向左撇出去的点；点包括捺和向右写出去的点；折包括横折、竖折、折钩、折撇。这将传统的"捺"归入"点"，"提"归入"横"，"竖钩"归入"竖"。1988年3月25日，国家语委和新闻出版署联合发布《现代汉语通用字表》，该表在字形标准方面仍以《印刷通用汉字字形表》为依据，未做新的调整，所定基本笔画与之前的相同。

至于现代汉字的复合笔画类型，学术界至今无统一说法，意见分歧较大。少则20多类，多则30余类。同一种笔形，各家所定的笔画名称也不一致。2001年12月19日教育部和国家语委发布的《GB13000.1字符集汉字折笔规范》，列出了印刷宋体的25种派生笔画(复合笔画)，印刷楷体汉字除了这25种外，还有一种俗称"卧钩"的笔形"㇃"。

分析现代汉字的笔画，应以《印刷通用汉字字形表》和《现代汉语通用字表》为依据。

(二)部件

1. 部件的含义

部件是现代汉字中由笔画组成的、具有组配汉字功能的构形单位。如"伟"中的"亻、韦"，"努"中的"女、又、力"等。

部件是对汉字进行一次或多次拆分后得到的构形单位，大多数部件由两个或两个以上笔画构成，如"字"，由"宀"和"子"两个部件构成，而这两个部件各是三笔。又如"汉"，由"氵""又"两个部件构成，而"氵"是三笔，"又"是两笔。个别部件仅由一个笔画构成，如"忆"中的部件"乙"，"旦"中的部件"一"。有的部件可以单独成字，如"旦"中的部件"日"，"江"中的部件"工"。有的不能单独成字，需要跟别的部件组合才能成字，如"冷"中的"冫"、"情"中的"忄"、"熟"中的"灬"、"须"中的"彡"、"陡"中的"阝"。有的独体字本身就是一个部件，如"牛、马、口、山、田"等。

2. 部件的特征

现代汉字的部件有以下特征：

(1)有一定的独立性。可作为一个独立的整体来构成汉字。

(2)有一定的通用性。作为一个组配汉字的单位，可用来构成多个汉字。如果仅仅从一个汉字中拆分出来，且仅可用来组配一个汉字的单位，不应算作部件。

(3)与其所构成的汉字不一定有读音和意义的联系。部件仅是构形单位，是对汉字的组成部分从结构上拆分的结果，它可能与所构成的字有音和义的联系。如"男"，两个部件(田、力)都与男有意义联系。又如"期"，部件"月"与期有意义联系，部件"其"与期有读音联系。也可能与所构成的字无音和义的联系，或仅有一个方面的联系。如"对"，两个部件(又、寸)与对既无意义联系，也无读音联系。又如"树"，其中一个部件"木"与树有意义联系，其余(又、寸)无音义联系。

3. 部件的拆分

汉字根据其结构和使用的需要可拆分出部件，这也成为人们的共识。但如何拆分，现代汉字可拆分出多少部件，有关研究者的意见差异较大。对现代汉字中的部件数，最少的分出100多个，最多的分出近700个。1997年12月，国家语委发布《信息处理用GB13000.1字符集汉字部件规范》，其核心部分是《汉字基础部件表》，表中收入560个部件，将相关部件归纳为393组。对汉字部件作如此拆分、归纳，其目的主要是用于计算机对汉字的处理。教育部、国家语委2009年3月发布、当年7月1日试行的《现代常用字部件及部件名称规范》，对现代汉语3500个常用字拆分出部件514个，又根据不同变体、简繁对应、形近等原则将这些部件归为441组。这主要用于汉字教育、辞书编纂等方面对汉字部件的分析和解说。

我们认为：对部件的拆分，应根据不同目的、从不同需要出发而定，不可一概而论。就目前而言，拆分部件主要适应两种需要：一是计算机对汉字的处理，一是汉字教学。前者可适当分得细一些，后者可适当粗一些。但都要尽量减少部件数目，以便于人们掌握。

部件的拆分有其层次性，可一次拆分，也可逐层拆分。有的字只能一次拆分，如：信、分、众、掰、解。有的字既可逐层拆分，也可一次拆分。如：鞭，从教学角度，使人明白字形与字的音义关系，可一次拆分为"革"与"便"两个部件；若从计算机输入角度，可将"便"再次拆分为"亻"和"更"两个部件。

4. 部件的分类

依据不同的标准，可将部件分为不同的类型。

按部件是否可以独立成字，汉字部件可分为成字部件和非成字部件。能独立作为一个汉字使用的部件称成字部件，如："酷"中的"酉"和"告"；"衅"中的"血"和"半"。反之，不能单独作为一个字使用的部件是非成字部件。如："列"中的"刂"；"草"中的"艹"；"打"中的"扌"。教育部、国家语委2009年3月24日发布、2009年7月1日试行的《现代常用字部件及部件名称规范》，对现代汉语3500个常用字所拆分、归纳的部件441组514个，其中成字部件311个，非成字部件203个。这里所说的不成字，是就现代通用字而言，不涉及古代汉字。

按部件能否再次拆分，可分为基础部件和合成部件。不能再次拆分的部件称为基础部件，如："蟹"的"角、刀、牛、虫"；"接"的"扌、立、女"。能再次拆分的部件称为合成部件，如："蟹"中的"解"；"接"中的"妾"。

5. 部件与偏旁

偏旁是组成合体字的、能在字中具有表义或表音功能的基本结构单位。独体字无偏旁可言。偏旁是传统文字学的概念，它是从造字法的角度对合体字进行分析所得到的结构单位，可以分成形旁和声旁两类。会意字有两个或两个以上偏旁，构成会意字的偏旁都是形旁，如"休""明"中的"人、木"与"日、月"都是形旁。"解"中的"角""刀""牛"、"森"中的三个"木"，也都是形旁。形声字由两个偏旁构成，一个是形旁，一个是声旁，形旁用来表示所记录的词的意义或类别，声旁用来表示字的读音。如"芳""宇"中的"艹""宀"是形旁，"方""于"是声旁。又如"灏""蟹"二字，"氵"和"虫"分别是它们的形旁，"颢"与"解"则是声旁。

汉字的偏旁在小篆和小篆以前的古文字中全部都能独立使用，而现代汉字的偏旁有些能够独立使用，有些不能独立使用。能够独立使用的偏旁称为成字偏旁，如"企""拿""忘"三字的上下两个偏旁；"战""群""吠""昶"四字的左右两个偏旁；"问""库""房"三字的内外两个偏旁。不能独立使用的偏旁称为不成字偏旁，如"性""情"的偏旁"忄"；"进""过"的偏旁"辶"；"说""话"的偏旁"讠"；"饭""饿"的偏旁"饣"；"放""攻"的偏旁"攵"等。

部件和偏旁是从不同角度对一个字的组成部分所做的分类，部件的分析立足于一个字的外观构成单位，不管该单位与所组成的字是否有音和义的联系；偏旁既是所组成字的一部分，又与该字有音或义的联系。二者有时在一个字中是统一的，如"杲"字的"日"与"木"，"柏"字中的"木"与"白"，"解"字的"角、刀、牛"，既是部件，又是偏旁。有时候偏旁与部件在一个字中的分析并不一致，如"蟹"的形旁是"虫"，声旁是"解"，由两个偏旁构成；但从部件的角度来看，则可以分析出"角、刀、牛、虫"四个部件，这里的"角、刀、牛”并不是“蟹”字的偏旁。

由于字形的变化，有的汉字原有的偏旁，在现代汉字中既不表音，也不表义，这类构形单位只能称为部件。如：“肌、肝、胖、脂”等字，其义都与“肉”有关，小篆字形左边都是“肉”字，“肉”是其形旁；隶变后“肉”成了“月”，“月”既不表音，也不表义，成了纯粹的记号，只能称作部件。又如“觀、鄧、鷄”等字，左边都是其表音偏旁，简化后成“观、邓、鸡”等字，其左边的“又”也只能称为部件。

有人认为部件大于笔画，小于偏旁，把现代汉字的构形单位分成笔画、部件、偏旁三类。这是另一种说法，现在一般不从此说。

二、现代汉字的整理

在现代汉字的字形整理方面，中华人民共和国成立以后，做了大量卓有成效的工作，主要包括：异体字整理；印刷铅字字形整理；生僻地名用字的改换等。

（一）异体字整理

异体字是音同、义同而形体不同，在任何情况下都可互相替代的一组字。异体字是汉字历史发展的产物，从古至今，汉字越增越多，增加的字很多属于异体字。作为汉语书面交际工具，异体字是不折不扣的累赘，徒增人们的记忆和使用负担，也给汉字的信息处理增添了麻烦，必须认真进行整理。

二维码4-2

1955年12月22日，中华人民共和国文化部和中国文字改革委员会联合发布《第一批异体字整理表》，这是有关异体字整理的规范字表。该表收录异体字810组，每组最少2字，最多的6字，合计1865字。每组选用一个正体字，其他字废止不用。这次整理共废除异体字1055个，从1956年2月1日起在全国实施。其后，从1956年3月至1988年3月，该表作了三次调整，先后将表中28个原来列出的应予以废止的异体字定为规范字。经过这一调整，《第一批异体字整理表》实际淘汰异体字1027个。这些被停止使用的异体字一般不在书报杂志等出版物中出现，仅在翻印古书或作姓氏用时可以例外。

异体字的整理主要有三条原则：从俗；从简；书写方便。

1.从俗。即在几个异体字中选择人们常用而且通行较广的字，废除那些不常用的生僻字。如：村（邨）、乃（廼）、奔（犇）、冰（氷）、碗（盌）、抵（牴、觝）。

2.从简。即在通用的前提下，从几个异体字中选择笔画较少的，废除笔画较繁多的字。如：笋（筍）、汹（洶）、尸（屍）、采（寀、採）、岩（巖）、岳（嶽）。

从简与从俗不能兼顾、笔画多少相差不多时，以从俗为主，选用应用较广的字作为规范字。如：考（攷）、辉（煇）、叫（呌）、裤（袴）、够（夠）、叙（敍、敘）。

3. 书写方便。由移动偏旁部位而造成的异体字，根据书写方便与否决定取舍，一般废除上下结构，而选用左右结构的字作为规范字。如：群（羣）、峰（峯）、略（畧）、鹅（鵞）、锹（鍫）、鞍（鞌）。

有些上下结构的字已为社会大众所习用，仍然以从俗为主。如：岸（岍）、拿（拏）、蟹（蠏）、幕（幙）。

（二）印刷铅字字形整理

在字形整理之前，一些字的印刷体和手写体不统一，印刷体本身也不统一。为改变这一状况，为人们阅读和书写汉字提供方便，中国文字改革委员会于1955年组成标准字形研究组对此进行专门研究。1956年拟定了《标准字形方案（草案）》。1962年3月，由文化部、中国文字改革委员会、教育部、中国科学院语言组共同成立汉字字形整理组，对印刷通用字范围内的铅字字形进行整理。1964年5月编成《印刷通用汉字字形表》，由文化部和中国文字改革委员会1965年1月30日联合发布。该表共收宋体字6196个。这个字表提供了通用汉字印刷字体（宋体）的标准字形，规定了表内字的笔画数、笔画形状、笔画顺序和字形结构。它为现代通用汉字提供了字形规范，既是印刷铅字字形的统一标准，也是识字、习字教学的标准。这个字表的发布，是对20世纪50年代开始的字形整理工作的小结，对统一印刷字形、促进用字规范起到了很大作用。1988年发布的《现代汉语常用字表》和《现代汉语通用字表》中的规范字形，即以《印刷通用汉字字形表》为准。

（三）生僻地名用字的改换

二维码4-3

我国地域辽阔，地名繁多，有的地名用字虽然有其特定来源，但用字生僻。有的不仅用字生僻，而且笔画繁多。这些字无论外地人还是本地人都觉使用不便，需要进行整理、改换。从1955年3月至1964年8月，经国务院批准，将黑龙江、青海、新疆、广西、四川、江西、贵州、陕西等省和自治区所辖的35个县级以上地名中使用的生僻字，改为同音常用字。如将黑龙江的“瑷珲县”改为“爱辉县”；青海的“亹源县”改为“门源县”；陕西的“盩厔县”改为“周至县”；新疆的“和阗专区”改为“和田专区”等。

此外，汉字的简化也应属于现代汉字整理的重要内容，本书第三章第二节论汉字的结构演变已有所论，此不赘述。

三、现代汉字的字形特点

现代汉字的字形特点，可以从多个方面、多种角度考察、说明。

（一）外形方正

从文字的外形特点看，现代汉字是二维的平面型方块文字。

现代汉字是由笔画组成的。笔画在构字时不是一个笔画接一个笔画呈线性展开的，而是在一个二维平面里按照一定的顺序和结构多向展开的。一个汉字的各种笔画总是分布在一个方块里，如“覆”字，由18画构成，但18个笔画有秩序地分布在一个平面型的方框里。因此，一个现代汉字无论多少笔画都是平面型方块文字。这是现代汉字从外观上所体现出来的最明显特点，是对楷书以来传统汉字字形特点的继承，与拼音文字呈鱼贯式线性排列的模式存在着根本的不同。

（二）笔画简易

在汉字的发展史中，字形由繁趋简是其总趋势。现代汉字顺应了这一趋势，再次减少了汉字的笔画，使书写更为简便快捷。据统计，1986年10月公布的《简化字总表》，共收简化字2235个，总笔画23025画，平均每字10.3画。被代替的2261个繁体字，总笔画36236画，平均每字16画。繁简相比，平均每字减少5.7画。①除此之外，有的繁体字不仅笔画多，而且弯弯曲曲，书写不便，简化后写起来方便多了。如：龜—龟、蠅—蝇、鳳—凤、飛—飞、亞—亚等，后者显然比前者写起来容易便捷得多。

（三）字形规范

字形的规范是提高书面交际效率的重要保证。中华人民共和国成立以来对汉字字形所做的大量整理工作，使汉字笔画统一，偏旁固定，一字一形，人们对汉字的书写有章可循，有准则可依，大大提高了书写的效率和准确性。

（四）字形与其音义联系弱化

汉字经过隶变，其字形的表义和表音功能丧失许多，符号性明显加强。而现代汉字的字形与字音、字义的关系更加弱化，有的字整体或一部分成了纯粹的记号。这个论题本章第三、四两节将作阐述。

---

①杨润陆．现代汉字学通论．北京：长城出版社，2000：122.

四、现代汉字的形近字

(一)形近字的含义

形近字又称形似字,指意义不同而字形相近的字。如“人”和“入”、“右”和“石”、“折”和“拆”、“延”和“廷”、“拦”与“栏”、“颍”与“颖”等。而“污”与“汚”、“秕”与“粃”、“胚”与“肧”、“册”与“冊”,不是形近字,因为这几组字中的两个字虽然字形相近,但音义完全相同,它们是意义相同的字,属于异体字。

(二)形近字的成因

形近字的成因主要有以下两个方面:

1. 历史的遗留

形近字绝非现代才产生的,从汉字产生的时候起,就有了形近字。现代汉字中的形近字大都是历史遗留下来的。

现代汉字中很大一部分是从古代汉字演变而来的传统字,这些字有的相互之间自古就形体相近。这有多方面的因素:

(1)造字之初造出形近字。

现代汉字中有的形近字,在造字之初就彼此形体相似。如“大”与“夫”,甲骨文中就仅有一笔的差异,演变至今也如此。又如“皿”与“血”,甲骨文中也仅有一个小点的差异,演变至今也只有一撇之差。有的用指事法造出来的字,同有关的象形字之间往往只有略微的差别,如“刀”与“刃”、“木”与“本、末”,它们都只有一笔的差异。

(2)历史演变形成形近字。

有的形近字,最初形体本不相近,后经历史演变,彼此字形相差不大了。如“王”和“玉”,在甲骨文中字形相差较大,而在周代金文中,它们在字形上的差别仅仅是第一横和第二横之间的距离有所不同,秦代小篆也如此,演变至今仅有一点之异。尤其是隶变之后,形成较多形近字。隶变使汉字走向符号化,有些字在甲骨文、金文、篆文中并不相似,但在隶变过程中却变得相近了,甚至混同了。如“戎”“戊”“戌”三字,在小篆及以前形体相差较大,隶变后就很相近了。又如“郭”和“敦”,两个字的左半部分“享”,小篆及之前的差别很大也很明显,但隶变之后,变成了完全相同的部件,二者成为形近字。

(3)字的分化形成形近字。

有的形近字,最初本来就是一个字,后来分化为两个字,这两字之间形体相近。如“小”与“少”,甲骨文“小”像尘沙小物状,与“少”本为一字,后分化为二字,形成形近字。

又如“元”与“兀”，甲骨文也是一字异体，本义为“人头”，后来分化为二字，形相近，音义有别。

2. 汉字的简化

有些字的繁体互相之间或繁体字与它字之间本来不相近，但简化以后却成为形近字。如繁体字“舊”和“歸”、“搶”和“掄”、“壞”和“環”在形体上差别明显，但分别简化为“旧”和“归”、“抢”和“抡”、“坏”和“环”之后，就形成了三组形近字。又如“設”简化为“设”，“龍”简化为“龙”，“響”简化为“响”，这三个简化字便分别与“没”“尤”和“晌”字相近了。

(三)形近字的类别

对形近字的类别，可从结构和语音两个方面分析。

1. 从结构分析

形近字从其本身的结构特点来分析，可以分成下列两类：

(1)独体形近字。

这种字由于是独体，通常笔画比较少，字形的个性特点不鲜明，极易与它字的形体相近。如“斤”与“斥”、“日”与“曰”、“人、入”与“八”等。

(2)合体形近字。

这类形近字之间具有一个甚至多个相同的部件。如“谭”和“潭”、“冶”和“治”、“茶”和“荼”、“颍”和“颖”、“羸、嬴”和“赢”等。

2. 从语音关系分析

有些形近字从相互之间的语音关系分析，可分为两类：

(1)读音相同或相近。

有的形近字之间，不仅形体相近，读音也相同或相近。如：“棵”与“稞”、“驰”与“弛”、“桔”与“秸”、“班”与“斑”、“抢”与“枪”。

(2)读音不相近。

有的形近字之间，仅仅形体相近，读音相差较大。如：“西”与“酉”、“艮”与“良”、“祟”与“崇”、“兔”与“免”、“刺”与“剌”。

无论哪种类型的形近字，都会给识读、书写带来一定的不便，尤其是初学汉语、汉字的人，若不细心辨析就可能误读、误写。

第三节　现代汉字的字音

所谓字音，指单个汉字的读音，一般包括声、韵、调等要素。汉字的读音比较复杂，有古音，有今音，有共同语读音，也有方言语音。就现代汉字而言，同样有共同语读音与方言语音之异，另外还有大量多音字和同音字。这就给汉字的学习和使用带来一定困难。对现代汉字的字音作系统整理与研究，是人们正确学习和使用汉字的必然要求。

对现代汉字字音的整理与研究，首先要确定现代汉字的标准读音，实现字有定音。

一、现代汉字的标准读音及其确定

以北京语音为标准音，这是确定现代汉字读音的根本原则。

汉民族的共同语在明清时代叫官话。从方言学角度讲，“官话”一般指广义的北方话，即北方方言，是我国使用最广泛的一种方言。官话没有明确的读音标准，大致遵循传统读书音。清末以后，“官话”改称“国语”，许多人认识到国语必须要有明确的标准音。1913年2月在北京举行了有各省代表参加的“读音统一会”，通过一省一票的投票方式议定了6500多个汉字的国定读音，这就是后来说的“老国音”。“老国音”虽以北京音为主，但仍然兼顾了其他地方的读音。1919年出版的《国音字典》就是根据这次审定的国音编写的。1923年国语统一筹备会成立“国音字典增修委员会”，于1924年修改“读音统一会”1913年所定的“国音”，决定以北京语音为国音的标准，称为“新国音”。1932年，由国语统一筹备会下设的中国大辞典编纂处编辑出版，民国教育部公布发行的《国音常用字汇》，就是一部采用“新国音”注音的汉字字汇。

中华人民共和国成立后的1955年10月，由中国科学院召开的现代汉语规范问题学术会议上，确定现代汉民族共同语称为普通话，并确定以北京语音为标准音，这是我们确定现代汉字读音的根本原则。

以北京语音为标准音，这是历史发展的必然结果。一方面，北京话作为官方的通用语言传播到了全国各地，成为各方言的基础方言；另一方面，白话文学的作品更多地接受了北京话的影响，以北京话为代表的北方方言在整个社会中处于非常重要的地位。

以北京语音为标准音，指的是以北京语音系统为标准音，并不是说每个字的具体读音都要依照北京人的读法，要依据古今音变规律。例如“侵”，北京人常读为“寝”，上声；而该字《广韵》注音“七林切”，清母平声，普通话据此注音为阴平qīn。又如“谊”，北京人常读为“宜”，阳平；而此字《广韵》注音“宜寄切”，疑母去声，普通话据此注音为去声yì。

不过，也有个别例外。如“帆”，与其声符“凡”一样，中古是奉母、凡韵、平声字。奉母是全浊声母。按古今音变规律，全浊声母的古平声字，其声调今读应是阳平。但该字的普通话读音却是阴平，与“凡”读音不同。又如“荣”，《广韵》注音“永兵切”，云母平声，零声母字，但普通话注音“róng”。这是依照北京人非常流行的读音，而这类字在北京并无异读。

二、现代汉字字音的审定与规范

（一）一般汉字读音的审定与规范

就一般现代汉字而言，其普通话的读音，“以北京语音为标准音”是前提，但需国家权威机构的审定。审定后的读音，既要符合古今音变规律，又要方便语言交际，有时还要遵从约定俗成的读音。如：

癌，现代产生的病名用字。这一病名曾用“嵒”字，即“癌”的声符“喦”的异体字。《本草纲目·主治·痈疽》：“穿山甲，乳痈乳嵒，炮研酒服。”《广韵·咸韵》注“喦”音为“五咸切”，今音 yán，故以“喦”为声符的“癌”旧读 yán。但作为病名，这一读音容易与“炎”相混，后经审定改“癌”的读音为 ái。

贷，《广韵·代韵》注音“他代切”，据反切拼读原理今应读 tài。但因其声符“代”以及从“代”得声的“袋、岱”等今读 dài（徒耐切），故“贷”今也改读为 dài。

矿，《广韵·梗韵》注音“古猛切”，据反切拼读原理今应读 gǒng。但因同声符的“旷、邝、圹”等字今读 kuàng（苦谤切），故“矿”今也改读为 kuàng。

“贷”“矿”二字的今音，因约定俗成，得以认可。

（二）异读字读音的审定与规范

异读字是多音同义字，也就是有两个或两个以上的读音而表示的意义相同的字。这种字记录汉语中的单音异读词或复音词中的异读语素。异读字与多音字并非同一概念（本节下文将讨论多音字）。从语言的角度讲，一个词有两个或两个以上的读音而表示的意义相同，这样的词是异读词。对异读词的审音，以词为对象，但实际上是对词中的单字审音。我们这里所论异读字，也涉及异读词。

汉字自古以来就有异读字。如“镶”字，义为“兵器”，《广韵·阳韵》对其注音“汝阳切”，又“息羊切”。又如“盅”字，义为“器皿空虚”，《广韵·东韵》对其注音“直弓切”，又“敕中切”。现代汉字中也有一批异读字，如：字音规范以前的“呆”字，可以读 dāi，如“又呆又傻”，又可以读ái，如“呆板”。无论哪一种读音，“呆”的意义都是一样的。所以，“呆”是异读字，而“呆板”就是包含有异读字的异读词。再如“晕”，在表示“头脑昏乱”意义时有yūn（头晕、晕头转向）和yùn（晕船、眼晕）两读；“薄”在表示与“厚”相对的意义时有báo（薄板、薄片）和bó（薄雾、如履薄冰）两读。

需要说明的是：所谓异读，指某个字的通行范围比较广、已形成一定势力的不同读法，不包括个人的误读。

现代汉字异读字产生的原因很多，主要有以下三种：

1. 文白异读

所谓文白异读，指方言中字形、意义相同的一个字的两读现象。其中一读称文言音，又叫文读、读书音；另一读称白话音，又叫白读、说话音。一般地说，北京话的文白异读，文言音往往是本地的，白话音往往是外地借来的。其他方言的文白异读中，白话音往往是本地的，文言音往往是外地来的。

1985年12月修订的《普通话异读词审音表》中，有的字仍保留文白异读。如：削，有xuē（剥削、削减）、xiāo（切削、削球）二音；尾，有wěi（尾巴）、yǐ（马尾儿）二音；绿，有lù（绿林、鸭绿江）、lǜ（绿叶、青山绿水）二音；熟，有shú、shóu二音。其中，前者是文言音，后者是白话音。

2. 普通话吸收方言读音

我国地域辽阔，方言分歧很大。对于方言语音，普通话总的来说是排斥的。但是普通话也吸收了部分方言词或方言用语，对这类词或用语往往也吸收了方言地区通行的读音，于是，有些字就有了方音和普通话读音两种音读形式。如：“巷”，用于“狭窄的街道”义普通话读xiàng，如“大街小巷”；而方言此字又读hàng，如“巷道”。这两个意义其实并无差异。又如“排”，用于“推开”义普通话读pái，如“排斥”；而方言“用楦子填紧或撑大鞋的中空部分”之义读pǎi。这两个读音的意义也无差异。

3. 形声字读音的正误并存

汉字中的形声字，声符的作用是表音，但现代汉字中有的形声字，其声符并不能表示该字准确读音，而有的人却将这类形声字读成其声符之音。如将“暂”误读为zhàn，将“盟”误读为míng，将“畸”误读为qí。这类误读，如果在比较大的范围内形成一定势力，而不是个别人的读法，在这一范围内长期通行，正误并存，也就形成一种异读。

异读字给汉字的学习和运用带来麻烦，不利于汉字读音的规范化和普通话的推广，应该加以规范。早在1955年10月召开的“现代汉语规范问题学术会议”上，与会专家学者就建议由中国科学院语言研究所组建“普通话审音委员会”，负责对异读词进行审音。

这个委员会于1956年1月成立，曾于1957年10月、1959年7月、1962年12月分3次发表了《普通话异读词审音表初稿》正编、续编和三编，并于1963年2月辑录成《普通话异读词三次审音总表初稿》。经过二十多年的实际应用，普通话审音委员会在总结经验的基础上，于1982年至1985年组织专家学者对这一初稿又进行审核修订，制定了《普通话异读词审音表》，这个《审音表》经过当时的国家语言文字工作委员会、国家教育委员会、国家广播电视部审查通过，于1985年12月27日联合发布。

《普通话异读词审音表》共审定847个异读字的读音，审定为"统读"的有583字，占69%。另外有31个字保留了文白异读。[①]该《审音表》对字音的审定，首先以符合普通话语音发展规律为原则，其次也采取约定俗成、承认现实的态度，即在一定程度上从俗，认可人民大众的习惯读音。如"曝光"之"曝"，原音pù，现审定为bào；"呆板"之"呆"，原音ái，现审定为dāi；"从容"的"从"，原读阴平，现审定为阳平。此《审音表》公布以后，所有出版或修订的工具书都要求按此规范去注音。1990年版的《新华字典》，1996年版的《现代汉语词典》修订本，1998年出版的《现代汉语规范字典》都采用的是《审音表》的规范注音。

2011年10月，为适应新时期推广和规范使用国家通用语言文字的要求，国家语委启动了中华人民共和国成立以来第三次普通话审音工作，主要内容是研制普通话审音原则，根据当前语言生活发展需要修订1985年12月发布的《普通话异读词审音表》，建立健全普通话语音规范标准体系。为此，特成立了由多个领域专家组成的普通话审音委员会，设立了"普通话审音原则制定及《普通话异读词审音表》修订"课题，由中国社会科学院语言研究所承担。

经过几年的努力，中国社会科学院语言研究所完成了《普通话异读词审音表》(修订稿)的研制，并于2016年5月公布。此次修订主要基于以下几点原则：(1)以北京语音系统为审音依据；(2)充分考虑北京语音发展趋势，同时适当参考在官话及其他方言区中的通行程度；(3)以往审音确定的为普通话使用者广泛接受的读音，保持稳定；(4)尽量减少没有别义作用或语体差异的异读；(5)在历史理据和现状调查都不足以硬性划一的情况下，暂时保留异读并提出推荐读音。

《普通话异读词审音表》(修订稿)对原表的读音进行了部分审定，重新确立了标准读音，如："颤"原表有chàn和zhàn两种读音，现统读为chàn；"粳"原表统读为jīng，现统读为gēng；"颈"原表规定在"脖颈子"中读gěng，现统读为jǐng；"剽"原表统读为piāo，现规定在"剽窃"中读piáo，在"剽悍"中读piào。

① 杨润陆．现代汉字学通论．北京：长城出版社，2000：158.

中华人民共和国成立以来，国家有关部门组织专家学者在汉语异读字的读音规范方面做了大量工作，取得了丰硕的成果。但我们也必须认识到，产生异读的原因是多方面的，这些原因不可能在短时间内完全消除。因此，异读字的读音规范是一项艰巨而长期的工作。

（三）轻声词与儿化词的规范

1. 轻声词的规范

轻声指普通话词语里的音节或句子里的词，失去了原有的声调，念成一种又轻又短的调子。有轻声音节的词或读轻声的词称为轻声词。轻声不是四声之外的第五个声调，而是四声在一定条件下变成的比原调轻而短的声调变体。

普通话的轻声有的具有区别意义和区分词性的作用。例如“孙子”一词，“子”重读时表示“人名”，“子”表示对人的敬称，是实语素，读上声；“子”读轻声时表示“儿子的儿子”的意义，“子”是虚语素。再如“利害”一词，第二个音节重读时表示“利益和损害”，是名词；读轻声时其义同“厉害”，表示“剧烈、凶猛”等义，是形容词。但有的轻声仅是习惯上的读音，并无区别意义和词性的作用。如一些常用的双音节词的第二个音节，习惯上读轻声，如“耳朵”的“朵”、“嘴巴”的“巴”；此外，一些后缀、助词、语气词（详见下文“有规律可循”的轻声词）等通常也读轻声。

汉语普通话词汇系统中到底有多少轻声词，哪些词语应该属于轻声词范畴，学术界向来分歧较大，以致一些词典和权威性的词表所收轻声词的数量和对象很不一致。如《北京话轻声词汇》（1957）[①]收轻声词 4351 条；《普通话轻声词汇编》（1963）[②]收双音轻声词 1028 条；《普通话轻声词汇编》（1985）[③]收双音节轻声词 1400 条；1994 年国家《普通话水平测试大纲》表 1、表 2 共收轻声词 1205 条；《北京话轻声词汇表》（1995）[④]共收轻声词 1713 条。2002 年版、2005 年版和 2012 年版的《现代汉语词典》（以下简称《现汉》）单独立词目的轻声词（包括必读轻声词和一般轻读间或重读的词）总数分别为 3662 条、3436 条[⑤]、3513 条[⑥]。值得注意的是，同样的词语，不同的词典或词表有的处理为轻声词，有的却处理为非轻声词。如《北京话轻声词汇表》中的 1713 条轻声词，其中有

① 张洵如编，陈刚校订．北京话轻声词汇．北京：中华书局，1957.
② 徐世荣．普通话轻声词汇编．北京：商务印书馆，1963.
③ 孙修章．普通话轻声词汇编．上海：上海教育出版社．1985.
④ 鲁允中．普通话的轻声和儿化．北京：商务印书馆，1995.
⑤ 裴培．现代汉语轻声词及相关问题研究．上海：上海师范大学，2008.
⑥ 陈一娜．轻声规范问题学术史述评．福州：福建师范大学，2014.

341条《现汉》未标读轻声。即使仅就《现汉》中的轻声词而言,也有一些问题值得思考。如与“瓜类”有关的词条,根据《现汉》(第6版)的注音,“西瓜、南瓜、冬瓜、黄瓜”的“瓜”标注两读,即一般轻读,间或重读;而“地瓜、哈密瓜”等的“瓜”却标读原调;由语素“-匠”构成的词如“木匠、皮匠、铁匠、瓦匠、鞋匠”,《现汉》(第6版)对“匠”标注为两读,而与之类似的词如“工匠、巧匠、巨匠、画匠”的“匠”却标读为原调。此外,《现汉》(第6版)新增“总书记”一词,其注音为“zǒng shū·ji”,词典将其标注为必读轻声词,而“书记”一词却注音为非轻声“shūjì”。[①]这些问题的存在使得对有限的轻声词很难归纳出明确的内在规律,给普通话学习者及语言规范工作带来了困难。因此,有必要对普通话轻声词进行科学、系统的考察,进一步探讨其内在的规律性。

普通话轻声词大致可分为“有规律可循”和“无规律可循”两类。“有规律可循”的轻声词主要有以下几类:(1)助词“的、地、得”“着、了、过”和语气词“吧、吗、呢、啊”读轻声;(2)后缀“子、儿、头、们”等读轻声;(3)“上、下、里、边、面”等表示方位的词或语素读轻声;(4)“来、去、出来、进去、下来、起来”等用在动词、形容词后表示趋向的词读轻声;(5)叠音名词及动词重叠使用后的第二个音节读轻声;(6)“一”字和“不”字夹在重叠的动词或形容词中间时读轻声;(7)在口语色彩强烈的4音节词中,例如“糊里糊涂、稀里哗啦、土里土气、黑不溜秋”等4音节词中的第2个音节是嵌进去的无意义的音节,都读轻声。这类轻声既反映北京语音特点,又有形式标记,其形式标记主要通过语法标记来表现,一般是必读轻声词,易于理解和记忆。“无规律可循”的轻声词如“便宜、伙计、咳嗽、云彩、胳膊、风筝、窗户、动静、招呼”等。此类轻声词形式上无任何轻声标记,难于记忆和掌握,因此这类轻声词应该是我们整理和规范的重点。

对“无规律可循”的轻声词的整理与规范,我们应当采取以下几个原则[②]:(1)保留能区分词义和词性的轻声。对于读轻声和非轻声意义完全不同的词,轻声读音的存在是十分必要的。如“本事、大方、大意、地道、花费、人家、特务、兄弟”等;(2)对“类词缀”轻声与非轻声读音进行归类,增强其类推性。如“长处、好处、害处、坏处、苦处、难处”等词中的“处”读轻声,这些词中的“处”已不表示非常具体的地方,只表示虚化了的某个地方,我们称“处”为“类词缀”;(3)减少不具有区别意义作用的轻声词。为了减轻方言区的人学习普通话轻声词的困难,如果一个词的原调与轻声两读没有辨义作用,就尽量只读原调,不读轻声。如“尺寸、关系、道理”等词的第二个音节,在《现汉》(第6版)标注为

① 林璃欢,李丽云.《现代汉语词典》(第6版)轻声词处理问题刍议.河北师范大学学报(哲学社会科学版),2017(11).

② 孙丽.试论普通话轻声词的规范.淮海工学院学院(人文社会科学版),2003(12).

两读，对于这类词，我们主张读原调，而不读轻声。

2. 儿化词的规范

儿化是汉语语音中一种特殊的音变现象。“儿”字本是一个独立的音节，当它附加在别的音节后面，和前面的韵母融为一体时，前面的韵母就变成了卷舌韵母，前面的音节就成为儿化音节。带有卷舌色彩的韵母被称作“儿化韵”，其标志是在韵母后面加上r。带有儿化音节的词，不论儿化音节是在末尾，还是嵌在一个多音节词的中间，都被称作“儿化词”。例如：花儿（huār）、玩儿（wánr）、片儿汤（piànr tāng）、馅儿饼（xiànr bǐng）、独眼儿龙（dú yǎnr lóng）。

儿化在普通话里，不是单纯的语音现象，它跟词汇、语法和修辞都有密切的关系，其作用主要体现在以下几个方面：(1)区别词性。如“盖”是动词，指由上而下的遮盖，蒙上；“盖儿”是名词，指器物上部有遮蔽作用的东西。“尖”是形容词，指末端细小，尖锐；“尖儿”是名词，指物体锐利的末端或细小的头儿；(2)区别词义。如“信”是指信息；“信儿”是指消息。“眼”指眼睛；“眼儿”指小孔；(3)形容细、小、轻、微的状态和性质。如“米粒儿、小孩儿、小鱼儿、门缝儿、针鼻儿”等，明显带有表示细小的色彩；(4)在修辞色彩上，表示温和、喜爱、亲切的感情色彩。如“老伴儿、脸蛋儿、儿媳妇儿”等，表示亲切的色彩非常明显。

儿化词在汉语中虽然具有特殊的表达作用，但这类词过多，出现过于频繁，就会给学习者增加麻烦，应该予以规范。不过，对儿化词的确定，向来无明确标准。1990年语文出版社出版的贾采珠编的《北京话儿化词典》，收儿化词近7000条；2005年商务印书馆出版的《现汉》（第5版）收儿化词近900条。因此，儿化词的规范问题是应该认真研究和解决的问题。对此杨润陆提出必须遵循两个原则：一是要以北京话的口语为标准，二是要尽力减少方言区的人学习儿化词的困难。[①]在这个前提下，凡是以儿化作为区别特征的词，即凡儿化能起到改变词义和词性、改变语素的组合性质等作用的，要作为规范的儿化词。在现代北京口语习惯中只有儿化说法的，即使不以儿化作为区别特征，也一律读儿化。如：“玩儿、今儿、明儿、鸟儿、花儿、冰棍儿”等等。如果儿化和非儿化两种形式同时共存，儿化形式占优势就读儿化，儿化形式占劣势或二者势均力敌就不读儿化。至于北京话中临时儿化的则一律不作为儿化词。

3.《普通话常用轻声词词表》和《普通话常用儿化词词表》

轻声词和儿化词的规范长期以来一直受到人们关注。进入本世纪后，国家语委设立“普通话轻声词儿化词规范”课题，启动了《普通话常用轻声词词表》和《普通话常用儿

① 杨润陆．现代汉字学通论．北京：长城出版社，2000：164.

化词词表》的研制工作。课题组由中国社会科学院语言研究所和教育部语言文字应用研究所的科研人员组成。

从2002年开始,课题组经过学习研讨,逐步确定了轻声词和儿化词词表研制原则:(1)尊重语言事实。即重视一个词在以北京话为核心的官话方言区的实际读音。(2)有利于学习、推广普通话。普通话语音发展的一个总趋势是轻声词和儿化词减少,因此轻声词和儿化词在数量上应从严掌握。(3)适当照顾系统性。在尊重语言事实的前提下,对相关词的处理尽量一致,以利于掌握。(4)与现有规范相衔接。尽量做到与正在执行的国家标准、《普通话水平测试实施纲要》以及《现汉》等有影响的辞书相一致,减少矛盾,避免人们在执行中无所适从。

在此原则指导下,课题组于2008年编成两个词表初稿,定出必读轻声条目1495个,可读轻声条目288个;必读儿化条目774个,可读儿化条目1072个。在广泛征求并吸收专家和辞书编辑者意见基础上,并经多次修改,于2011年形成了收轻声词438个、儿化词194个的讨论稿。当年1月25日,在"普通话轻声词儿化词规范"课题结项会议上,这一讨论稿获原则通过。课题结项会议后,课题组根据与会领导和专家的意见,对两个词表又做修改,形成定稿。定稿中普通话常用轻声词为330个,普通话常用儿化词为100个。

进入这两个词表的轻声词和儿化词,都是普通话的,排除了带有方言色彩的词;两表中的词都是常用的,排除使用频率不高的词。另外,还排除可以读轻声也可以不读轻声、可以读儿化也可以不读儿化的词。总之,两个词表是为普通话里的轻声词和儿化词划定一个最小的范围,是对学习普通话在掌握轻声词和儿化词方面的最基本的要求。

三、现代汉字的多音字与同音字

多音字和同音字反映了汉字字形与字音的复杂关系;汉字记录汉语中的词或语素,因此也可以说,这反映了汉字和汉字所记录的词或语素之间的复杂的语音对应关系。

(一)多音字

1.多音字的含义

具有两个或两个以上读音的字称多音字。如:"便",一读biàn,表示"顺利、没有困难或阻碍"(便利、便道);又读pián,表示"物价较低"(便宜)。又如"膀",一读pāng,表示"浮肿"义(膀肿);又读bǎng,表示"胳膊的上部靠肩的部分"义(肩膀);还读bàng(吊膀子)、páng(膀胱)两音。

2.现代汉字多音字的数量

现代汉字中多音字较多,以1988年3月国家语委和新闻出版署联合发布的《现代汉语通用字表》所收字为例并加以统计,该字表所收7000字(内含2500常用字,1000次常用字),其中多音字625个,占总字数的8.9%;常用字、次常用字中的多音字417个,占多音字总数的67%;由此可知,三分之二的多音字是常用的字①。

3.现代汉字多音字的类型

现代汉字多音字有两种类型:

(1)多音多义字

指具有两个或两个以上的读音,并分别记录不同的词义或语素义的汉字。如"和",在"和平"中读hé,在"曲高和寡"中读hè,在"和牌"中读hú,在"和面"中读huó,在"和稀泥"中读huò。又如"重",在"重复"中读chóng,在"重量"中读zhòng。"处",在"处理"中读chǔ,在"处所"中读chù。

(2)多音同义字

指有两个或两个以上的读音而表示的意义相同的字,此即本节上文所说的异读字。上文对此已作阐述。

4.现代汉字多音字的来源

(1)多音多义字的来源②。

多音多义字的来源比较复杂,主要有以下几种:

A.因词义引申而形成的多音多义字。词义引申后,本义和引申义用同一个字,一般读音相同,但有时二者读音不同,这就形成多音多义字。如"行",本义是"道路",读háng;引申为"行走",读xíng。又如"朝",本义是"早晨",读zhāo;引申为"朝廷、朝代",读cháo。

B.因词性不同而形成多音多义字。如"数",名词读shù,义为"数目",如"基数""序数";动词读shǔ,义为"查点(数目)、责备"等,如"数一数"" 数落"。又如"还",副词读hái,义为"仍旧,依然"等,如"还好""还是";动词读huán,义为"返回、归还"等,如"还家""还钱"。"号",名词读hào,义为"名称、表示次第"等,如"牌号""编号";动词读háo,义为"大声叫唤、大声哭"等,如"号叫""号啕"。

C.因文字假借而形成的多音多义字。如"发",用作"發"的简化字,表"出发、发表"义,读fā,这是"發"的引申义(本义是"发射");该字又借用作"髮"的简化字,表"人的头

① 龚嘉镇.现行汉字形音关系研究.武汉:湖北人民出版社,1995:57.

② 殷寄明,汪如东.现代汉语文字学.上海:复旦大学出版社,2007:179

发”义，读fà。

D.通常读音和人名、地名、物名等特殊读音并存而形成多音多义字。如“华”，通常读huá，义为“光彩、繁盛”等，如“华丽”“荣华”；而用作姓氏读huà。再如“单”，通常读dān，义为“不复杂、只有一个的”等，如“单纯”“单边”；用作复姓“单于”之“单”读chán；用作姓氏之“单”读shàn；用作地名也读shàn，如“单县”。

E.通常读音和文言词语古读音并存而形成多音多义字。如“乘”，通常读chéng，义为“坐、趁着”等，如“乘车”“乘势”；文言用语“千乘之国”的“乘”读shèng。又如“否”，通常读fǒu，表“不承认、否定”等义，如“否认”“否决”；文言用语“否极泰来”的“否”读pǐ。

F.拟声词、叹词、语气词等用字不同而形成多音多义字。现代汉语中的一些拟声词、叹词、语气词，由于语音不稳定或各人选字不同，就形成多音多义字。如“嗨”，在“嗨，快来呀”中读hāi；在“嗨（又作“嘿”），你真好”中读hēi。又如“嚓”，在“木头咔嚓一声断了”中读chā；在“摩托车嚓的一声停了下来”中读cā。

（2）多音同义字的来源。

多音同义字即异读字，本节上文所论异读字产生的三种原因，即多音同义字的来源，这里不再重复。

（二）同音字

1.同音字的含义

读音完全相同，而形体、意义不同的一组字叫同音字，也称“同音异义字”。如：“语、雨、羽、禹、宇、圄、庾、屿”等字，都读yǔ，意义各不相同。同音字不同于异体字，异体字之间虽形体不同，但读音完全相同，意义也完全相同，在任何情况下都可以互相替代。如：牀与床、湧与涌、豬与猪，它们是三组异体字。

2.同音字的数量

现代汉字中有不少同音字，以1988年3月国家语委和新闻出版署联合发布的《现代汉语通用字表》所收字为例。该字表所收的7000个汉字，共405个不带声调的音节。其中有15个音节为一字专用，没有同音字；其余的音节都有同音字，平均一个音节将近20个，少则2个，多达118个，有14个音节同音字在60个以上。①

3.同音字产生的原因

同音字产生的原因有很多，主要有以下几个方面：

① 龚嘉镇.现行汉字形音关系研究.武汉：湖北人民出版社，1995：37.

(1)音节少而字数多

这是同音字产生的最主要原因。汉语的音节有限,现代汉语普通话有1300多个音节,若不计声调,则只有400多个音节。而汉字却有几万个,这就必然出现一大批同音字。就现代汉字而言,以《现代汉语通用字表》所收的7000个汉字为例,正如上文所说,这些字共405个不带声调的音节,平均每个音节约17.3个字,而且有的音节字数多,有的音节字数少,产生大量同音字就是必然的了。

(2)造字过程中的偶合现象

随着时代的发展,语言中会不断产生新词,人们为新词所造的字,很难避免与原有之字的同音偶合现象。如原有"盖、概、溉"后又造"钙";原有"朵、躲"后又造"哚"。

(3)语音的发展变化使异音字变成同音字

现代汉语语音由古代汉语语音发展而来,以中古音和现代汉语普通话的语音作比较:《广韵》音系有35个声母,142个韵母。[①]现代汉语普通话只有22个声母(含零声母),39个韵母。由此可以看出,汉语语音系统的发展是逐步趋向于简化。语音系统简化,音节数就相应地减少,同音字数也就相应地增加了。有些字古音本不相同,今音却变得相同了,如"利、历、栗、立"这几个字,在《广韵》中分别属于至韵、锡韵、质韵、辑韵,本不同音,在现代汉语普通话里却成了同音字了。

(4)同源词的产生形成同音字

同源词是由同一个语源衍生分化出来的词,记录同源词的字称同源字。同源字有的读音相同。如"兼"字指一手持两个禾把,引申为"兼并"。"缣"指用双线织成的丝织品,"鹣" 指比翼鸟,"鳒"指比目鱼。以上这几个字是同源字,它们读音相同。[②]

4.同音字的应用与学习

(1)同音字与语言交际

同音字的存在会不会妨碍交际呢?一般来说是不会的。在书面语中,汉字的书写形式能有效地区分同音字和以同音字构成的同音词(读音相同而词义毫无联系的词),如:"考(考试)、烤(烤火)、拷(拷打)、栲(栲树)"等,都读kǎo,读音相同,意义不同,在书面语中用不同的字形就可以把这些同音字区别开来。"公式、工事、公事、攻势、宫室、宫市",由于这些字形相互有别,虽然同音,但在阅读时也不会混淆。因此,从文字的角度来看,异形同音是保证文字明确记录语言的必要条件。至于口语中的同音词语,必要时可改换一个说法,如"越剧"与 "粤剧",可把后者叫"广东戏";又如"治癌"与"致癌",可

① 唐作藩.音韵学教程.北京:北京大学出版社,1991:110:132.

② 苏培成.现代汉字学纲要.北京:北京大学出版社,1994:110.

把后者叫“患癌”。“氧化矽”与“氧化锡”原同音，后将前者改为“氧化硅”，就不同音了①。

（2）同音字与汉字学习

在汉字的学习中，同音字的确会引起一些麻烦，写别字多数情况下是由于同音干扰引起的。如把“提纲”写成“题纲”，把“部署”写成“布署”，把“长年累月”写成“常年累月”等等。下列成语中有的字常常容易写错，就是误用了同音字的缘故（括号里是错误的写法）：

甘拜下风（甘败下风） 百废待兴（百废带兴）

备受欢迎（倍受欢迎） 英雄辈出（英雄倍出）

按部就班（按步就班） 风靡一时（风糜一时）

一筹莫展（一愁莫展） 班门弄斧（搬门弄斧）

滥竽充数（滥盂充数） 迫不及待（迫不急待）

明辨是非（明辩是非） 乘风破浪（成风破浪）

学习和掌握同音字，关键在于区分同音字各自的意义所指。如“提纲”一词，“提”是“提举”之义，“提纲”原义是“提举渔网的总绳”，引申指“抓住大的或主要的”，再引申指“写作、发言、学习、研究、讨论的内容要点”。而“题”之义是“题目、签署（题字）”等，如果将“提纲”写成“题纲”，则与“提举渔网的总绳”义没有关系。又如成语“甘拜下风”，“拜”指“跪拜”；“下风”原指“风所吹向的那一方”，引申指“处于下位，卑位”。相传古时黄帝问道于广成子，广成子南首而卧，黄帝顺下风膝行而进，再拜稽首。后因以“甘拜下风”指“甘心跪拜在下位”，引申为“诚心佩服，自认不如”。而“败”之义为“失败、毁坏、凋谢”等，如果将“甘拜下风”写成“甘败下风”，则与“跪拜”义了无干系。

四、形声字的表音功能

（一）形声字的字音与声符的关系

形声字的声符是该形声字的表音成分。同一声符的形声字，读音大都相同或相近，如形声字“岱、贷、袋、黛”至今同音，且读音都与其声符“代”相同。但是，由于语音的发展演变，到了现代汉字阶段，有些形声字声符的表音功能被削弱了，有的甚至完全丧失了表音作用。因此，这类形声字靠声符提供的语音信息来推断字音，往往会出现错误。如“路、洛、客、烙、略”等形声字的声符都是“各”，可是它们的现代汉语普通话读音都不读“各”。鲁迅1936年在《门外文谈》一文中曾指出，形声字因为古今音的变迁，很有些

① 孙钧锡．汉字和汉字规范化．北京：教育科学出版社，1990：45.

和声不太谐和了，现在还有谁读“滑”为“骨”，读“海”为“每”呢①？

从现行通用汉字看，形声字与其声符之间的读音关系，大体有以下几种情况：

1. 声母和韵母完全相同

这部分形声字，又可以细分为两小类：

(1)声母、韵母、声调都相同。这类声符具有准确的标音作用，完全可以照“半边”去读，如：皇－煌、惶、蝗；半－伴、绊、拌；耳－饵、洱、珥；甬－踊、勇、涌、踊、恿、俑。

(2)声母和韵母相同而声调不同。如：方－放、防、仿、妨、访、肪；包—雹、饱、抱、鲍；交－较、绞、狡、饺、姣、皎。

2. 声母相同而韵母不同

这部分形声字，又可以细分为两小类：

(1)声母和声调相同而韵母不同。如：内(nèi)－纳、呐、钠(nà)、讷(nè)。

(2)声母相同而韵母和声调不同。如：娄(lóu)— 屡、缕、褛(lǚ)。

3. 韵母相同而声母不同

这部分形声字，又可以细分为两小类：

(1)韵母和声调相同而声母不同。如：贵(guì)—溃、馈、匮、愦(kuì)；告(gào)—浩、皓(hào)。

(2)韵母相同而声母和声调不同。如：旁(páng)—榜(bǎng)、傍、谤 (bàng)。

4. 声母和韵母都不同

这部分形声字，又可以细分为两小类：

(1)声母和韵母不同而声调相同。如：丑(chǒu)—扭、纽、钮、狃(niǔ)；军(jūn)—挥、辉、晖(huī)。

(2)声母、韵母、声调都不同。如：需(xū)—糯、儒、蠕、孺、襦(rú)；支(zhī)—技、伎(jì)、歧、岐(qí)。

5. 其他

这部分形声字，包括以下两类：

(1)声符是多音字。如：差(chā、chà、chāi、cī)—搓、蹉、嵯、磋(cuō)；大(dà、dài)—达(dá)、驮(tuó)。

(2)声符的字形发生了变化。因字形的演变，有的形声字声符变成另一个字，不再表该字之音。如：急，本为“及”声，今“及”演变成了“刍”；刑，本为“井”声，今“井”演变成了“开”。有的形声字声符演变后不再是一个字，更不能表该字之音。如：所，本为“户”

① 鲁迅. 门外文谈. 北京：北京出版社，2014：9–10。

声;禽,本为“今”声。这两个字的声符已经变得不成字了。

(二)形声字声符的有效表音率

既然形声字与声符的语音关系如此复杂,那么现代汉字的形声字声符的表音功能究竟如何?有多少声符能准确表音?有多少汉字能依靠声符准确认读?这类问题应由科学的统计数字来回答。

我们这里所说的现代汉字中的形声字,必须在现代汉字仍是形声结构的字。如:獨,原是“从犬、属声”的形声字,现简化为“独”,已经无表音偏旁了,不算形声字。戰,简化作“战”,声符“單”改作“占”;郵,本是“从邑、从垂(边陲)”的会意字,现简化作“邮”,以“由”为声符,变为形声字。“战”和“邮”都是现代形声字。

对现代汉字形声字声符的表音律,需要做具体统计和研究。丁西林在《现代汉字及其改革的途径》一文中曾对334个“手”部字进行过统计,字音和声符的读音完全相同的有87个,占总数的26%[①]。高家莺等人根据倪海曙编著的《现代汉字形声字字汇》所收的5990个正字进行过统计,一音声符(仅一个读音的声符)约1090个,由这类声符所形成的形声字中,字音与声符读音完全相同的1578个,占形声字总数的26. 3%。这与丁西林抽样统计的结果几乎相同[②]。

龚嘉镇的《现行汉字形音关系研究》一书,其中编列有《现行形声字汇编》一节,汇集了现代汉语通用汉字中的全部形声字及其声符字。据他统计,现代汉语7000个通用汉字中,有6252个形声字,1226个声符。形声字与它的声符声韵调完全相同的有1975个,仅声调不同的有1152个,即有3127个形声字能够根据声符正确地读出其音节,这正好占一半。此外,形声字与其声符有双声或叠韵关系的共1987个,占形声字总数的32%;声母和韵母都不同者有1138个,占18%[③]。

由此我们大致可以说,现代汉字形声字的声符,其表音率虽不算太高,但仍具有一定的表音功能,声符完全丧失表音作用的形声字仅是少数。

(三)防止对形声字的误读

正如以上所说,现代汉字形声字的声符并非都能准确标示该形声字的读音,因此,由声符来类推读音常常招致误读。如:把“歼”(jiān)读成qiān(千);把“簇”(cù)读成zú(族);把“讣”(fù)读成bǔ(卜);把“聃”(dān)读成rǎn(冉)。

①丁西林.现代汉字及其改革的途径.中国语文.1952(8).

② 高家莺,范可育,费锦昌.现代汉字学.北京:高等教育出版社,1993:73-74。

③ 龚嘉镇.现行汉字形音关系研究.武汉:湖北人民出版社,1995:78-79.

二维码4-4

为防止这类误读，只有平素养成勤查规范的字、词典的习惯，并结合字、词典上的说明和用例，思考并记住形声字不同的读音特点和规律。不要想当然地据声符之音读形声字，也不能随意据他人的误读而以讹传讹。

第四节　现代汉字的字义

现代汉字的字义，指单个现代汉字所记录的汉语的词义或语素义。现代汉字一般都有一定的意义，个别字只有与别的字组成词时，整个词才能表示意义。如"玻璃""琵琶"等复音单纯词中的字。

一、单义字与多义字

现代汉字有的是单义字，有的是多义字。单义字只有一个意义，多义字具有两个或两个以上的意义。探讨现代汉字的字义，必须了解单义字和多义字及其数量、类型、特征、字义特点等。

(一)单义字

1. 单义字的数量

现代汉字有多少个单义字，需要做具体统计说明。屈邦振、岳茜茜《现代汉语单音单义字考究》[1]抽样调查商务印书馆2005年出版的《现代汉语词典》(第5版)中a、b、c、d四个拼音字母所辖共1713个汉字，其中单音单义字共646个，所占比例为37.7%，接近四成。这虽不是对现代汉字单义字的全面考察，但由此可见其一斑。

2. 单义字的基本类型

(1)书面文言字。如：疢：热病，也泛指病。如：疢疾；谙：熟悉。如：谙熟，不谙水性；坂：山坡、斜坡。如：如丸走坂(形容迅速)。

(2)复音词中的语素字。这类字本有自身之义，但不能单独使用，只能与另一个语素组成一个词，整体表示一个意义，字义与词义相关。如：篼：篼舆，古代的一种竹轿。篼，《说文·竹部》："篼，竹舆也。""舆"也有"轿子"义。很显然，"篼舆"一词中的字，与上

① 屈邦振，岳茜茜．现代汉语单音单义字考究．陇东学院学报．2017(2)．

文所说的“玻璃”“琵琶”两词中的字，性质各不相同：“箯舆”中两个字各是一个语素，而“玻璃”“琵琶”各由一个语素组成，其中的字不是语素。

（3）姓氏、人名、地名用字。姓氏、人名如：佟：用作姓氏。聃：老聃，即老子，古代哲学家；妲：妲己，商纣王的妃子；地名如：碚：北碚，在重庆市。

（4）动植物、名物用字。动植物如：鲅：鱼名，马鲛；桉：桉树，常绿乔木。名物如：霭：专指云气；絺：古代细葛布；篪：古代竹管乐器。

（5）拟声词、叹词用字。如：嘣（拟声）：形容心跳或爆裂的声音；呔（叹）：怒斥声（多见于早期白话）。

（6）方言词用字。如：鞴：风箱。甏：瓮；坛子。噇：无节制地狂吃狂喝。

（7）化学元素用字。如：镓、钚：二者都是由人工核反应获得的放射性金属元素。

3. 单义字的意义特征

（1）单义性。单义字只有一个意义，这是有别于多义字的最突出的特征之一。在书面交际中，单义字因意义单一，不会产生歧义，具有一定的交际优势。在社会生活、生产、科技活动中，有些领域行业性较强，其行业名称或术语需要意义单一，如化学元素、乐器、疾病和医药等名称，汉字的单义性正好切合这些名称单义性的要求。又如：樯，帆船上挂风帆的桅杆；绱，把鞋帮、鞋底缝合成鞋；骟，割去牲畜的睾丸或卵巢。这些字也都是单义字，所记录的是不同领域的事物名称或行业的动作行为。

（2）准确性。单义字意义单一，对客观事物特征的反映都比较清晰，尤其是对事物的本质特征的反映。单义字没有其他意义的干扰，不必借助语言环境就能理解。在反映客观事物中，单义字不仅意义范围清楚，而且还力求使其所表示的概念与相近相似的概念相区别，所以单义字大都具有准确性[①]。如：飑，气象学上指风向突然改变，风速急剧增大的天气现象；踩，踩踏，用脚底接触地面或物体的动作行为。

（3）非常用性。这些汉字中的大部分使用频率较低，有的只在一些地域或专业领域里使用，整体的社会使用面较窄。此外，这类单义字基本不具备构词能力。正因为如此，这类字不为人们经常使用[②]。

（二）多义字

1. 多义字的数量

具有两个或两个以上意义的汉字称多义字。在现代汉字中，多数汉字是多义的。

---

① 赵允敬. 现代汉语单音节形容词的认知语义研究. 上海：复旦大学，2011：26-28.

② 屈邦振，岳茜茜. 现代汉语单音单义字考究. 陇东学院学报，2017(2).

中国人民大学傅兴岭、陈章焕主编的《常用构词字典》，共收常用汉字3994个。其中多义字共有2873个，占收字总数的71.93%①。

一般来讲，一个汉字的意义多少，与该字的使用频率有关。汉字使用频率越高，字的义项往往越多(某些代词、亲属称谓名词、动作动词、数词、语气词等字虽很常用，却是单义，这属于例外情况)。这主要是因为常用字构词能力强，构成新词的机会多。在构成新词时，语素义总会有所孳生、繁衍，造成多义现象。

2. 多义字的意义分项

意义分项简称"义项"，是字词典中同一个条目内按意义分列的项目。多义字意义的分项很难有固定的标准，可以分得细些，也可以分得粗些。同一个字在小型字典里也许只分几个义项，在大型字典里就可能分成十几项甚至几十项。因此，一个多义字的义项数具体是多少，是根据不同的标准而确定的。

多义字的多项意义之间，有的相互之间有一定联系，有的并非完全如此。例如：《现代汉语词典》(第6版)释"城"，列该字4个义项：①城墙；②城墙以外的地方；③城市(跟"乡"相对)；④指大型营业性场所。这4个义项中，②、③两个义项与义项①有明显的联系；义项④与③也有一定联系。又如："蠢"字，《现代汉语词典》(第6版)分出蠢[1]、蠢[2]。释蠢[1]云："〈书〉蠢动。"释蠢[2]列出两个义项：①愚蠢；②笨拙。这两个义项之间有明显的联系，而它们与蠢[1]的"蠢动"义项毫无联系②。

3. 多义字的意义分析

汉字的意义，有三种类型：本义、引申义、假借义。字的本义，指一个字反映在字形结构上，体现造字意图，并有语言文字材料可以证明的意义。引申义是由本义延伸、派生出来的意义。假借义是与本义无关的意义(与本义相关的意义是引申义)。如：见，《说文·见部》："见，视也。从儿，从目。"段玉裁注："用目之人也，会意。"该字所从之"儿"同"人"，并非"兒"的简化字。"见"的本义是"看到；看见"。此字又有"遇到、显现、会见、看法"等义，这都由"看到；看见"义延伸、派生而来，是该字的引申义。此外，"见"又可用在动词前面表示被动，还可用在动词前面表示对我怎么样，如"见教""见谅"。这与"看到；看见"义无关，属该字假借义。

现代汉字多义字的意义，有多种情形，概括起来，主要有以下几种：

(1)本义、引申义、假借义兼备。

有的多义字的意义，既有本义、引申义，又有假借义。如：闻，《现汉》有6个义项：①

---

① 高家莺，范可育，费锦昌. 现代汉字学. 北京：高等教育出版社，1993：94.

② 以下所举现代汉字的字义例，都取自《现代汉语词典》第6版。

听见。②听见的事情;消息。③有名望的。④名声。⑤用鼻子嗅。⑥姓。其中,义项①是本义;义项②、③、④是引申义;义项⑤、⑥是假借义。

(2)本义与引申义并存。

有的多义字的意义,是该字的本义和引申义。如:胞,《现汉》有3个义项:①胞衣。②同父母所生的;嫡亲的。③同一个国家或民族的人。其中,第一个义项是本义,其余两个义项是引申义。

(3)引申义与假借义同现。

有的多义字的意义,是该字的引申义与假借义。如:基,《现汉》共4个义项:①基础。②起头的;根本的。③化学上指不带电的原子团。④姓。该字本义是“墙脚”。《说文·土部》:“基,墙始也。”以上①、②两个义项是其引申义,其余两义项是假借义。

(4)全是引申义。

有的多义字的意义,全是该字引申义。如:衬,《现汉》共4个义项:①在里面或下面托上一层。②衬在里面的。③附在衣裳、鞋、帽等某一部分的里面的布制品。④陪衬;衬托。该字本义是“内衣”。《玉篇·衣部》:“衬,近身衣。”《现汉》所列“衬”的义项,全是其引申义。

(5)全是假借义。

有的多义字的意义,全是该字假借义。如:笨,《现汉》共3个义项:①理解能力和记忆能力差;不聪明。②不灵巧;不灵活。③费力气的;笨重。该字的本义是“竹子内层白色薄皮”。《说文·竹部》:“笨,竹里也。”《现汉》所列“笨”的义项,全是其假借义。

二、现代汉字的字义与词义

汉字的字义,正如上文所说,指单个汉字所记录的汉语的词义或语素义。

在汉语中,“字”和“词”是两个平面上的东西。词是语言里具有明确读音和完整意义,能够独立运用的最小单位。字不是有声语言的单位,而是记录有声语言时所使用的书写符号。严格地说,汉字不是构成汉语的词的成分,构成词的成分应该是语素(词素)。由于汉语里很多语素是单音的,写下来就是一个字,一个汉字常常正好反映一个语素,如“人”“山”“水”“地”“大”等,所以,通俗地谈字和词的关系时,也不妨把“字”看作组成词的成分。

现代汉字的字义与词义有较复杂的关系,这可以从单纯词和合成词两个角度考察和分析。

(一)单纯词中的字义

这可分成两类：

1. 单音单纯词中的字义

由一个语素构成的只有一个音节的词称单音单纯词。在具体语言环境中，有的字记录的就是一个词，即由一个语素构成的单音节词，这时字义等于词义。如："这本书很新。"这个句子由五个单音词组成，每个字的字义就是每个单音词的词义。

2. 复音单纯词中的字义

仅有一个语素的多音节词称复音单纯词。这类词中的字仅是记音符号，是该词中的一个音节，无字义可言。如"玻璃""琵琶""犹豫""巧克力"等词中的字。其中，"玻璃"中的"玻"与"璃"，"琵琶"中的"琵"和"琶"，各字本无自身之义，只表示词中一个音节。而"犹豫"中的"犹"与"豫"，"巧克力"中的"巧""克""力"，虽具有各自的字义，但与词的整体意义毫不相干，即字义与词义无涉。

(二)合成词中的字义

合成词中的字义与词义之间的关系，可从以下几个方面分析。

1. 词义是字义的组合

记录这类词的字，其意义直接、完全地表示词义。根据字义的相同或相近与否，又可分为两类。

(1)同义复词

即由字义相同或相近的汉字组成的复合词。组成这类词的汉字之间可以互相说明或注释，其中任何一个汉字的意义基本能够表示所组成的复合词的意义。如"智慧""进入""死亡""声音"。

(2)异义字组成的词

即由字义不相同的字组成的复合词。这类词的意义是或基本上是组成该词的字的意义相加。如：尘垢：灰尘和污垢。备荒：防备灾荒。良宵：美好的夜晚。

2. 字义是词义的一部分

记录这类词的字，其意义部分地表示词义，词义中的一部分无相应的字表示。如：出厂：指"产品运出工厂"，无字表示"产品"这一意义。反话：指"故意说出的与自己思想相反的话"，无字表示"相反的话"以外的其它意义。合唱：指"由若干人分几个声部共同演唱一首多声部的歌曲"，无字表示"共同演唱"以外的其它意义。

3. 在字义组合的基础上衍生出新的意义

记录这类词的字，其意义与词义有联系，但表现在词中之义，已经不是字的本身之义，而是衍生出了新的意义。如：拖拉：表面的字义是“拖和拉两种动作的组合”，合起来表示“办事迟缓，不赶紧完成”。绑腿：表面的字义为“缠裹小腿”，合起来却表示“缠裹小腿的布带”。铁窗：字面意义是“安上铁栅栏的窗户”，合起来“借指监狱”。风雨：字面意义是“风和雨”，合起来“比喻艰难困苦”。

4. 一个汉字在词中单独决定词义

这可分两种情况：

(1)偏义复词

由一个汉字在词中单独决定词义，另一个汉字的意义与词义毫无联系。如“忘记”：由“忘”和“记”这两个意义相反的汉字组成，其中只有“忘”表示该词的意义，而“记”的意义与词义无涉。“窗户”：墙壁上通气透光的装置。仅“窗”在词中表义，“户”无义。“国家”：该词中仅“国”表义，“家”无义。

(2)附加式合成词

附加式合成词是一个汉字在词中单独决定词义，另一个汉字的意义只起一定的辅助作用，这种起辅助作用的字通常称为词缀。如：房子：词义主要由“房”字承担，后面的“子”字只起一定的辅助作用。又如：“甜头”“老虎”这两个词，分别由“甜”和“虎”在词中表义，而“头”“老”两字，在词中都仅起辅助作用，无实在的意义。

5. 字义与词义无联系

记录这类词的字，其现有意义与词义不相干。如：东西：泛指各种具体的或抽象的事物，这与“东”的“东方”等义和“西”的“西方”等义无联系①。

从以上分析可知，虽然字义与词义关系紧密，有些词的意义确实可以从构成词的字的意义去理解，但是并不是所有的词义都等于字义的简单相加。事实上，构成合成词的字义相加，恰好等于词义的情况并不是太多。有学者曾就文字改革出版社出版的《普通话三千常用词表》一书中所收的522个联合式双音合成词作过统计、分析，其中，“两个构成字的字义相加并基本上等于词义”的(如“挑选”“姓名”“钢铁”“姐妹”等)，大约占联合式合成词的34%。而在该书所收3000个常用词中所占的比重，当然更要小得多②。所以，我们在学习和运用汉语词汇时，一定要完整地理解词义，千万不要望文生义。

① 符淮青.现代汉语词汇.北京:北京大学出版社.2004:217.

② 高家莺，范可育，费锦昌.现代汉字学.北京:高等教育出版社，1993:112.

三、现代汉字的表义功能

现代汉字的表义功能指现代汉字字形显示字义的功能。探讨现代汉字的这一功能,可以从不同的角度进行,下面从汉字结构的角度加以分析。

(一)非形声字的表义功能

非形声字包括表意字、记号字、半记号字。这几类字的表意功能不尽相同。

1.表意字的表义功能

我们这里所说的表意字,指字形本身与所记录的词的意义有联系,而与词的语音无联系的汉字,包括传统"六书"中的象形字、指事字、会意字。根据它们的结构特点,可分为独体表意字和合体表意字两类。

(1)独体表意字

指传统"六书"中的象形字和指事字。造字之初,这类字的字形能直接表示字义。不过,现代汉字可分析为独体表意字的不多。如:网、田、井、刃、本、末。汉字字形经过隶变和楷化后,不少象形字已明显失去了图像意味,实物形体"随体诘诎"的特点基本不存在了。例如"牛""羊",原来字形分别像牛头、羊头形,以头上的角作为它们的特征,现在的字形看不出牛角、羊角了。

(2)合体表意字

指传统"六书"中的会意字。现代汉字中这类字较多,它们的字形与字义的关系比较直接、具体。这类字可分为两小类:

A.同体表意字。以同一个字作偏旁构成的表意字。如:从、众、林、森、炎、磊、晶。

B.异体表意字。由两个或两个以上不同的偏旁构成的表意字。如:伐、男、休、析、吠、鸣、擤、杲、掰、解。

2.记号字的表义功能

现代汉字中有一部分记号字。这种字的字形与字义无任何联系,纯粹成了一种记号。有的表意字隶变后就变为记号字,其字形至今未变。如:年、去、出、介、寸、生、兵、赤、多、光、即、辰、才、及等。有的表意字经简化后演变成记号字。如:习、卫、乐、开、为、关、儿、乡等。有的形声字经简化后演变成记号字。如:亲、亏、币、兰、头、归、产、声、节、灵、义、凤等。

3.半记号字的表义功能

现代汉字中有一部分半记号字。这种字的字形有一部分与字义有联系,其余部分与字义毫无联系,纯粹成了记号。如:泉、果、盥、步、妇、布、爷、汉、怀、庙、触、截、时、鸡等。

（二）形声字的表义功能

形声字由形符（也称意符、义符）和声符构成。现代汉字形声字的表义功能与历代形声字一样，主要体现在形符，另有少量形声字的声符兼有意义。

1. 形符的表义功能

现代汉字中形声字的形符，一般与字义有一定联系，由此体现其表义功能。这种联系，大致可概括为以下几类①：

（1）形符与字义有相同或相近的关系。如：船、狗、爸、馥、辉、骸、黛。

（2）形符与字义有种属关系。如：松、狼、鲤、蚊、铁、豇、氧、鸦。

（3）形符与字义无种属关系，但有直接联系。如：渡、抓、杖、驰、轮。

（4）形符与字义只有间接关系。如：功、满、坟、冷、酒、粒、谋。

不过，并非所有现代汉字形声字的形符都与字义有一定程度的联系。事实上，有些形符与字义的联系现在已经看不到了。如以“马”作形符的字为例，“驳、驸、驻、骄、骗、验、骚、骤、骈”等字之义，与“马”完全失去联系；而“驶、驭、驰、驯”等字义中虽包含马的行为动作，但是，这些字的现代意义毕竟大大超出“马”的范围。再如“法、没、治、活、消、淡、浓、滞、温、淬、演”等字，其字义也与形符“氵”失去联系或相距甚远②。

关于现代汉字形声字形符表义率（即字义与形符义类的相合率）的统计，许多学者都曾做过，由于研究的对象（用作研究的形声字）、对形符表义的标准确定不一致，得出的结论也不尽相同。其中，据施正宇统计，《现代汉语常用字表》所收3500个字中，共有2522个形声字，形符167个；其中形符不能表义的形声字440个，占17%；间接表义的103个，占4%；直接表义的1979个，占79%；有效表义率为83%③。这一统计，在我们对现代汉字形声字形符表义率的认识上，有一定参考价值。不过，这一研究还有待继续进行。

二维码4-5

2. 声符的兼义功能

有的现代形声字，声符除了表字音外，还有兼表字义的功能。我们这里所说的“义”，指现代之义，即形声字的现代之义与其声符的现代之义有联系。如：庳，有“低下、矮”等义，而声符“卑”也有“低下”义。又如：峤，其义为“山尖而高”，而声符“乔”也有“高”义。再如：僖，其义为“快乐”。嘻，喜笑的样子或声音。嬉，其义为“游戏；玩耍”。这三个字都有“高兴；快乐”义，而它们的声符“喜”也有“高兴；快乐”义。这类字往往是

① 文武．关于汉字评价的几个基本问题．语文建设，1987（2）．

② 高家莺，范可育，费锦昌．现代汉字学．北京：高等教育出版社，1993：98.

③ 施正宇．现代形声字形符意义的分析．语言教学与研究，1994（3）．

转注字。不过,在现代汉字的形声字中,这类字不多。

思考练习

1. 试分析下列各组同声符异形符的形声字,看它们的字义同形符有什么联系。

堵赌睹 渴谒喝 溢谥隘 抠枢怄 沾玷站 抬胎跆

2. 从有关工具书中查出下列词语中加黑点字的正确读音。

阿谀 裨益 冲床 磨坊 瓜葛 矩形 管窥蠡测 迫击炮

反省 剥削 屡见不鲜 择菜 自怨自艾 咀嚼 曲高和寡

3. 下列加黑点的字读什么音?能不能按它们的偏旁来读?

(1) 狭隘 (2)濒临 (3)支撑(4)讹诈 (5) 畸形

(6) 歼灭(7)发酵 (8)租赁(9)唾弃 (10)绚丽

4. 过去你怎样理解"汉字形声字的形符有表义作用"这一论断?现在又作何理解?

5. 合成词的词义是否等于组成该词的字的字义相加?为什么?

【拓展延伸】

1. 周有光. 现代汉语用字的定量问题. 辞书研究,1984(4).

2. 周有光. 现代汉字声旁的表音功能问题. 中国语文,1978(3).

3. 周有光. 现代汉字中的多音字问题. 中国语文,1979(6).

4. 聂鸿音. 中国文字概略. 北京:语文出版社,1998.

5. 殷寄明,汪如东. 现代汉语文字学. 上海:复旦大学出版社,2007.

6. 苏培成. 现代汉字学纲要. 北京:北京大学出版社,2002.

第五章

汉字与文化

【章目要览】

汉字与中华民族文化有着河同水密的关系。汉字本身是一种文化现象，是民族文化的一部分。汉字记载了中华民族悠久的历史和丰富多彩的历史文化现象。通过汉字这个活化石，我们能够了解华夏先民的社会生活、历史发展、文化习俗、思维习惯等。同时，独具特色的汉字也成就了诗歌、书法、篆刻等多种具有民族特性的文化现象。

【相关知识】

汉语的特点，在语法方面缺乏形态变化，主要通过语序和虚词表达语法意义，同时在词汇方面，词形较短，单音节语素和同音语素较多。汉字记录汉语，一般是一个汉字对应一个语素。

汉字是属于表意体系的文字，构成汉字的字符直接表示语言符号的意义，不直接表音，字形与语音没有固定的联系，使得汉字能够跨越南北、沟通古今。

汉字形体上具有方块结构的特点，传统的构形方式主要有象形、指事、会意、形声，通过分析字形有助于把握汉字的形音义。

【情景案例】

有一位中国古典文学教授到日本东京，看到地铁图后，不禁感叹道："日本的地名好有诗意！浅草、秋叶原、千叶……"①。为什么汉字记录的日本地名会带给教授诗意般的感受呢？

2017年元宵节，中央电视台播出了一则内容为灯谜歌的公益广告，其中标有谜面的几句为："曲径虫鸣牡丹开，岷山远游住人外。一义贯成并日月，百姓饭足言皆彩。眉下心头田出垄，天上斗转且以待。山聚眉峰思无邪，大江东去润高台。城西欲语淮阴侯，喜上羊羊取发钗。独受易友玉关情，令公为尊畅饮怀。"谜底是社会主义核心价值观的24字，不少观众和网友看后也以24个字为谜底创作了一系列灯谜，这些灯谜的创作与汉字字形及其特点有密切的关系。

【重点提示】

汉字与文化的关系；汉字字形体现的文化信息。

---

① 金健人，许心宏.基于文字的中西思维差异新解.浙江大学学报(人文社会科学版)，2010(3)：86.

汉字是记录汉语的文字符号，也是数千年来中华文明的主要载体。汉字在古代产生并延续至今，印证和承载着中华民族的悠久历史，蕴含着丰富的历史文化信息，为我们展现出古代汉民族在政治、经济、思想、文化、风俗、习惯等各方面的生动图景。古代文人墨客运用独特的汉字创造了众多的书法、篆刻、诗歌、对联、字谜等艺术形式，给我们留下了丰富的文化遗产。

第一节 汉字与文化的关系

一、文化的含义

汉字是世界上最古老的文字之一，也是唯一未停顿地被使用的表意体系的文字。创造和使用它的中华民族也建立了中国这一世界文明古国。文明的出现意味着文化中的积极成果成为人类社会进步状态的标志，文字的产生和使用才使得较高程度的文明成为可能。探讨汉字与文化的关系，难以绕过什么是文化这个问题。

“文”的甲骨文字形如，《说文·文部》：“文，错画也。象交文。”许慎又在《说文·叙》中说：“仓颉之初作书，盖依类象形，故谓之文。其后形声相益，即谓之字。”“文”的字形像人正面站立的形象，胸前的“乂”为刻画的文饰，应是古老先民纹身习俗的体现，“文”即纹身的“纹”的初文，表示交错的花纹、纹身。“文”由泛指花纹而进一步引申指文雅、礼乐制度、文字、文德等。“化”字甲骨文作，由一个正立的人的侧视形和一个倒立的人的侧视形组合而成。本义是“改易或变化”。《淮南子·氾论训》：“法与时变，礼与俗化。”其中“变”“化”同义互文，都是“变化”的意思。《说文·匕部》：“化，教行也。”指通过教化的实行来感化人心、移风易俗，“化”义为“教化、感化”，是“化”的引申义。

在中国古代的文献典籍中，“文化”最初是由“文”和“化”两个词构成的偏正短语，意思是“用文德进行感化和教化”。汉代刘向《说苑·指武》：“圣人之治天下也，先文德而后武力。凡武之兴，为不服也；文化不改，然后加诛。”此“文化”谓用文德来教化异族或异己力量以便统治天下。后来“文化”发展为一个名词，指的是与“武功”相对的“文德”、“文治”，晋代束皙《补亡诗·由仪》：“文化内辑，武功外悠。”意思是以文德和谐邦内，以武德攘除外患。

现代所说的“文化”是源自西洋，路过日本，又传入中国的一个意译词。日本经过明治维新后，大量学习西方的文化制度和科学技术，迅速成为东方强国，日本人用日语汉字意译英语culture一词为“文化”，随着西学东渐，“文化”一词又传入了中国，并赋予其新的含义广泛使用。

一般而言，广义的文化指人类在社会历史发展过程中所创造的物质财富和精神财富的总和，狭义的文化则主要指包括精神文化和制度文化等一切社会意识形式在内的精神财富，如文学、艺术、教育、风俗习惯、社会制度等等。我们这里所说的文化指的是广义的文化。

二、汉字是汉族文化的活化石

汉字与文化的关系十分密切，比喻为鱼和水的关系也不为过。作为中华民族（主要是汉民族）的伟大创造，汉字本身就是一种文化现象，是民族文化的产物。华夏人民在认识世界、改造世界的过程中，学会了使用工具，并创造了汉语。当有声的言语无法满足更多、更复杂的交际需要时，汉字作为记录汉语的视觉符号便产生了。汉字古老而充满活力，具有严密完备的体系。与字母文字不同，汉字大都是形音义的结合体，用汉字记录缺少词形变化的（孤立类型的）汉语，完全适应汉语的特点和实际。

汉字记载了中华民族悠久的历史，给我们书写并留下了丰富的文化典籍，促进了文化的发展。甲骨文是殷商时期成熟的文字，记录了距今3000多年前的殷商历史；汉代司马迁著《史记》，上溯至五帝时期，下至西汉武帝。自此以后，我国每个朝代无不用汉字详细周密地记录汉民族的历史。在汉字书写的中华典籍中，我们有世界上最大的丛书《永乐大典》，有最早的百科全书《尔雅》，最早的农业专著《齐民要术》，最早的系统的军事专著《孙子兵法》，还有最古老的数学专著、地理学专著、天文学专著、音乐专著，以及内容丰富、浩如烟海的经典文学作品。汉字记录了光辉灿烂的中华文明，保存了中华民族大量的智慧和精神成果，中华文化因汉字书写几千年而绵延不断，并继续蓬勃发展。

汉字作为文化的产物，是中华文化的瑰宝和古代文化的活化石。在世界文字中，汉字是既表意又表音的文字，这一特点使它能以自身的书面形体展现古代先民的生活面貌、生存环境、社会制度、思想意识等文化信息。我们可以透过汉字，了解古代丰富多彩的历史文化。

袜：“袜”的繁体作韤。《说文·韋部》：“韤，足衣也。从韋，蔑声。”徐铉注解说“今俗作韈”。韋（韦）、革作为形符，二字意义相通，《正字通·韦部》：“韦，柔皮。熟曰韦，生曰革。”韦、革都与皮革有关。我们从“韈”字形符用“韋(韦)”,可以清楚地知道古代的袜子早先是用兽皮做成的,后来改用布帛做袜子,才有了从“衣”的“襪”和简化字“袜”。

车:“车”的甲骨文作、,金文有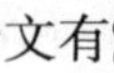、、、等字形,有繁简之别。繁体的“车”字把车轮、车舆、车轴、车辕、车衡、车轭等部件都画了出来。尽管这些“车”是两千多年前的,我们仍可以从古文字中获得古代有关“车”的文化信息,包括古代完整的一辆车的形状,一辆车由哪些部件构成,各部件的结构位置等。商代“车觚”铜器的“车”,其车舆后方有一缺口,其实那是车门,由此我们知道古人上车是从车舆后方上的。此车舆靠前还有一横木,那就是古书中经常提到的轼,古人乘车是站立于车舆中,轼供乘车人凭扶以求稳定,也用于行车途中伏轼表示敬意。《汉书·万石卫直周张传》:“万石君以上大夫禄归老于家,以岁时为朝臣。过宫门阙必下车趋,见路马必轼焉。”古代车的其他部件如轴、轮、辕、衡、轭等,在古文字车字中也都有明确的实体显示。

取:“取”的甲骨文作,金文作。《说文·又部》:“取,捕取也。从又,从耳。《周礼》:‘获者取左耳。’”“取”字的字形是一只手拿着一只耳朵的形象。古代战争以获取敌人耳朵多少来衡量战功,“取”字的构字形象地反映了古代取耳量功的文化信息。《诗经·大雅·皇矣》:“执讯连连,攸馘安安。”毛亨传:“馘,获也。不服者杀而献其左耳曰馘。”《说文·耳部》:“聝,军战断耳也。《春秋传》曰:‘以为俘聝。’从耳,或声。馘,聝或从首。”许慎认为“馘”是“聝”的异体。陆德明《经典释文》引《字林》说“截耳则作耳傍,献首则作首傍”,认为截取敌人耳朵则形旁为耳,若献上敌人的首级则形旁为首。古代“取”字也用于取猎物之耳,《周礼·夏官·大司马》:“大兽公之,小禽私之,获者取左耳。”

尾:“尾”的甲骨文作。《说文·尾部》:“尾,微也。从到毛在尸后。古人或饰系尾,西南夷亦然。”“尾”字字形像人身后加上尾形的装饰。古人装饰以尾,应是图腾崇拜思想影响下产生的一种风俗。《后汉书·南蛮西南夷列传》记载南方少数民族为盘瓠的后代,盘瓠是帝高辛氏的畜犬,有五色毛,这一部族的穿着打扮常模拟图腾祖先的形象,“好五色衣服,制裁皆有尾形”。“尾”的字形蕴含着古代人民图腾崇拜文化信息。

此外,汉字还成就了诗歌、书法、篆刻等艺术,以多种形式展现博大的中华文化。中国古典诗歌讲求句式、押韵,有的还讲求平仄、对仗,与汉字和汉语的特点密不可分。最早的诗歌总集《诗经》以四言为主,唐诗、宋词平仄相间、押韵和谐,近体诗“平平仄仄平平仄,仄仄平平仄仄平”的节奏韵律美,没有声调的文字是难以造就的,对仗艺术也是非汉字而难以形成。汉字字形的方块特点,以及丰富的点、画等笔形特点,使汉字书写成为极富美感的书法艺术,不仅有甲骨文、金文、篆书、隶书、楷书、行书、草书等各具特点的字体，而且同一字体又有不同的风格。篆刻艺术早见于春秋，《左传·襄公二十九年》已有玺印的记载："季武子取卞，使公冶问，玺书追而与之。"玺印用来缄封文书、钤印物件、作为权力地位的凭证等，后世发展为篆刻艺术，与书法相辅相成，也都因汉字而生。

第二节　汉字字形所蕴含的文化信息

汉字是中华民族思维和智慧的结晶，人们将一个或多个汉字符号放在一个平面的方块空间里，最终拼合成众多的汉字来负载汉语中的词句。单个汉字的形体，组配汉字的符号，甚至以符号构成的理据，无一不蕴含着丰富的古代文化信息。

一、单字蕴含的文化信息

（一）汉字与华夏民族

学习一种文字，必须了解使用该文字的民族及文字特点。汉字的独特之处，是它能将华夏民族的文化蕴含于汉字字形之中。华夏、龙、凤、麟、龟等是这一民族极为重要的文化标签。

华、夏：作为一个称谓，华夏最初指我国中原地区，后来成为中国的古称。在较为温暖的仰韶文化时期，黄河中下游一带孕育了灿烂的中华文明，生长在这片土地上的民族自称华夏。华（華），其义为"光彩、华美"，这个字形本来是表示花朵的"花"。金文中的字形、，是绽放的花朵，下部是茎叶的形象，花朵在茎叶之上。《说文·華部》："華，荣也。从艸，从。"即花朵之形，与"華"音义相同，后来在上部加艸作"華"以突出本义，简化字作"华"。《诗经·周南·桃夭》："桃之夭夭，灼灼其华。"此"华"字使用的就是"花朵"本义。《左传·定公十年》："裔不谋夏，夷不乱华。"孔颖达疏："中国有礼仪之大，故称夏；有服章之美，谓之华。华、夏一也。"由"花朵"义可引申出"华美"义。夏，《说文·夂部》小篆作，释作："夏，中国之人也。从夂，从页，从臼。臼，两手；夂，两足也。"释语中"页"义为首。据《说文》的解释，"夏"是个有首和双手、双脚的象形字，意为"中国之人"。金文夏字有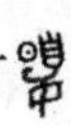、、等字形，均像

二维码5-1

人形。或认为金文中加日的夏字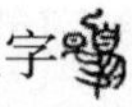,像“黄昏对西方祭日的中原人”①。古代词典《尔雅》《方言》将“夏”解释为“大”②;南宋戴侗《六书故·第八》释“夏”为“夏舞”,认为其字形为歌舞之形。现在一般取上引唐代孔颖达的观点,华为美,夏为大,远古汉族服饰华美,礼仪宏大,故称其族为华夏。

龙:龙是中国古代“四灵”之一。《礼记·礼运》:“四灵以为畜,故饮食有由也。何谓四灵?麟、凤、龟、龙谓之四灵。”四灵之中,龙是最能代表华夏民族的图腾形象。其具体状态,东汉王充《论衡·龙虚篇》描述说:“世俗画龙之象,马首蛇尾。”《说文·龙部》:“龙,鳞虫之长,能幽能明,能细能巨,能短能长,春分而登天,秋分而潜渊。”宋代罗愿《尔雅翼·卷二十八》说龙有九似:“角似鹿,头似驼,眼似鬼,项似蛇,腹似蜃,鳞似鱼,爪似鹰,掌似虎,耳似牛。”各家的描述不尽相同。近人闻一多在《伏羲考》中总结龙的形象为大蛇,“接受了兽类的四脚,马的头,鬣的尾,鹿的角,狗的爪,鱼的鳞和须。”③甲骨文龙字作、,突出了龙昂首、巨口、曲身的形象。后来逐渐杂合很多动物肢体并对龙加以神秘化,使龙成为有头有尾,曲身如蛇,巨口大张,能飞天入渊,兴云降雨的神物。传说太昊伏羲与女娲为兄妹,人首蛇身(或说伏羲人首龙身),交尾而生有人类,故华夏儿女自称“龙的传人”。

凤:凤也是古代四灵之一,属鸟类。《说文·鸟部》:“凤,神鸟也。天老曰:凤之象也,鸿前麟后,蛇颈鱼尾,鹳颡鸳思,龙文虎背,燕颔鸡喙,五色备举。”说凤鸟的形象,前像鸿雁,后像麒麟,颈似蛇,尾似鱼尾;额似鹳鹊,腮似鸳鸯,有龙一样的花纹,虎一样的背,燕一样的下巴,鸡一样的嘴,其身有五种颜色。《说文》还进一步解释说,凤鸟“出于东方君子之国,翱翔四海之外,过昆仑,饮砥柱,濯羽弱水,莫宿风穴。见则天下大安宁。”甲骨文“凤”字写作、等,其中第二个凤字加了声符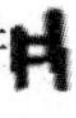(即凡,“盘”字初文)成为形声字。两个甲骨文“凤”字都突出头上的凤冠和漂亮的长尾羽毛。远古部落时代,凤鸟是东夷部落的图腾,这个部落的少昊相传就是凤凰的后裔。随着历史的发展,凤凰的形象逐渐道德化,成为象征道德圣明的神鸟,所以《说文》说凤鸟出现则天下安宁。《论语·子罕》中,孔子说:“凤鸟不至,河不出图,吾已矣夫!”孔子感叹自己没有遇到好的时代,前途暗淡无望。

麟:麟是中国古代传说中的一种仁瑞之兽,文献中也写作“麐”。《说文·鹿部》:“麟,

① 刘志成.文化文字学.成都:巴蜀书社,2003:182.

②《尔雅·释诂》:“夏,大也。”《方言·卷一》:“秦晋之间,凡物壮大谓之嘏,或曰夏。”

③ 闻一多.伏羲考.上海:上海古籍出版,2006:26.

大牝鹿也。从鹿，粦声。”麟即大母鹿；又：“麐，牝麒也。”也就是雌性麒兽。又：“麒，仁兽也。麇身，牛尾，一角。”麇是獐子，形状似鹿，个头比鹿小。甲骨文“麐”作、，从鹿、文会意。“文”表示这种形似鹿的动物身上有花纹，同时也用作声符。《尔雅·释兽》中的解释与《说文》相同：“麐，麕身，牛尾，一角。”邢昺疏《尔雅》引京房《易传》说：“麐，麕身，牛尾，狼额，马蹄，有五彩，腹下黄，高丈二。”身有五彩花纹与古文字形状相合。陆机《毛诗草木鸟兽虫鱼疏》：“麟，麕身，牛尾，马足，黄色，圆蹄，一角，角端有肉。音中钟吕，行中规矩。游必择地，详而后出。不履生虫，不践生草，不群居，不侣行。不入陷阱，不罹罗网。王者至仁则出。”说麟叫声如乐钟，行动应礼，有仁德之品，多在圣帝明王、天下太平的时候出现，赋予麟以仁德和祥瑞。《诗经·周南·麟之趾》以麟之足、额、角比喻公室的子孙、宗族，赞美其明礼、仁厚。麟成了祥瑞仁德的化身。

龟：作为介虫之长的龟，与鳞虫之长的龙、羽虫之长的凤、毛虫之长的麟不同，龟是自然界中真实存在的动物，历史上曾经长时间被华夏民族所崇拜[①]。《说文·龟部》：“龟，旧也。外骨内肉者也。从它，龟头与它头同。天地之性，广肩无雄；龟鳖之类，以它为雄。象足甲尾之形。”说龟年岁长久，是外面有甲壳，里面有肉的动物。龟的头与“它”（蛇）的头相似。小篆龟作，字形下部像龟足、龟甲及龟尾。头部与“它”（蛇）的字形相似，下部为龟身的侧视形状，足、甲壳及尾巴都描绘得十分形象。甲骨文龟字作、，与甲骨文（它，即蛇）字所描绘的蛇的头部形状基本一致，其身体为侧视或俯视状，字形整体更像龟形。古人认为龟鳖一类的动物纯雌无雄，《列子·天瑞》：“纯雌其名大腰，纯雄其名稚蜂。”晋人张湛注：“大腰，龟鳖之类也。”古代传统文化中代表北方的神兽叫玄武，传说玄武就是龟蛇合体的形象。《礼记·礼运》：“龟以为畜，故人情不失。故先王秉蓍龟，列祭祀，瘗缯，宣祝嘏辞说，设制度。”说龟知晓人情，商周先人用龟占卜吉凶，祭祀及各种法令、礼俗的制定等，都与灵龟密切相关。此外《易·系辞上》：“河出图，洛出书。”传说洛水中有神龟负文而出，大禹据洛书作《尚书·洪范》“九畴”。后世又有龟趺负碑的文化现象。可见华夏先民曾长期将龟看作神物加以崇拜。

（二）汉字与古代民俗

民俗即民间的风俗习惯，是不同时代不同地域在长期的生产和生活中形成的民间

① 孔颖达疏《礼记·礼运》郑玄注“龟，北方之灵，信则至矣”，引《大戴礼》及《乐纬》：“介虫三百六十，龟为长。鳞虫三百六十，龙为长。羽虫三百六十，凤为长。毛虫三百六十，麟为长。”

的风气、习俗或观念，与社会生活的方方面面有密切的关系。古往今来，汉民族的风俗习惯连绵不断，现代社会依然是百里不同风，千里不同俗，尤其在婚丧嫁娶、逢年过节时，表现得极为突出。古代汉族先民的风俗习惯，典籍中多有记载，同时也蕴含在古代汉字之中。下面我们透过汉字观察古代汉族婚恋生息和丧葬祭祀的民俗习惯。

1. 汉字与男女婚恋和生息繁衍

一个民族的长盛不衰要依靠生息繁衍，依靠男女结婚生儿育女世代传承。古代汉字记录汉族先民的婚恋生息繁衍习俗的很多，这里分析男女、婚姻、夫妇、妻妾、字毓、孳乳、父母、弃子等汉字所蕴含的古代汉族婚恋生息等民俗习惯。

男、女：男女是婚姻的双方。古人造“男、女”二字，各有不同的构形和含义。男，甲骨文作，金文字形为，均由田、力二字会意。《说文·男部》：“男，丈夫也。从田，从力。言男用力于田也。”甲骨文“力”像耒形。“男”字从田、从力，表示在田中用耒耕作，古代在田中耕作的主要是男子，故“男”指男子。这体现了“男”字产生时代的社会现实和职能分工，在当时的生产活动中男性充当主要劳动力。《礼记·内则》：“三十而有室，始理男事。”郑玄注：“男事，受田给政役也。”说“男事”就是在授予田地后供给赋税和劳役。

女，甲骨文字形为，像一个屈膝跪跽、两手相交的女人形象。《说文·女部》：“女，妇人也。象形。”段玉裁注：“盖象其掩敛自守之状。”“女”字的字形体现的是与“男”字不一样的造字思路。李孝定《甲骨文字集释》：“象跽而两手有所操作之形。女红之事，多在室内也。”[①]在古代，女性一般多在室内活动，屈膝交手应当是那时女性的一种常见姿态，从这一姿态我们似乎能够体味出女性安静、柔顺、和美的品质和特点。

婚、姻：婚姻谓男女双方结成夫妻关系。分开来看，“婚”与“姻”二字各有所表之义。“婚”字体现的是古代女性婚嫁的礼俗和观念。《说文·女部》：“婚，妇家也。礼，娶妇以昏时。妇人阴也，故曰婚。从女，从昏，昏亦声。”《仪礼·士昏礼》疏引郑玄《三礼目录》：“士娶妻之礼，以昏为期，因而名焉。必以昏者，阳往而阴来，日入三商为昏。”说娶妻以日入三刻的昏时为约定的时间。昏是昼夜、阴阳相交之时。男属阳，女属阴，男子迎娶女子正是阳往阴来，所以古人在昏时娶妇。“婚”与“昏”在读音和意义上都有内在联系。此外，昏时娶妻还可能与上古抢妻的遗风有关，这种风气是由从妻居向从夫居过渡阶段的一种对抗性手段[②]。我国现在有些少数民族还有抢婚的风俗，如贵州清水江流域的苗族，恋爱的男女双方自行商定结婚日期，男子便与其男伴于半夜或黎明前往女方村寨偷

① 李孝定．甲骨文字集释（第十二卷）．中央研究院历史语言研究所专刊：3587.

② 杨正文，马成俊．中国婚俗文化．沈阳：辽宁大学出版社，1990：118.

抢姑娘到男方家中，若男方父母同意，第二天便派人到女方家中报信求婚。①其他少数民族，如傈僳族、傣族、纳西族、彝族、阿昌族、布依族、仡佬族等，也有这种抢婚习俗。“婚”字在古代主要指女性结婚，有时也指婚姻关系中的妻家和妻父，上引《说文》即释“婚”为“妇家”，妇家即妻家；《尔雅·释亲》：“妇之父为婚。”妇之父即妻之父。

姻，与婚相对，指称婚姻关系中男方的家。《说文·女部》：“姻，壻家也。女之所因，故曰姻。从女，从因，因亦声。”壻家，指女婿的家。“壻”字从士，义为丈夫，《说文》以“婿”为“壻”的或体。姻指婿家，也指女婿之父，《释名·释亲属》：“婿之父曰姻。”“因”字甲骨文作，是茵的初文，本义为“因席”，即垫席，引申为依靠。用作“姻”字的声符，兼有意义，义即“依靠”，婿家是女子所依靠、依就的地方。《白虎通·嫁娶》：“妇人因夫而成，故曰姻。”妻子以夫家为依靠的观念，至今仍然存在。

夫、妇：夫妇是具有婚姻关系的男女双方，即夫妻。夫，指成年男子，在“夫妇”这个词中，“夫”专指女子的配偶。《说文·夫部》：“夫，丈夫也。从大，一以象簪也。周制以八寸为尺，十尺为丈，人长八尺，故曰丈夫。”“夫”字从大，“大”像一个正面站立的人形，上部所加的一横是簪子，可看作指事或区别性符号。《礼记·曲礼上》：“男子二十，冠而字。”说古代男子二十岁举行冠礼，加冠束发，并取个字，表示成年。冠上有一个部件为笄，也就是簪，作用是将冠固定在头发上。女子一般十五岁成年，其簪称为笄。古代青年男女经过成人礼（或叫成丁礼）之后，人生进入成年阶段，拥有公开社交和结婚的权利。

妇，一般指已婚的女子或泛指妇女。繁体字作“婦”。《说文·女部》：“婦，服也。从女持帚，洒扫也。”字形由“女、帚”会意而成，意谓女子手持扫帚洒扫庭阶。从事洒扫、服侍等家务事的女子，即妇人。甲骨文“妇”字作，像扫帚的形状。此字在卜辞中大多用作“婦”字。金文“妇”在的左边加形符女作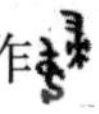，后来隶定作“婦”字。其构形方式与“男”字“从田、从力”会意相似。“婦”本是已婚的女性，甲骨文却用扫帚表达此义，可见殷商时代的妇女，主要职分是操持家务。

妻、妾：“妻、妾”是对男子配偶的称呼。妻就是妻子，古代指男子的正妻。《说文·女部》：“妻，妇与夫齐者也。从女，从屮，从又。又，持事，妻职也。”谓妻子是与丈夫匹配、齐等的妇人。《白虎通·嫁娶》：“妻者，齐也，与夫齐体。”也训“妻”为“齐”。这种训解可能是汉代人从社会伦理角度对夫妻关系的一种看法，不一定是“妻”字的本义。甲骨文“妻”字作、、，由“又”或奴、长发女会意，字形描绘的是以手取女，即掠取女子为

① 俞顶贤．中国各民族婚俗．吉林：北方妇女儿童出版社，1988：263-264.

妻的情状[1]。这在一定程度上是对古代掠夺婚的反映。掠夺型婚姻是母系社会向父系社会过渡的一种婚姻形态,也是对偶婚向一夫一妻的专偶婚的过渡。对偶婚主要存在于母系氏族社会,男子从妻居,一个女子在若干男子中有一个主夫,一个男子在若干女子中有一个主妻。随着社会的发展,父权取得了支配地位,男子要求建立以男性为中心的家庭和社会,而妇女们却仍想保有从妻居的习惯而不愿改变。面对这种矛盾,男子为了维护和加强自己的父权势力和统治权力,采取抢婚的强制手段迫使女性从夫居。历史上这种抢掠婚俗在世界多个国家和地区都存在过[2],我国有些少数民族至今还有这种婚俗遗风,如上文释“婚姻”所提到的苗族、傈僳族、傣族等。

妾,男子在正妻之外所娶的女子。从本义看,妾是女性奴隶。《说文·辛部》:“妾,有罪女子,给事之得接于君者。从辛,从女。《春秋》云:‘女为人妾。’妾,不娉也。”“妾”字甲骨文字形作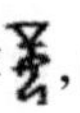,由“辛、女”会意,上部的“辛”像一种刻刀之类的施刑工具,表示罪过。妾即有罪的女子,供职于君,作为侍妾。侍妾地位低下,作人妾不行古代“问名”的聘娶之礼。

字、毓:“字、毓”也即“字、育”,二字意义相近相关,都指“生育”。《说文·子部》:“字,乳也。从子在宀下,子亦声。”“字”的形体“从宀、从子”,“子”又作声符,是会意兼形声字。《论衡·气寿篇》:“妇人疏字者子活,数乳者子死。”是说妇人孕育次数少的,生出的孩子容易存活,生育频繁的,生出的孩子容易夭折。例中“字”与“乳”同义互文,都表示“生育”。“字”由“生子、生育”引申出“抚育、抚爱”义,《尚书·康诰》:“于父不能字厥子,乃疾厥子。”孙星衍疏:“字者,爱也。”“毓”是“育”的异体。《说文·𠫓部》:“育,养子使作善也。从𠫓,肉声。《虞书》曰:‘教育子。’毓,育或从每。”“毓”字“从每(即母)、从㐬”。甲骨文“毓”字作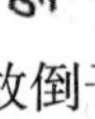、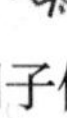,由女(母)、倒子和三点(羊水)会意。孩子从母体中生出来,一般是头先娩出,故倒子体现的正是产子的形象。

孳、乳:“孳、乳”二字表示人或事物的生息繁衍。“孳”是“生育、繁殖”之义。《说文·子部》:“孳,汲汲生也。从子,兹声。,籀文孳从丝。”“孳”表示孜孜不懈地生育,日益繁衍,故其字形从“子”。段玉裁注《说文》“孳”字说:“此篆从艸木多益之‘兹’,犹《水部》之‘滋’也。形声中有会意。”谓“孳”字的声符“兹”义犹“滋”,“滋蔓繁衍”的意思,在“孳”字

[1] 也有观点认为“妻”字字形像以手束发加笄之形,表示女子成年举行笄礼,可以许嫁。参见于省吾《甲骨文字诂林》第一册,462页,李孝定:“许云从屮者乃发型之讹变,盖象以手束发或又加笄之形。女已及笄可为人妻之意也。”

[2] 盛义.中国婚俗文化.上海:上海文艺出版社,1994:205-207.

中既表音，又表义。段氏之说有一定道理。与上文“字、毓”相比，“字、毓”表示单纯的生育，“孳”则含有“生育子息日益蕃多”之义。引申为一般的生育。《吴越春秋·越王无余外传》：“鲧娶于有莘氏之女，名曰女嬉，年壮未孳。”未孳，意即未生育。

乳，《说文·乚部》：“乳，人及鸟生子曰乳，兽曰产。”“乳”的本义就是“生子、生育”。甲骨文“乳”的字形作，像母亲怀抱孩子哺乳之状，哺乳意味着生子，故字形构造“从子、从母”会意。现在“乳”的字形已发生了讹变，“母”的形体讹变为“爪、乚”。《汉书·李广苏建传》：“乃徙武北海上无人处，使牧羝，羝乳乃得归。”羝为公羊，“羝乳”是说公羊生子，以此表明匈奴将永远不会让苏武回归汉朝。

父、母：“父母”即父亲和母亲，是子女对生养自己的夫妇二人的称呼。父，甲骨文、金文分别作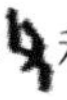和，郭沫若说像手持石斧，为斧的初文。因是“男子持石斧以事操作，故孳乳为父母之父”，又注解说“古之父母意犹男女，今人称雌雄牝牡为公母，即其遗意。”①《说文·又部》：“父，矩也，家长率教者。从又举杖。”用声训来说明父是用规矩教育子女的一家之长，“父”字的形体像右手举杖的形象，以示权力、威严。考古发现新石器时代晚期，社会分工逐步细化，随葬工具与墓主性别关联逐渐明显，男性墓葬多随葬石斧、石锛等石器②，可知石斧这种重要的工具当时主要由男性使用。“父”可能本指石斧，转而被用来指称使用石斧的男性（与后来用职务称呼人的方式类似），由指称男子演变为对成年男子或男性长辈的称呼，再进而成为亲属称谓。“父”还引申为对男子的美称，在这个意义上与“甫”通用。

二维码 5-2

母，甲骨文字形作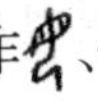、，是在“女”字的胸部加两点表示两乳，突出了女性或母亲生育哺乳的特点。这个字在甲骨文中也表示女人，（母）与（女）的用法没有明显区别。《说文·女部》认为“母”字“从女，象裹子形。一曰：象乳子也。”即像怀抱孩子或哺乳婴儿之形，这是许慎依据字形已发生变化的篆文（）做的解释，不准确。

弃、子：弃子是古代与生育相关的风俗。“弃”的异体为“棄”。甲骨文“棄”字写作，像双手执箕抛弃幼儿之状，即古人所谓弃子，本义是抛弃。《说文·華部》：“棄，捐也。从廾推華棄之，从去。去，逆子也。”许慎的解释与甲骨文字形相合。弃婴之事在古代多

① 郭沫若．甲骨文字研究·释岁．载郭沫若全集·考古编（第一卷）．北京：科学出版社，1982：140.

② 陈建立，陈铁梅，贾昌明．从随葬工具的性别关联探讨中国新石器时代的性别分工．南方文物.2013（2）：39-48.

有发生，据《诗经·大雅·生民》和《史记·周本纪》记载，周的始祖后稷生下来时曾被其母姜原弃置于狭隘的巷子、树林中及寒冰上，然而他受到了牛羊、伐木之人及鸟的庇护，姜原最终收养了他，起名为弃。“弃”字体现的可能是一种“试子”的民俗，在生产力不发达、物资匮乏的时代，婴儿降生给父母带来了不少的负担和忧虑，于是父母亲人将婴儿弃置某处，通过各种偶然事件来推测命运、判断吉凶。晋代张华《博物志·卷二》记载，荆州西南界至蜀地有在水边产子的生育习俗，婴儿产下后置于水中，若漂浮不沉就收养，否则抛弃。

子，即孩子、婴孩，甲骨文作、、等形，金文作、等形。其字形有的像婴孩张开两手臂舞动之形，有的像小儿囟门生发之形。《说文·子部》：“子，十一月阳气动，万物滋，人以为偁。象形。凡子之属皆从子。，古文子，从巛，象发也。，籀文子，囟有发，臂胫在几上也。”《说文》解释“子”的字形与甲、金文基本一致，所举籀文字形绘出了孩子的四肢，与金文字形近似，但比金文更为繁复。

2. 汉字与古代丧葬祭祀习俗

古代汉民族有独具特色的丧葬和祭祀习俗，记录和蕴含这些习俗的汉字也比较多。这里主要分析葬、墓、坟、弔、祭、帝、血、彝等汉字，以见古代丧葬与祭祀习俗之一斑。

葬：掩埋尸体叫葬，其字形反映了古人早期埋葬死尸的一种方式，即草莽野葬。《说文·茻部》“葬”作，解释说：“，藏也。从死在茻中。一其中，所以荐之。《易》曰：‘古之葬者，厚衣之以薪。’”“茻”是众多丛生的草，“葬”字从“茻”，反映了古代埋葬尸体的地点是在野外草丛中。篆文“葬”字作，其中“死”下面的一横表示用来衬垫或包裹尸体的草席，故“葬”字表示掩藏、掩埋尸体，体现了古代的野葬习俗。《周易·系辞下》：“古之葬者，厚衣之以薪，葬之中野，不封不树。”说古代先民早先的丧葬形式是用草薪覆盖和衬垫包裹尸体，弃尸于原野之中，不堆土为坟，也不植树做标记。然而葬在荒野之中的尸体难免被禽兽等所食，于是出现了将尸体埋入土中的土葬。“葬”的异体有“塟”字，字形下部为土，就是对土葬的一种反映。

墓：墓也是对土葬的一种体现。《说文·土部》：“墓，丘也。从土，莫声。”又《方言·卷十三》：“冢，秦晋之间谓之坟……自关而东谓之丘，小者谓之塿，大者谓之丘，凡葬而无坟谓之墓。”“墓、丘”均可指坟墓，但墓“葬而无坟”，即不堆土，是平的，堆土隆起的为坟。

坟：“坟”的繁体作“墳”。《说文·土部》：“墳，墓也。从土，賁声。”段玉裁注：“此浑言之也。析言之则墓为平处，坟为高处。”即谓墓是平的，而坟是隆起而高的，统言之则没有分别。“墓、坟”二字均以土为形符，反映了以土掩埋死者尸体的丧葬习俗。据《礼记·檀弓上》记载，孔子少孤，不知父亲埋葬之处，母亲死后，孔子访问到父亲的墓地所在，才将其母亲与父亲合葬于防山，并说：“吾闻之，古也墓而不坟。今丘也，东西南北之人也，不可以弗识也。”于是聚土为坟，高四尺。可知聚土为坟的土葬是后来产生的葬法。

弔：“弔”是祭奠哀悼死者及慰问生者的丧葬习俗。“弔”的异体字作“吊”，今以“吊”为正体字。甲骨文“弔”字作，“从人、从弓”会意。《说文·人部》：“弔，问终也。古之葬者，厚衣之以薪。从人持弓，会驱禽。”古代草莽野葬，悼念死者的人携带弓箭去帮助驱赶食尸鸟兽，“弔”字像人背着弓箭之形，反映的正是古代守丧驱禽的风俗。与“弔”表示相似风俗的还有“弹”字。段玉裁注《说文》“弔”字引《吴越春秋·勾践阴谋外传》：“古者人民朴质，饥食鸟兽，渴饮雾露，死则裹以白茅，投于中野。孝子不忍见父母为禽兽所食，故作弹以守之。”并下按语：“孝子驱禽，故人持弓助之。”这里的“弹”指弹弓，“持弓助之”谓手持弹弓帮助驱赶鸟兽。

祭：“祭”的本义是“祭祀”。甲骨文作，一般认为其字“从又持肉”，像肉块形，旁边的几点，或以为表示酒，或认为表示血滴、滴沥[①]。“祭”在卜辞中是一种祭名。金文作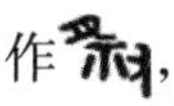，从示。“示”的甲骨文字形作、等形，像神祇、祖先的牌位，即神主之形，故与祭祀、神祇相关的字多以“示”为构件。《说文·示部》：“祭，祭祀也。从示，以手持肉。”肉、酒等是重要的祭祀用品。这些祭祀用品常有专门的名称，如祭祀用的纯色牲畜叫“牺”，全牛叫“牲”，牛、羊、豕各一叫太牢，羊、豕各一叫少牢。《左传·襄公二十二年》：“祭以特羊，殷以少牢。”杜预注：“四时祀，以一羊。三年盛祭，以羊、豕。殷盛也。”

帝：“帝”字甲骨文作、，像捆束或架在一起的木柴，用以燃烧来祭祀天帝，也用来表示主宰人间祸福吉凶的神明、商王先祖或禘祭。或认为“帝”字像花萼之形，是“蒂”字初文。蒂是花之本，有花才能结果，这与汉族先民认为帝王是天帝之子相类，所以“帝”由表示花蒂孳乳为表示天帝或帝王。《说文·上部》：“帝，谛也。王天下之号也。从上，朿声。”许慎释“帝”为统治天下的称号，然释其字形有误。根据甲骨文“帝”字含义及甲骨卜辞种类繁多的祭祀占卜记录可知，祭祀天帝或先祖以祈佑护的活动产生很早，商代人思想中已经有天帝这个至高无上的神明概念，同时也称商代先王为帝。商代人对先王的“帝”祭，体现了那时人们对祖先的崇拜，也反映了古人对生命和掌控命运乏力的忧虑，以及想通过祭拜天帝神明以求吉祥顺遂的心理。

---

① 于省吾．甲骨文字诂林．北京：中华书局，1996：895.

血："血"同样反映了先民的祭祀活动。《说文·血部》："血，祭所荐牲血也。从皿，一象血形。""血"字像器皿中盛有血的形状。甲骨文"血"作，像祭祀时向器皿中滴血的情形。商代先民往往以牲血来祭祀，也用血来表示与宗庙血缘相关的事物。"血"字从"皿"，会祭祀牲血盛于皿中之意。以血祭祀及其他祭祀在古代先民社会生活中十分重要，《左传·成公十三年》："国之大事，在祀与戎。"

彝："彝"是宗庙常用礼器的总称。《说文·糸部》："彝，宗庙常器也。从糸，糸，綦也。廾，持。米，器中实也。彑声。此与爵相似。《周礼》：'六彝：鸡彝、鸟彝、黄彝、虎彝、虫彝、斝彝。以待祼将之礼。'、，皆古文彝。"甲骨文彝作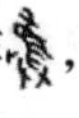，金文作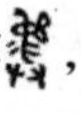，像双手捧鸟禽献祭之形，金文字形中的鸟像被捆缚之状，据此"彝"最初表示的是一种祭祀，一种以鸡、鸟等飞禽为祭祀品的祭祀，《说文》对彝的字形解说不确。彝后来又用以称鸟形的宗庙礼器，或刻画有鸟形的祭祀礼器，最后演变为宗庙祭器的通名，意义增多，但都与祭祀有关。《周礼·春官·司尊彝》："春祠、夏禴，祼用鸡彝、鸟彝。"说春天祠祭，夏天禴祭，行祼礼用的是刻画有鸡或凤鸟形的彝器。

（三）汉字与传统思维方式

在民族的文化行为中，那些长久、稳定、普遍地起作用的思维方法、思维习惯，可以称为这个民族的思维方式①，它影响着该民族社会的各个方面，如制度、经济、政治、军事、外交、科学技术、文化艺术、语言文字等。古代汉字在记录汉语词的同时，也附带反映出古人的思维方式，如整体思维、辩证思维、直觉思维、意象思维等，而且这些传统思维具有整体性、直觉性、模糊性、意象性、内向性等特点，与西方重视局部、理性分析和逻辑推理的思维习惯，不完全相同。

1. 汉字与经验综合的辩证思维

经验综合与理性分析相对立，这种思维倾向于对感性经验作抽象的整体把握②。经验综合的辩证思维善于捕捉事物的两个对立面，在对立中寻求整体的和谐统一③。传统的"阴阳""中庸""天人合一""刚柔相济""相反相成"等思想观念，都是辩证思维的体现。此外汉字中大量的形声字的构字形式，也体现了古人辩证思维的观念。尤其是数量众

① 张岱年，成中英等．中国思维偏向．北京：中国社会科学出版社，1991：1-2.

② 张岱年，成中英等．中国思维偏向．北京：中国社会科学出版社，1991：12-13．何九盈，胡双宝，张猛．中国汉字文化大观．北京：北京大学出版社，1995：184.

③ 张岱年，成中英等．中国思维偏向．北京：中国社会科学出版社，1991：22-23.

多的左右结构或上下结构的形声字，更凸显出一种对称的、阴阳和谐的美[①]。如：

缝："缝"之义为"用针线连缀、缝合"。《说文·糸部》："缝，以针紩衣也。从糸，逢声。""糸"为义符，甲骨文作，表示细丝，为束丝之形，与"缝"在意义上相联系；"逢"为声符，起表音作用。

攻："攻"的本义为"击打、进攻"。《说文·攴部》："攻，击也。从攴，工声。"攴，《说文·攴部》："攴，小击也。"甲骨文攴作或，像以手执棍扑击之状，为形符；"工"标示读音，做声符。

降："降"的本义指"从高处向下走"。《说文·阜部》："降，下也。从阜，夅声。""降"的甲骨文作，由表示高坡的（阜）和朝下行的夅（双足）会意。阜，甲骨文作、等形，像土山高峭有陡坡、阶级之形；"夅"既表意又有表音的作用。

上述"缝、攻、降"三字中，均有义符和声符。义符与词义或语素义相联系，声符与词或语素的读音相联系，二者互为依托，和谐组合，充分体现了古人的辩证思维、和谐致美的思想。

不仅是造字方法，汉字匀称整齐的方块结构，也体现了传统辩证思维的对称和谐之美。如"保"字，甲骨文多写作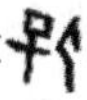，从人、从子，表示人背负着婴孩。但在西周金文中多写作、，在"子"的旁边多加一笔。小篆"保"写作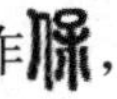，在"子"的下部左右两边各加一笔并固定下来。"保"字在构形上的变化正体现了古代汉族先民对汉字匀称、平衡、齐整的追求。有些汉字，如"骊、轮、斑"，左侧部件最后的横画变形为挑画，也是字形内部追求整体形式及运笔和谐统一的结果[②]。

2. 汉字与直觉思维和意象思维

直觉思维是一种灵感顿悟式的思维，对整体的把握主要通过这种直觉顿悟。直觉思维具有整体性、直接性、非逻辑性等特点[③]。汉字是意音文字，这种文字与直觉思维特点密切相关。

通常一个汉字记录汉语中的一个音节，对应于汉语中的一个语素（仅少数例外）。而音节是语音中最自然的结构单位，语素是语言中音义结合的最小单位。古代汉族先民将汉字的形、音、义统一在一个汉字符号中，充分体现了他们直觉的、整体的、非逻辑

---

① 参见何九盈，胡双宝，张猛. 中国汉字文化大观. 北京：北京大学出版社，1995：185-186.

② 参见何九盈，胡双宝，张猛. 中国汉字文化大观. 北京：北京大学出版社，1995：186.

③ 张岱年，成中英等. 中国思维偏向. 北京：中国社会科学出版社，1991：23-24.

性的思维特点。与此不同,西方人更重视理性分析和逻辑推理,他们把语音分析为元音或辅音,用一定数量的字母来表示这些音,形成表音文字。表音文字中单个的字符虽然也是文字,但是不能表示意义(单字母词除外)。这种差别的产生,跟中西方民族不同的思维方式或特点密切相关。

传统的直观性思维方式满足于通过直觉而非周密详细的分析,其果是得到一个总体印象。这也使得汉字在表音、表意上具有一定的模糊性。汉字主要以字形凸显与意义的联系,字形所表示的意义具有一定的覆盖面和统摄能力,往往也比较模糊,于是能够在意义上统括以它为构字部件的再生字。如“白”表示白色,在以“白”为构形部件的“皎、皢、皙、皤、皑、皦”等字中都包含有同样的“白”的意义,但“白”所体现的“白色”义是笼统的、模糊的、共性的,不同的词在意义上的不同点则被忽略了。又如“也”在“池、他、地、阤、灺、貤”等字中起表音作用,但标音并不精确,只是直觉上近似[①]。

意象思维是通过具体形象表现抽象意义,特点是在形象符号中隐藏某种意义。《周易·系辞上》中的“书不尽言,言不尽意”,王弼《周易略例·明象》的“言者所以明象,得象而忘言;象者所以存意,得意而忘象”,传统的八卦图、太极图等是传统意象思维的集中体现。汉字使用具体的符号形象来表达一定的“意”,显然受到了意象思维的影响[②]。牢,《说文·牛部》:“牢,闲。养牛马圈也。”闲,义为“起遮拦作用的木栏”,“牢”即指“关养牲畜的栏圈”。甲骨文中“牢”字有多个异体,主要是关在栏圈里面的牲畜不同,可以是“牛”,也可以是“羊”或“马”等,从而构成、、等异体字,字义都表示“关养牲畜的栏圈”。又如“間”与“閒”这两个异体字,其中的“日”和“月”两个具体的符号分别与“门”结合后,表达的是同样抽象的“间隙、缝隙”的意义。又如“霜”与“露”,两字中的“雨”这一符号在字形中表达的是与雨有相同特质的相关意义。所有这些字的结构都体现了造字者的意象思维方式。

3. 汉字与主体内向性思维

主体内向性思维表现为思维主体以自身为对象进行认知,在“天人合一”的整体思维影响下,进行内向的、侧重主体的自我反思。古代的汉民族在“天人合一”整体思维的影响下,把自身与自然界看作一个主体,人与自然融合统一,将认识与主体情感融合在一起,强调以认识自身来了解自然万物的运行规律。在艺术上表现为讲求托物言志,借

① 参见金健人,许心宏. 基于文字的中西思维差异新解. 浙江大学学报(人文社会科学版),2010(3):84-85.

② 参见何九盈,胡双宝,张猛. 中国汉字文化大观. 北京:北京大学出版社,1995:185. 张岱年,成中英等. 中国思维偏向. 北京:中国社会科学出版社,1991:25-27.

景抒情，追求“写意”“神似”，即司空图《二十四诗品·形容》中所谓的“离形得似”。汉字形体在这方面与中国艺术具有共通性，不求外形逼真，但求气韵生动的神似。甲骨文中的动物字都是几笔勾勒，仅具整体轮廓，但不同的动物则突出了不同的特点以区别于其他动物，如马突出马的鬃毛，象突出其长鼻，虎和豹区别于斑纹，豕与犬区别于身体肥瘦及尾巴长短曲直之态，即便是写得十分简略也能一眼辨别出来，很像把握基本特征、追求神似的中国写意画。

同样在主体内向性思维方式影响下，中国绘画采取了不同于西方焦点透视的散点透视方法，艺术家从不同视域观察事物进行整体把握，以“心”观察，视角自由流动，追求天人合一、物我两忘的境界来体味万物，形成多焦点的构图特点。汉字的构形也往往采用这种散点透视方法。如：城，指城墙，《说文·土部》释为：“城，以盛民也。从土，从成，成亦声。”许慎说“城”表示城邑，其实这是“城”的引申义。金文“城”字作，左边为（郭），表示城郭。古代在城邑四周建筑防守的城墙，内称城，外称郭。中部的“”形为城垣的俯视形，像城墙上用来瞭望、御敌的门楼，是侧视观察的形象。由不同角度来观察的事物形象组合在了一个字形中，采用的是散点透视方法。这一字形也是对《墨子·备城门》“城上百步一楼”的写照和体现。邑，为城邑，《说文·邑部》：“邑，国也。从口。先王之制，尊卑有大小，从卪。”许慎解释为“国家”。甲骨文作，上部像一座方城的俯视图，即口，表示城郭或邦国疆域；下部是跪着的人的侧视形，组合在一起表示人聚居的城邑。“牢”的甲骨文字形有、、等形，外部是驯养牲畜的栏圈的俯视形，内部有的是牛或羊头部位正视角度的简略图，有的是动物的侧视图形，也是多个焦点描绘事物形象构成的字。

二、字组蕴含的文化信息

一个汉字由一个或多个具有构字功能的符号组成，这些用以组配汉字的符号称为部件（或称构件）。《康熙字典》有214个部首，基本的构字符号有1100多个[①]。同一部件在构成不同的汉字时，常常起相同或类似的作用。具有相同部件的一组字可以称为字组，有些字组中的字能共同提示某种文化信息。

（一）“女”与古代姓氏及女性地位

① 周有光.世界文字发展史.上海：上海教育出版社，1997：7.

1.“女”与古代姓氏

华夏民族以炎、黄为始祖。《国语·晋语四》:“昔少典娶于有蟜氏,生黄帝、炎帝。黄帝以姬水成,炎帝以姜水成。成而异德,故黄帝为姬,炎帝为姜。”黄帝、炎帝本是同母兄弟,各以成长之地为姓,故黄帝姬姓,炎帝姜姓。古代文献中记载的古姓有姬、姜、嬴、姒、妫、姞、姚、嫪等,字形都从“女”。

姓:“姓”是同母所生而繁衍的家族系统的称号。《说文·女部》:“姓,人所生也。古之神圣,母感天而生子,故称天子。从女,从生,生亦声。《春秋传》曰:‘天子因生以赐姓。’”“姓”是会意兼形声字,按会意可理解“姓”为女性所生,亦即家族的姓是由所从出的女性决定,许慎的解释阐明了“姓”因女传的关系。姓基于母系社会产生,当人们发现血缘婚姻给后代体质、智力带来的不良影响后,排斥血亲间的婚配,开始实行两个集团间同辈男女互相通婚的族外群婚制,并且重视标志血缘关系的“姓”。群婚制度下,一个女子与多个男子保持夫妻关系,但男子不能成为妻方集团的成员,因此生下的孩子只知道母亲,不知道父亲,《白虎通·号》:“古之时,未有三纲六纪,民人但知其母,不知其父。”姓依据母亲确定,直接作用是避免血缘婚姻,同时也是不同家族的标志。

姜、姬、姚:《说文·女部》:“姜,神农居姜水,以为姓。从女,羊声。”又“姬,黄帝居姬水,以为姓。从女,𦣞声。”又“姚,虞舜居姚虚,因以为姓。从女,兆声。”段玉裁注《说文》“姓”:“神农母居姜水因以为姓。黄帝母居姬水因以为姓。”又注“姚”:“《帝王世纪》云:舜母名握登,生舜于姚墟,因姓姚氏也。”这些姓都源于生母,也与生母所居之地有关。

古代有姓,还有氏。姓用来别婚姻,氏则是用来明贵贱,体现家族社会政治地位。氏源于姓,是姓的分支和父系社会的产物。父系社会婚姻制度比较严格,原有氏族的子孙独立以后形成若干分支,需要重新命名新的分支,与其他同姓氏族区别开来,氏便产生了。《国语·晋语四》:“凡黄帝之子二十五宗,其得姓者十四人,为十二姓:姬、酉、祁、纪、滕、箴、任、荀、僖、姞、儇、衣是也。”黄帝之子“得姓者”,有同生而异姓的,有与黄帝同为姬姓的,这反映了母系氏族社会向父系氏族社会过渡时期,从母姓和从父姓并存的状况。

古代的姓氏不是人人都有的,在周代贵族才有姓氏,一般的平民没有。氏的命名方式或依据多种多样,或以诸侯国名为氏,或以祖父的名或字为氏,或以官爵、采邑名为氏等。

2.“女”与女性地位

随着社会生产力的发展,原始社会赖以生存的渔猎技术和防御能力逐渐提高,男子劳动所得在社会劳动成果中所占比重明显增加,社会地位逐渐提高,母系氏族社会最终进入父系氏族社会。父系氏族社会中,男性成为氏族、部落的首领,女性的地位则逐步下降，最低可降为奴隶，沦为社会的最底层。反映在汉字中，一些表示低贱、侮辱性、贬义的人或事物，出现在以“女”字为构件的字组中，如“奴、婢、妨、妄、娄、嫌、婼、妾、嫖、嬾、媿、奸、姦、婬、嬖、佞”等。

奴：“奴”即奴婢。《说文·女部》：“奴，奴、婢，皆古之罪人也。《周礼》曰：‘其奴，男子入于罪隶，女子入于舂藁。’从女，从又。”“奴”的身份就是罪人。所从之“又”即手，该字“从又、从女”，构形之意与“孚”（“俘”）相近。许慎引《周礼》之文见于《周礼·秋官·司厉》，说因偷盗而做了奴隶的人，男子没入官府成为提供差役的奴隶，女子充当舂人和槁人，舂人掌管供应米粮，槁人掌管供给饭食。奴字从女，本指女奴，扩展范围，也指男性奴隶。郑玄注上引《周礼·秋官·司厉》说：“奴，从坐而没入县官者，男女同名。”意谓因获罪而没入官府服役的人的称呼，男女同名，即都称为奴。

婢：“婢”指女婢，与奴都是古代的罪人。《说文·女部》：“婢，女之卑者也。从女，从卑，卑亦声。”“婢”是会意兼形声字。从“女、卑”会意。“卑”既表示地位低下，又作“婢”的声符。古代“婢”是地位低下的女子，常充当侍女、丫鬟等。《礼记·内则》：“父母有婢子若庶子庶孙，甚爱之，虽父母没，没身敬之不衰。”郑玄注：“婢子，所通贱人之子。”此“婢子”是地位低贱的婢女所生的孩子。又《礼记·檀弓下》载陈乾昔久病缠身，对其儿子说：“如我死，则必大为我棺，使吾二婢子夹我。”此“婢子”指“妾”，即要求二婢妾陪葬。“婢”的地位低下，可见一斑。

嬖：“嬖”之义为“贱婢受宠爱”。《说文·女部》：“嬖，便嬖，爱也。从女，辟声。”《释名补遗·释亲属》：“嬖，卑贱。婢妾媚以色事人得幸者也。”又《左传·隐公三年》：“公子州吁，嬖人之子也。”陆德明《经典释文》：“贱而得幸曰嬖。”又《孟子·梁惠王上》：“抑为采色不足视于目与？声音不足听于耳与？便嬖不足使令于前与？王之诸臣，皆足以供之，而王岂为是哉！”“便嬖”指受君主宠信的低贱小臣。

姦：“姦”之义为“姦邪”。《说文·女部》：“姦，私也。从三女。”“姦”字由三个“女”字会意，表示“奸诈邪恶”。把邪恶之事都附之于女性，足见古代女性地位之低贱。

奸：“奸”之义为“犯淫、淫乱”。《说文·女部》：“奸，犯婬也。从女，从干，干亦声。”“犯淫”即“犯奸淫之罪”。“奸”以“干”为声符，同时又用“干”会意，表示“触犯、冒犯、扰乱”之意。“奸”表示“触犯、冒犯”义时，读音与“干”一致。《左传·庄公二十年》：“奸王之位，祸孰大焉？”陆德明《经典释文》：“奸，音干。”此“奸”即“干犯、冒犯”义。“奸”与“姦”的本义不同，但后来二字在“奸淫、奸邪”的意义上通用。如《左传·庄公二年》：“夫人姜氏会齐侯于禚，书，姦也。”此“姦”表示“奸淫”。《管子·重令》：“朝不贵经臣，则便辟得进，毋功虚取，奸邪得行，毋能上通……便辟得进，毋功虚取，姦邪得行，毋能上通，则大臣不和。”这里的“奸、姦”都表示“奸邪”义。

古代汉字中反映古代女性地位低下以及贬损女性的字不少。下面是《说文·女部》的部分从“女”的字及其对字义的解释：

妨，害也。从女，方声。

婼，不顺也。从女，若声。《春秋传》曰：“叔孙婼。”

嫼，怒貌。从女，黑声。

嬾，懈也，怠也。一曰卧也。从女，赖声。

媿，惭也。从女，鬼声。愧，媿或从耻省。

（二）“食”与古代饮食

饮食是人们日常生活必不可少的，汉字中反映古代饮食文化的字相当多。这里分析以“食”为构件的汉字“食、飨、饔、飧、餔、餱”及与“食”相关的“皀、即、既”，借以了解古代汉民族的部分饮食习惯与相关风俗。

食：“食”之义为“饭食”，甲骨文字形为，上部像器盖，下部像类似簋的圆形容器，整个字形像一个有盖子的簋形盛食器，表示“饭食”之意，引申表示“进食”。《说文·食部》：“食，一米也。从皀，亼声。或说：亼皀也。”《说文》将“食”字拆解为亼、皀二部分，认为“皀”是谷粒之形，“亼”作声符；又认为“亼”义为“集”，与“皀”会意为“食”，义为“聚集起来的谷米”。揆诸甲骨文“食”字，《说文》的解释不尽恰当。古人一日两餐，在甲骨卜辞中分别称作大食和小食，以此表示时间，大食相当于后来用早餐的“朝食”“饔”或“早食”，小食相当于用晚餐的“夕食”“飧”或“餔飧”①。

飨：“飨”字繁体作“饗”，《说文·食部》：“饗，鄉人饮酒也。从食，从鄉，鄉亦声。”甲骨文“飨”字作，由“皀”和左右二人会意，像宴飨时宾主相向坐而共食形，表示乡人相聚宴饮。《诗经·豳风·七月》：“朋酒斯飨，曰杀羔羊。”朋酒，两樽酒；飨即“相聚宴饮”义。由“宴饮”义引申，表示“宴请、招待或犒劳他人”等义，《公羊传·庄公四年》：“夫人姜氏飨齐侯于祝丘。”由乡人对坐宴饮又引申出“乡邑、朝向、公卿”等意义。后来字形分化出“鄉、嚮、卿”等不同形体，分别表示各引申义。

饔：“饔”指“熟食”，又指“早餐”，古人早餐时间约在上午八九点钟。《说文·食部》：“（饔），孰食也。从食，雝声。”《孟子·滕文公上》：“贤者与民并耕而食，饔飧而治。”赵岐注：“饔飧，熟食也。朝曰饔，夕曰飧。”“饔”与“飧”均可指煮熟的食物，包括熟肉。《公

① 董作宾．殷历谱·上编（卷一）．北京：北京市中国书店，1981：5.

羊传·昭公二十五年》:“吾寡君闻君在外,馂饔未就,敢致糗于从者。”何休注:“馂,熟食。饔,熟肉。”又注:“糗,糒也。”这里“馂、饔”都指熟食。“糗”指干粮,也叫糇粮。

飧:“飧”指“晚饭”,约在下午四五点钟。《说文·食部》:“飧,餔也。从夕、食。”谓“飧”字由“夕、食”会意而成,也叫“餔”。明代李东阳《后东山草堂赋》:“吾侪细人,朝饔夕飧。”“夕飧”即晚饭。也可指“熟食”,《诗经·魏风·伐檀》:“彼君子兮,不素飧兮。”毛亨传:“熟食曰飧。”

餔:“餔”与“飧”同义,表示“晚饭”。《说文·食部》:“餔,日加申时食也。从食,甫声。,籀文餔,从皿,浦声。”谓“餔”就是日在申时的时候吃饭。申时是下午三至五时,也称“餔时”,字或作“晡”。“餔”由表示“夕食”,引申出“吃”“给人食物吃”等意义,《史记·高祖本纪》:“吕后与两子居田中耨,有一老父过请饮,吕后因餔之。”唐代张守节《正义》:“餔,以食饲人也。”即给人食物吃。

餱:“餱”之义为干粮。《说文·食部》:“餱,干食也。从食,侯声。《周书》曰:‘峙乃餱粻。’”《说文》所引《周书》之文,见于今《尚书·费誓》,此处作“峙乃糗粮”。“餱”与“糗”、“粻”与“粮”,分别异文同义。《说文·米部》:“糗,熬米麦也。”“熬米麦”即干炒的米麦,为干粮之一种。“餱”又写作“糇”,异体字,《诗经·大雅·公刘》:“乃裹餱粮,于橐于囊,思辑用光。”陆德明《经典释文》:“餱音侯,食也,字或作糇。”此处“餱粮”指粮食。

皀:《说文·皀部》:“皀,谷之馨香也。象嘉谷在裹中之形;匕,所以扱之。或说:皀,一粒也。”甲骨文“皀”作,为圆形侈口的食器,像簋形,表示食物。《说文》据讹变的小篆字形分析,认为“皀”字由嘉谷和匕(匙)会意,不确。汉字中从“皀”的字多与饮食相关,如下面“即”“既”等字。

即:“即”之义为“就食;用餐”。甲骨文字形作,左边是盛食器皀,右边是一个向皀跪跽的人形,很形象地表现出“就食”之义。《说文·皀部》:“即,即食也。从皀,卩声。”“即食”就是“就食;就餐”,许慎释义正确,但把跪跽就餐的人解释为声符,不确。“即”由“就食”引申而有“就”“接近”或“靠近”义。《诗经·郑风·东门之墠》:“岂不尔思,子不我即。”毛亨传:“即,就也”。

既:“既”之义为“食完;食毕”。甲骨文字形作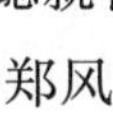,像食器皀的右边跪跽之人吃完饭转头将要离去的样子,以此表示“食完;食毕”义。由此引申而有“尽;完”义。《春秋·桓公三年》:“秋,七月,壬辰朔,日有食之,既。”杜预注“既,尽也”。食既,就是食尽,谓太阳出现日全食。

(三)“辛、㚔(幸)、刀”与古代刑罚

在我国历史上，夏代变“天下为公”为“天下为私”，建立了政治国家，历史迈进奴隶制社会，并产生了古代早期的法制文明，其法律制度以源于传统习俗和伦理规范的习惯法为主，包括礼与刑，其刑罚大多从复仇惩戒、军事征讨行为发展而来[①]。经过不断地发展演变，最终确立了以五刑制度为核心的中国古代刑罚制度。夏商周三代到战国，刑罚手段野蛮残酷，体现了浓重的“以血还血，以牙还牙”的报复主义色彩，这一时期的奴隶制五刑制度，以摧残人身肢体或破坏生理功能为特征的肉刑为主[②]，以“墨、劓、剕(刖)、宫、大辟”等刑法为代表。秦汉至隋唐，随着社会经济的发展和人的价值的显现，“笞、杖、徒、流、死”的封建五刑体制确立，并为此后历代所沿袭。汉字作为一种交际工具和文化载体，记录了众多的古代刑名和相关现象，这里分析以“辛、㚔(幸)、刀”作构件的字组“辛、辠、辜、辟、宰、辡、童、㚔、執、圉、報、罚、刵、刖、劓”等，以观古代刑法制度及相关历史文化。

辛：“辛”字甲骨文作、，像一种刑具，形状似圆凿，末端锋利，用来施黥刑，由此“辛”有“罪过、犯罪”的意义。黥刑也叫墨刑，是在罪人面额部位刻画表示犯罪的标记，并填涂黑墨，使罪人身份的标记永不消失。这是一种毁容并带有羞辱性的刑法，对人格将产生极深的不良影响。《说文·辛部》：“辛，秋时万物成而孰。金刚味辛。辛痛即泣出。从一，从䇂。䇂，辠也。辛承庚，象人股。”许慎认为“䇂”义为“辠”(罪)，故从“䇂”的“辛”字有“罪过”之义。现在多认为“䇂”与“辛”为一字，二者字形相近，字义相同，在甲骨文中没有区别。《说文》的解释将“辛”与“秋、金”联系起来，反映了古代的五行思想，以庚辛为西方；“辛”又代表“秋、金”。金味辛[③]，所以有“辛味”之义；“辛味、辛痛”皆令人泣，所以有“辛苦、罪过“之义。实际上“辛味、辛痛”之义应是由“辠”(罪)这一本义引申而来。

辠：“辠”之义为“触犯法律”。《说文·辛部》：“辠，犯法也。从辛，从自，言辠人蹙鼻苦辛之忧。秦以‘辠’似‘皇’字，改为‘罪’。”“自”甲骨文字形作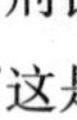，像鼻子的形状，本义是“鼻子”。“辠”由“辛、自”会意，最初可能是表示施刑于鼻的刑罚，而后泛指触犯法律，因而有犯罪之意。《说文》说“秦以‘辠’似‘皇’字，改为‘罪’。”这是古代帝王干预文字的典型事例。“罪”字“从网、非声”，本义是“捕鱼的竹网”，秦始皇因嫌“辠”的字形与“皇”字相

① 张晋藩.中国法制史(第二版).北京：高等教育出版社，2007：1–2.

② 张晋藩.中国法制史(第二版).北京：高等教育出版社，2007：2.

③《周礼·天官·疡医》：“凡药，以酸养骨，以辛养筋，以咸养脉，以苦养气，以甘养肉，以滑养窍。”郑玄注：“以类相养也。酸，木味，木根立地中，似骨。辛，金味，金之缠合异物，似筋。”

近，改用“罪”字，并一直延续至今。

辜：“辜”的字形从“辛”，表示“罪过”。《说文·辛部》：“辜，罪也。从辛，古声。，古文辜，从死。”《尚书·大禹谟》：“罪疑惟轻，功疑惟重。与其杀不辜，宁失不经。”孔安国传：“辜，罪。”《尚书·大禹谟》“不辜”犹言“无辜”，指无罪或没有罪过的人。

辟：“辟”之义为“法度”。《说文·辟部》：“辟，法也。从卩，从辛，节制其罪也；从口，用法者也。”甲骨文辟字作、，像以刑具施加于人，加“口”的字形大概是突出执法的人开口治罪。《周礼·秋官·小司寇》：“（小司寇）以八辟丽邦法，附刑罚。”郑玄注：“辟，法也。”《周礼》“以八辟丽邦法”指的是将八种议罪之法附于邦法，八议之法即议亲、议故、议贤、议能、议功、议贵、议勤、议宾，是有关宗室、亲贵、故旧、贤能、有功之人的犯罪处刑问题。“辟”另有“罪行、惩罚”等意义，由本义引申而来，“大辟”是各种死刑的总称。《尚书·吕刑》：“大辟疑赦，其罚千锾。”孔颖达疏：“死是罪之大者，故谓死刑为‘大辟’。”

宰：“宰”之义为“充作家奴的罪人”。《说文·宀部》：“宰，罪人在屋下执事者。从宀，从辛。辛，罪也。”“宀”表示房屋，“宰”字从“宀”，表示在屋下做事的有罪之人。古代有罪者沦为奴隶，“宰”是奴隶主家中做事的罪奴之一种。“宰”有所执掌，因而引申指总管某事务的官，也作官名，《周礼·天官·冢宰》孔颖达疏引郑玄《目录》：“象天所立之官。冢，大也。宰者，官也。天者统理万物，天子立冢宰使掌邦治，亦所以总御众官，使不失职。不言司者，大宰总御众官，不主一官之事也。”宰官有等级，分“大宰、小宰、宰夫”等官。大宰即冢宰，统领六官，总理邦国政务；小宰掌管王宫的刑罚；宰夫掌管治朝的法令。

辡：“辡”之义为“争讼；讼辩”。《说文·辡部》：“辡，罪人相与讼也。从二辛。”谓罪人互相诉讼、控告和争辩等。与“辡”意义相关的有“辩”“辨”等字。《说文·辡部》：“辩，治也。从言在辡之间。”段玉裁注：“治者，理也”，又注“从言在辡之间”：“谓治狱也”。治狱指审理案件，引申为一般的治理。《左传·昭公元年》：“封疆之削，何国蔑有？主齐盟者，谁能辩焉。”杜预注：“辩，治也。”此外，诉讼双方要辨明是非，法官要分辨有罪无罪，由此“辡”引申分化出“辨”字，由“辡、刀”会意，义为“分辨；辨别”。“辨”与“辡”字义有联系，但不完全相同。

童：“童”为男性奴隶。《说文·辛部》：“童，男有罪曰奴，奴曰童。女曰妾。从辛，重省声。”金文作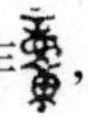，从辛，从目，東声，是个两形一声的形声字。“童”字“从辛、从目”，与“民”的造字意图相同。“民”字金文作，像用利器刺瞎一只眼睛的形象，本义为“奴隶”。

在奴隶社会中，奴隶主为了惩戒奴隶的逃亡、反抗或暴动，用刺瞎奴隶的一只眼睛以示惩罚，也是奴隶身份一个标识。与“童”字以“辛、目”二字会意来表示有罪的奴隶造意相同，字义也相近。古代男子有罪为臣、奴或童，女子有罪为妾。后来把未成年的奴仆或一般的孩子称为“童”，与本义有较大的差异。

㚔：“㚔”字读niè，古代的一种刑具。甲骨文作，像手梏或手铐的形状。《说文·㚔部》：“㚔，所以惊人也。从大，从羊。一曰：大声也。”认为“㚔”是使人惊骇的刑具。《说文》的解释大致不错，但释字形为“从大、从羊”会意则误。甲骨文“㚔”是象形字。作为刑具，类似于古代刑具梏，使用时把两手腕枷入刑具中间的圆孔，用绳子绑缚两端，所谓手械。足械叫桎。这里需注意“㚔”和“幸”音义不同，它们的小篆字形相近，隶变后都作“幸”，成为同形字。

執：“執”的简化字作“执”，本义为“拘捕”。《说文·㚔部》：“執，捕罪人也。从丮，从㚔，㚔亦声。”甲骨文“執”字作，正像一个人双手被手梏铐起来的样子，以此表示“拘捕”之意。“執”字“从丮、从幸（㚔）”会意，“丮”字甲骨文作，像人双手有所握持之状，用作“執”字的构件，表示双手被铐的罪人。

圉：“圉”之义为“牢狱；监狱”。《说文·㚔部》：“圉，囹圄，所以拘罪人。从㚔，从囗。”“囗”即古“围”字，表示牢狱之形；“㚔”是刑具，表示罪恶或罪人。甲骨文圉作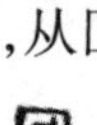、，“囗”内从“㚔”或“執”，都表示被惩戒的罪恶或罪人。关押、看守罪人的地方叫“圉”。

報：“報”的简化字作“报”，本义是“判决罪人”。《说文·㚔部》：“報，当罪人也。从㚔，从𠬝（fú）。𠬝，服罪也。”金文“報”字作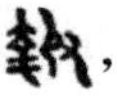，从㚔，从𠬝，结构与《说文》相同。“𠬝”字甲骨文作，像用手压抑一个跪跽的人，表示治服，为“服”字的初文。“報”字“从幸（㚔）、从𠬝”会意，正是“判决罪人使其服罪”之意。《韩非子·五蠹》：“闻死刑之报，君为流涕。”此例的“报”就是“判决”的意思。判决罪人要罪、刑相当，由此“报”引申而有“报答、报复、报仇”等义，意思是恩仇多少，对等以报。

罰：“罰”之义为“罪过、处罚”。简化字作“罚”。《说文·刀部》：“罰，罪之小者。从刀，从詈。未以刀有所贼，但持刀骂詈，则应罰。”段玉裁注：“辠，犯法也。罚为犯法之小者，刑为罚罪之重者。五罚轻于五刑。”罚指小的罪过，也是对轻罪的一种处罚。

刵：“刵”即割耳之刑。《说文·刀部》：“刵，断耳也。从刀，从耳。”《玉篇·刀部》：“刵，截耳也。”《尚书·吕刑》说三苗承袭蚩尤之恶，制五虐重刑：“杀戮无辜，爰始淫为劓、刵、椓、黥。”刵为割耳之刑，其他三种分别是割鼻刑、宫刑和黥刑。

刖："刖"为砍断罪犯脚的刑罚。《说文·刀部》："刖，绝也。从刀，月声。""绝"就是"砍断"的意思。有的学者认为甲骨文中有表示刖刑的字①，可见古代刖刑很早就有了。《左传·庄公十九年》："遂自刖也。楚人以为大阍。"说的是有个叫鬻拳的人自断其脚，楚国人让他作了守门官。《尔雅·释言》："跸，刖也。"郭璞注："断足。"邢昺疏："周改膑作刖。跸、剕音义同。"刖与剕、膑都表示断足之刑。

劓："劓"为割鼻之刑。异体字作剌。《说文·刀部》："剌，刑鼻也。从刀，臬声。《易》曰：'天且剌。'劓，臬或从鼻。"《周易·睽》："其人天且劓。"孔颖达疏："黥额为天，截鼻为劓。""天"指额头；"天且劓"谓施以黥额刑和割鼻刑。甲骨文劓作，正像用刀割鼻之形。

刖刑、劓刑都是很残酷的刑法。随着社会的发展和文明的进步，古代有些酷刑逐渐被废除，西汉时期官方正式废除刖刑、劓刑，这在刑法史上是得到肯定的。

（四）"衣"与衣着

早期原始社会的猿人不着衣服，后来人类开始用树叶草葛或兽皮等包裹身体。旧石器时代晚期的周口店山顶洞人发明了骨针、骨锥，掌握了一定的缝纫技术。新石器时代的古人已经能够养蚕纺织②，殷商时期养蚕十分普遍，蚕丝衣服提高了古人的服饰质量。以后服饰进一步发展，种类繁多，各种各样的服饰满足了古人的穿衣需求，也形成了丰富的服饰文化。古代汉字尤其是从"衣"的汉字，记录了许多古代的服饰及其特点，下面以"衣"字组的"衣、常（裳）、衽、袴、裈、裘、表、袍、衷"等字为例，考察古代衣着及相关文化信息。

衣："衣"的甲骨文作，像上衣的形状，是个象形字，上部有衣领，衣服两侧有袖，下面两片衣襟相掩。《说文·衣部》："衣，依也。上曰衣，下曰裳。"古代称上衣为"衣"，下衣为"裳"。商周时期上衣多为交领右衽，窄袖及腕，衣长过膝，没有扣子，腰有系带，起到扣子的作用（如下图中河南安阳出土商代玉人之服饰）。所谓右衽，就是衣襟向右。也有左衽，那是古代汉族丧服的形制。《礼记·丧大记》："小敛大敛，祭服不倒，皆左衽，结绞不纽。"

常："常"的异体字作"裳"，古人称下裙为常（裳）。《说文·巾部》："常，下帬也。从巾，尚声。裳，常或从衣。"古代的"常"起遮蔽、保护人下部肢体的作用，《释名·释衣服》：

① 胡厚宣．殷代的刖刑．考古．1973（2）：91，108–117。

② 陈维稷．中国纺织科学技术史（古代部分）．北京：科学出版社，1984：10–11.

"裳，障也，所以自障蔽也。"商周时期的"常(裳)"前面三幅，后面四幅，分前后两片，可以开合，上端用腰带系在腰上。《礼记·曲礼上》载男女相处应遵守的规矩中有"诸母不漱裳"之说，即不能使父亲的妾代为洗裳。汉代以后，裳变成了前后连成一片的裙，裙也就是裳。《说文·巾部》："帬，下裳也。从巾，君声。裠，帬或从衣。""裠"今作"裙"。

图5-1　河南安阳殷墟出土商代贵族玉人①

衽："衽"指衣服胸前交领下方的衣襟。《说文·衣部》："衽，衣裣也。从衣，壬声。"又"裣，交衽也。从衣，金声。""衣裣"即"衣襟"。《论语·宪问》引孔子说："微管仲，吾其被发左衽矣。"左衽就是左襟，"披发左衽"是孔子时代夷狄之人的装束。此外古代的"衽"也用来指深衣的衣与裳交界处的一个部分。深衣是将上衣和下裳缝合连缀为一体的一种服装，秦汉男子日常穿的袍即源于先秦深衣。沈从文《中国古代服饰研究》通过考证认为"衽"是缝在上衣、下裳、袖腋交界处的矩形嵌片，左右各一，缝好后因对折扭转正视时近似三角形，江陵马山楚墓出土的锦面绵袍可窥其这一形制②。这种矩形嵌片汉代人称为"小腰"，其形看似两头宽，中间窄，《礼记·玉藻》："深衣三袪，缝齐，倍要，衽当旁。""衽"即指此"小腰"。

二维码5-3

袴："袴"在古代文献中也写作"绔"，俗体字作"裤"，但形制与现今的裤不同。《说文·糸部》："绔，胫衣也。从糸，夸声。""袴"是古代套在小腿上的衣服，它无裆无腰，只有两个裤管，穿着时套在腿上，用带子系在腰间，起到遮蔽和保护小腿的作用，与后世的"套裤"近似。由于古人的袴只能遮蔽小腿，所以外面需要罩裳。河南安阳殷墟出土的商代

① 贾玺增．中国服饰艺术史．天津：天津人民美术出版社，2009：21．沈从文，王孖．中国服饰史．西安：陕西师范大学出版社，2004：16．

② 沈从文．中国古代服饰研究．上海：上海书店出版社，2002：106–108．湖北省荆州地区博物馆．江陵马山一号楚墓．北京：文物出版社，1985：20–21．

玉人体现的就是身着衣、裳、袴的装束：下裳的前摆超过膝盖，后摆与足齐平，袴子稍微露出，脚上穿着平底圆口屦。因为袴穿在裳的里面，所以常用质地较次的衣料制成。也有用白色的细绢即纨制作的袴子，比较奢侈，多半是富贵人家子弟的服饰，所以古人称富贵人家的子弟叫“纨绔子弟”。

裈：“裈”指满裆裤。异体字作“幝”。《说文·巾部》：“幝，幒也。从巾，军声。褌，幝或从衣。”段玉裁注：“《方言》：‘裈，陈楚江淮之间谓之衳。’《释名》：‘裈，贯也。贯两脚上系腰中也。’按：今之套裤，古之绔也。今之满裆裤，古之裈也。”这种满裆裤最初是北方游牧民族的穿着，到了汉代，汉族人穿有裆的裤子比较流行，但上层阶级穿着时还要罩裳裙。《史记·司马相如列传》：“相如身自著犊鼻裈，与保庸杂作，涤器于市中。”“犊鼻裈”是一种合裆的短裤，多为下层劳动民众为便于劳作和身体活动单独所穿的裈，外面不加裳。

裘：“裘”字甲骨文作，像外面有兽毛的皮衣。金文作，增加“又”为声符，又省变作，即“求”字。后来篆文增加形符“衣”作“裘”。《说文·裘部》：“裘，皮衣也。从衣，求声。”古代的裘衣可以用各种不同的兽皮制成，从而有贵贱之分。《礼记·玉藻》：“君衣狐白裘，锦衣以裼之。君之右虎裘，厥左狼裘。士不衣狐白。”又云：“锦衣狐裘，诸侯之服也。犬羊之裘不裼。”可见裘衣以白裘最为珍贵，锦衣狐裘是诸侯的服饰，一般平民只能穿犬羊之裘。

表：“表”指穿在上身的外衣。《说文·衣部》：“表，上衣也。从衣，从毛。古者衣裘，以毛为表。”篆文作，由“衣、毛”二字会意而成。凡裘衣毛露在外为表。裘衣毛露在外容易磨损，所以古人又在外面加上罩衣，称为裼衣。汉代以后，穿裘衣以毛为表的风俗逐渐改变为以毛为里。衣服的内层为“裏”。《说文·衣部》：“裏，衣内也。从衣，里声。”裏，今简化字作“里”。

袍：“袍”是上衣下裳连在一起的一种长衣。《说文·衣部》：“袍，襺也。从衣，包声。《论语》曰：‘衣弊缊袍。’”又《说文·衣部》：“襺，袍衣也。从衣，繭声。以絮曰襺，以缊曰袍。《春秋传》曰：‘盛夏重襺。’”“袍”“襺”二者略有区别，用旧絮填充的是袍，用新绵絮填充的是襺，用絮头或细碎枲麻填充的叫“缊”。袍是一种非正式场合穿的便装，为了御寒，大多有夹层。因缊袍的填充物质量较差，古人多用缊袍来形容人贫苦或简朴，如《论语·子罕》：“衣敝缊袍，与衣狐貉者立而不耻者，其由也与？”

衷：“衷”是贴身内衣。《说文·衣部》：“衷，里亵衣。从衣，中声。《春秋传》曰：‘皆衷其衵服。’”“亵衣”是私居时穿的衣服，“衷”则是私居之服中贴身穿的衣服。“衷”可以用作动词，是“穿在里面”的意思。《左传·宣公九年》：“陈灵公与孔宁、仪行父通于夏姬，皆衷其衵服，以戏于朝。”“衷其衵服”意思是将夏姬日常穿的汗衣穿在里面。因为穿在里面，“衷”又引申出“内心”义，称为“衷心”。

（五）“宀”与居住

古代汉民族的房屋大多为木架构形式，容易朽坏，因而能够保存下来的古代房屋很少。汉代的房屋保存下来的只有石祠、石阙，其中有些仿木结构的形制；唐代留存至今的木建筑也只有四座①，至于先秦及原始氏族社会时期的建筑，就仅能通过考古发掘来了解了。然而古老的汉字为我们保存了许多古代汉民族的居住文化信息，其中由“穴、宀、囗、厂、广、门、户、木、土、石、瓦”等作为构件的汉字，大都与古代房屋建筑和居住相关。下面举“宀”字和以“宀”字为构件的“宫、室、安、宿、宇、宙、宗”等字，考察古代汉民族的居住文化。

宀：“宀”字甲骨文作，像房屋外部轮廓形。《说文·宀部》：“宀，交覆深屋也。象形。”段玉裁注：“古者屋四注，东西与南北皆交覆也。有堂有室是为深屋。”即“宀”为交相覆盖的深屋。又《周礼·考工记·匠人》：“四阿，重屋。”郑玄注：“四阿若今四注屋。”四注屋类似于四坡顶的房屋，即四面相交而成四霤，水流顺此滴下②。甲骨文就像一座房屋的轮廓形状，上面为屋盖顶，两侧为竖立的墙壁。考古发现新石器时代的建筑，南方可能由巢居发展到干栏式建筑，北方黄河中下游的房屋由地穴、半地穴发展到地面木架建筑。西安半坡遗址的房屋遗迹有方形、圆形，其中分半穴居和从地面上木架建筑两种。半穴居房子的屋基凹入地下，以坑壁为墙，居住面和墙壁用草泥土涂抹平整，中间或边缘有立柱支撑以架设屋顶。古文字更像地面上的木架房屋。

二维码5-4

宫：“宫”上古指一般的房屋，相当于“室”。《尔雅·释宫》：“宫谓之室，室谓之宫。”《说文·宫部》：“宫，室也。从宀，躳省声。”“躳”是“躬”的异体字，许慎解释“宫”的声符“吕”是“躳省声”，不确。“宫”字甲骨文作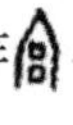、等，字形内部的“吕”像房屋有相连通的二室或多室。考古发现我国新石器时代多地的房屋遗址都有房屋分多室，或有套间，如陕西

① 傅熹年.中国古代建筑十论.上海：复旦大学出版社，2004：7-10.

② 王鲁民在《中国古代建筑文化探源》中引郑玄所注《仪礼·士昏礼》“阿，曰栋也”，认为四阿为四栋，参见该书63-65页。

客省庄第二期文化遗址中房屋的普遍形式就是内外两室的“吕”字形①;郑州大河村仰韶文化的房基遗址F1–F4并列相连,它们有共用墙壁,F1有套间②;河南平粮台龙山文化遗址一号房基分三个室③。甲骨文“”这个字形当是房屋的侧视形象与屋室的俯视形象的结合图形,是从不同视角来描绘的结果。

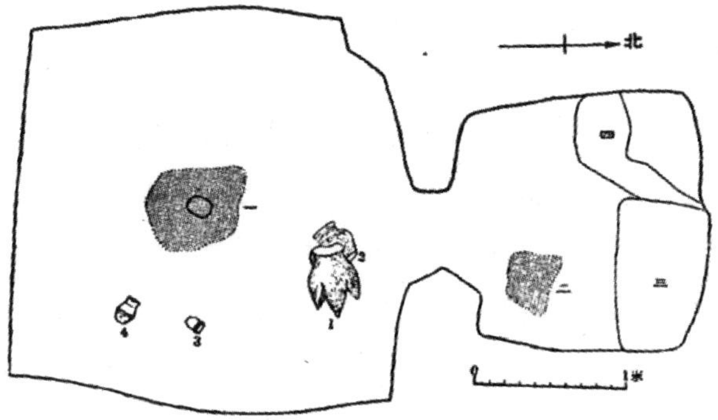

图5-2 客省庄遗址内外两室的方形房屋

室:“室”指房室,先秦与“宫”的意义相近。若区别而言,“宫”指围墙围绕的整所房子,“室”则是其中一个居住单位。段玉裁注《说文》“宫”:“宫言其外之围绕,室言其内。”又《管子·八观》:“宫营大而屋室寡者,其室不足以实其宫。”说的是院落大房室少的情况。《说文·宀部》:“室,实也。从宀,从至。至,所止也。”室,甲骨文作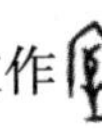,由宀、至二字构成。“至”像矢降至地面,义为“到达”,在“室”字中有“到达;止息”之义。《说文》训“室”为“实”,用声训,表示人及物可充实其中。“室”在古代也可指称“妻子”,跟古代族外婚姻有关。母系氏族社会晚期实行族外婚,男子嫁往族外,来到女子居住的“室”,故“室”字从“至”,表示男子来到女子居住的房室,进而以“室”指称“妻子”。《礼记·曲礼上》:“人生十年曰幼,学;二十曰弱,冠;三十曰壮,有室。”又《孟子·滕文公下》:“丈夫生而愿为之有室,女子生而愿为之有家。”例中的“有室”意即有妻室或妻子。

安:“安”的字形由“宀、女”会意。《说文·宀部》:“安,静也。从女在宀下。”“安”字的字形构造为女子在屋室之内,以此表示“安静;安宁”。桂馥《说文解字义证》释“安”引《六书故》:“室家之内,女所安也。”

宿:“宿”的甲骨文作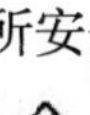,像屋室中的人睡卧在席子上,“”像簟席。有的甲骨文

① 中国科学院考古研究所.沣西发掘报告.北京:文物出版社,1963:43–45.

② 郭德维.郑州大河村仰韶文化的房基遗址.考古,1973(6):330–336.

③ 曹桂岑,马全.河南淮阳平粮台龙山文化城址试掘简报.文物,1983(3):30.

“宿”省略“宀”作。《说文·宀部》：“宿，止也。从宀，㑊声。㑊，古文夙。”从甲骨文的字形来看，“宿”表示“人止宿”的意义十分明显，“㑊”当是古文“宿”字，而非“夙”字。《玉篇·宀部》也释“宿”为“夜止也”，与《说文》释义相近。《诗经·卫风·考槃》“独寐寤宿，永矢弗告。”此“宿”也是“止宿”义。“寐”义为睡着，“寤”义为睡醒，二字的字形都从“宀”。又“寐、寤、宿”一般是在屋室之中，故字形都从“宀”。

宇：《说文·宀部》：“宇，屋边也。从宀，于声。《易》曰：‘上栋下宇。’寓，籀文宇，从禹。”“屋边”也就是屋檐。《周易·系辞下》：“上古穴居而野处，后世圣人易之以宫室，上栋下宇，以待风雨。”“栋”是房屋的正梁，梁在房屋建筑中是用来支撑房顶的横木；“宇”是屋的边檐，所以说“上栋下宇”，用来抵挡风雨。

宙：《说文·宀部》：“宙，舟舆所极、覆也。从宀，由声。”王筠《说文句读》：“舟舆所极，即舟车所至。覆也者，犹言天之所覆。”认为“宙”表示舟车所到、天所覆盖的地方，这应该是宙的引申义。从字形来看，“宙”字从宀，其本义当与“房屋”有关。又古代典籍中“宙”常与“宇”连用，也都与房屋有关，如《淮南子·览冥训》：“凤皇之翔至德也，雷霆不作，风雨不兴，川谷不澹，草木不摇，而燕雀佼之，以为不能与之争于宇宙之间。”高诱注：“宇，屋檐也；宙，栋梁也。”由此可知，“宙”的本义是“栋梁”，“宇宙”指的就是“屋檐和栋梁”。古人用居所来比附生存的时空，故“宇宙”进而引申指空间和时间，《淮南子·齐俗训》：“往古来今谓之宙，四方上下谓之宇。”时空的“宇宙”与房屋的“宇宙”，所指相差很远了。

宗：“宗”的本义为“宗庙”。《说文·宀部》：“宗，尊祖庙也。从宀，从示。”字形由“宀、示”二字会意而成。甲骨文“宗”作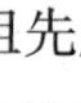，外部的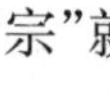即“宀”，表示宗庙建筑，里面的“示”是供奉的神主，即用木或石制成的祖先牌位。“宗”就是供奉祖先神主、祭祀先人的祖庙。《左传·成公三年》记载被楚国俘虏的晋国将领知罃在回国之前对楚王说：“若从君之惠而免之，以赐君之外臣首，首其请于寡君，而以戮于宗，亦死且不朽。”例中的“宗”即宗庙，“戮于宗”就是在宗庙中处死。

（六）“力”“耒”与农具农耕

中国是一个传统的农业国，为提高农业生产效率，古人创造了多种多样的农业生产工具，如新石器时代有石斧、石锛、木耒、骨耜、石耜等整地工具，有石铲、石锄等田间除草、松土工具，有石刀、石镰、蚌刀、蚌镰等收获工具。同时古人还发明了多种农耕方式。这里分析古代汉字中以“力”“耒”为构件的字组“力、劦”和“耒、相（耜）、耨、耤、耦”等，探究古代部分农耕文化信息。

力:“力”的甲骨文作,像一种有尖端的木棒式的发土工具形,下端有横木便于掘土时踩踏用力。甲骨文“男”字作、等形,从田、从力会意,其中“力”所表示的就是农业生产工具的构形。《说文·力部》:“力,筋也。象人筋之形。治功曰力,能圉大灾。”许慎的分析依据讹变的篆文,不准确。《周礼·夏官·司勋》:“事功曰劳,治功曰力。”谓治理国家使之安定的功劳为力,这是“力”的引申义。

劦:“劦”之义为“协同合力”。《说文·劦部》:“劦,同力也。从三力。《山海经》曰:‘惟号之山,其风若劦。’”甲骨文有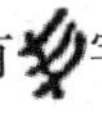字,或作,像三耒耜合力并耕形,由三“力”会意。甲骨卜辞用作祭名、风名,那是假借用法。《说文·劦部》:“协,众之同和也。从劦,从十。,古文协,从曰、十。叶,或从口。”“协”表示协同,与“劦”意义相通。《说文·劦部》又有“恊、勰”二字,其中“恊”字训为“同心之和”,“勰”字训为“同思之和”,皆由“劦”凸显意义。甲骨卜辞中有“王大令众人曰劦田,其受年?十一月”的记载,裘锡圭认为“力”像发土工具,“劦”的本义当为“协力发土耕田”,“劦田”可能是在冬天大规模翻耕土地,为春播做准备[①]。这体现的是商代阶级社会集体耕作的农业生产活动。《国语·周语上》有周王耕种籍田的记载:在耕田前九日,“王乃使司徒咸戒公卿、百吏、庶民,司空除坛于籍,命农大夫咸戒农用。”司空修筑土台,田官准备好农业用具。籍田这天,“稷则遍诫百姓纪农协功,曰:‘阴阳分布,震雷出滞。土不备垦,辟在司寇’”。所谓“纪农协功”,也就是要合力耕耘,协同治农事。

耒:“耒”为古代用来耕地翻土的农具,金文字形作或,上部为曲柄,下部歧头。《说文·耒部》:“耒,手耕曲木也。从木推丯。古者垂作耒枱,以振民也。”许慎以“手耕曲木”释“耒”,与金文字形相合。《周易·系辞下》:“斫木为耜,揉木为耒。”揉木必弯曲,所以称“耒”为“曲木”。《礼记·月令》:“天子亲载耒耜。”陆德明《经典释文》引《字林》说:“耒,耕曲木。”解释同《说文》。《说文》释“耒”的字形为上丯下木,不准确,丯是草芥。相传古代神农的臣子垂作耒耜,用来举救人民。可见耒作为农具,历史很久远。

枱(耜):“枱”为锹、臿一类的掘土工具。下端有刃,用来翻土。异体字作“耜”,也作“梩”。《说文·木部》:“枱,臿也。从木,㠯声。一曰:徙土輂,齐人语也。梩,或从里。”段

① 裘锡圭.甲骨文中所见的商代农业.载裘锡圭《古文字论集》.北京:中华书局.1992:183-184.
王襄、张政烺等学者认为“劦田”为劦祭田祖,可参见张政烺《殷契“劦田”解》,载《张政烺文史论集》第587-595页。

玉裁注："梩同相，可以臿地揠土者。"《说文》说齐人谓"徙土輂"为相，那是"相"的另一个意义，指一种运送土石的工具，属方言用字，与翻土农具的功用不同。"耜"字不见于《说文》，汉代刘熙《释名·释用器》："耜，齿也。似齿之断物也。"《六书故·植物一》："耜，耒下刺土臿也。古以木为之，后世以金。"据考证，相(耜)与耒都是农具，但形制有所不同，"耒下歧头，耜下一刃，耒为仿效树枝式的农具，耜为仿效木棒式的农具。"[①]相(耜)最初是木制的圆头平叶式，到铜器时代，在平叶前端嵌入半圆形金属制的冠，后世发展为耕犁[②]。后来耒也由木质演变为用金属制作。由于耒和相(耜)都是耕田刺土的农具，后世多"耒耜" 连言。或认为"耒耜"是一种农具的两个部位名称，如《后汉书·肃宗孝章帝纪》："古者急耕稼之业，致耒耜之勤"，李贤注："耒耜，农器也。耒，其柄；耜，其刃。"

二维码5-5

槈："槈"像锄，是用来除草的农具。也写作"槈、鎒"，异体字。《说文·木部》："槈，薅器也。从木，辱声。鎒，或从金。""薅器"即除草器。《释名·释用器》："槈，似锄，妪薅禾也。"引申作动词，义为"耘"，即除草。《玉篇·耒部》："耨，耘也。"《史记·龟策列传》："锄之耨之。"裴骃《集解》引徐广曰："耨，除草也。"

耤："耤"的甲骨文作，像人手持歧头的耒，并用脚辅助推耒刺地之形，为古代农业耕作方式之一。金文或加声符"昔"作，成为形声字。《说文·耒部》："耤，帝耤千亩也。古者使民如借，故谓之耤。从耒，昔声。"古代典籍中"耤"多表示"耤田"(帝耤)，即天子亲自率领人民耕种的田地，后来"耤"写作"籍"或"藉"。古代藉田(帝藉)实际上是借民力耕种，《诗经·周颂·载芟序》："春籍田而祈社稷也。"毛亨传："籍之言借也，借民力治之，故谓之籍田。"《礼记·月令》："乃择元辰，天子亲载耒耜，措之于参保介御之间，帅三公、九卿、诸侯、大夫，躬耕帝藉。"说的是古代天子在春耕时节选择良辰吉日，将耒耜放置在车右与御者之间，率领三公、九卿、诸侯、大夫，亲自耕种藉田。不过天子亲耕多半是一种象征性仪式，以此显示天子对农业的重视，鼓励人民努力从事农业生产。

耦："耦"也叫"耦耕"，二人并肩或二耜并列而耕的耕作方式。《说文·耒部》："耦，耒广五寸为伐，二伐为耦。从耒，禺声。"《周礼·地官·里宰》："以岁时合耦于锄，以治稼穑。"郑玄注："此言两人相助，耦而耕也。"《周礼·考工记·匠人》："耜广五寸，二耜为耦。一耦之伐，广尺，深尺，谓之甽。"孔颖达疏："云'二耜为耦'者，二人各执一耜，若长沮、桀溺耦而耕。此两人耕为耦，共一尺。一尺深者，谓之甽。甽上高土谓之伐，伐，发也，以

① 徐中舒.耒耜考(续).农业考古，1983(2)：122.

② 徐中舒.耒耜考(续).农业考古，1983(2)：124-125.

发土于上，故名伐也。”孔疏谓耒宽五寸，高五寸，因是二人执耒耜而耕，故所开掘的田中小沟宽一尺，深一尺。以上《周礼》郑玄注以及孔颖达疏与许慎释“耦”字义相同。

古代汉字表示耕作或农事的还有“耘、耔、耞、稷”等，这里不多说了。

第三节 汉字运用中的文化现象

汉字有很多特点：字形自篆隶以后呈方块形；由两个或两个以上独体字合成的合体字很多；每个汉字都有其形音义；不少汉字的形音义相同或相近；有些字义有褒贬吉凶之别，等等。古往今来，人们利用汉字的这些特点，产生了许多独特的汉字文化现象，值得我们了解和研究。这里选取汉字运用中产生的福寿喜、对联、回文、离合字、隐语和字谜等文化现象略作介绍。

一、福、寿、喜

（一）福

“福”字从“示”，义为“保佑，造福”。《说文·示部》：“福，祐也。从示，畐声。”《左传·庄公十年》：“小信未孚，神弗福也。”此“福”是“保佑”的意思。引申指祭祀用的酒肉。《国语·晋语二》：“今夕君梦齐姜，必速祠而归福。”韦昭注：“福，胙肉也。”

随着时间的推移，“福”字的含义越来越广泛，几乎包容了世俗生活中一切美好的愿望与目标，代表着物质生活的顺利和精神生活的满足，融入了多种文化元素。《尚书·洪范》有五福，包括寿、富、康宁、攸好德、考终命（善终），成语“五福临门”即源于此。《尚书·洪范》的“攸好德”，孔颖达疏：“攸好德，性所好者美德也。”指为人应具有生性仁善宽厚宁静之德，这种德是一个人最好的最根本的福。

在中国传统文化中，蝙蝠是好运和幸福的象征，语音上“蝠”谐音“福”，由此古人常以“蝙蝠”作为“福”的象征符号，把蝙蝠与其它吉祥的图案结合在一起，暗含蝙蝠飞来“福从天降”的美好意愿。在民间年画或剪纸艺术中，也常常出现带有蝙蝠或祥云等元素的“福”字，寓意福运亨通；有的是骏马驮着蝙蝠，寓意“马上有福”。

春节在门上张贴“福”字，是大家熟知的汉字文化习俗。据南宋吴自牧《梦粱录》记载，这个习俗宋代已出现，当时叫“贴春牌”。新春佳节之际，人们往往在此时祈求来年吉祥如意，生活幸福，要在门上贴个“福”字。这个“福”字既是一个文字符号，也包含了人们对福的祈求，希望来年福运降临。把“福”字贴在门上，往往要倒着贴，取其谐音“福到”，借以表达福运临门的意愿。“福”字倒贴古已有之，但始于何时，有三种传说。一是清代慈禧太后命写“福”字张贴，不识字的小太监把“福”字贴倒了，李莲英解释为“福到了”；二是清代咸丰年间恭王府大管家写“福”字媚主，一个不识字的家丁将大门上的“福”字贴倒了，大管家解释为“福到”。三是明太祖朱元璋命其心腹在帮助过自己攻打南京的人家门上贴“福”字，以便第二天杀掉没贴“福”字的人家，好心的马皇后为消除这场灾祸，令全城每家都自贴一个“福”字，不料有一户人家不识字，把“福”字贴倒了，马皇后解释为“福到”。这几种传说未必尽合史实，但“福”字倒贴的习俗却逐渐兴起并延续至今，其文化意义也十分耐人寻味。

(二)寿

“寿”字繁体字作“壽”。《说文·老部》：“壽，久也。”义为“长久”，多用来表示人寿命长久，长命百岁。古代有寿、富、康宁、好德、善终等五福，长寿为五福之首，人活着只有安康长寿、安享天年，才是最大的福分。由此，简单的“寿”字衍生出许多寿文化现象，如祈寿、祝寿、寿星（老人星）、寿桃、寿宴、长寿面等等。

祈寿：“祈寿”是向神灵或祖先祷告乞求长寿。西周金文中常有“眉寿”“眉寿无疆”“万年眉寿”等祈寿语，《诗经》有“以介眉寿”“神嗜饮食，使君寿考”等祈寿语，可见祈寿习俗起源很早，也很盛行。今天人们用科学的观点认识和看待寿命，向神灵或祖先祈寿的现象较少见到了。

祝寿：“祝寿”即祝愿人长寿；祝贺生辰。唐代已有祝寿习俗，杜牧《春日言怀寄虢州李常侍十韵》：“无计披清裁，唯持祝寿觞。”这个习俗今天仍盛行。

寿星：“寿星”原本指星宿，后来人们用以称主宰人间寿夭的神灵①。作为星宿，一种说法指十二星次之一②，寿星以二十八宿中东方苍龙七宿的第一、二宿，即角、亢二宿为标志。《尔雅·释天》：“寿星，角、亢也。”郭璞注：“数起角、亢，列宿之长，故曰寿。”谓寿星跨角、亢二宿，因其为列宿之长，所以名寿。一说寿星为南极老人星，《史记·天官书》：“狼比地有大星，曰南极老人。老人见，治安；不见，兵起。”“狼”指狼星，谓狼星靠近地平线处有明亮的大星为老人星。张守节《正义》：“老人一星，在弧南，一曰南极，为人主占

---

① 殷伟，殷斐然. 中国寿文化. 昆明：云南人民出版社，2005：1.

② 古人为说明日月五星的运行和节气变换，把黄道附近一周天按照由西向东的方向分十二等分，叫十二次。

寿命延长之应。常以秋分之曙见于景，春分之夕见于丁。见，国长命，故谓之寿昌，天下安宁；不见，人主忧也。”古人以老人星主寿命及国运长短，故名寿星。自古以来老人星是长寿的象征，民间常把老人星塑造成秃顶广额、白须持仗的老人形象。

寿桃：“寿桃”是古人认为可使人延年益寿的桃子。《太平御览》卷九六七引汉代东方朔《神异经》说，东北有一种很高大的桃树，“其（桃）子径三尺二寸，小狭核，食之令人知寿。”

寿宴：“寿宴”也作“寿谯”或“寿筵”，祝寿的宴会。一般在被祝寿的年长者的生日当天举行，家人和亲戚、朋友以寿宴的形式欢聚在一起，祝年长者生日快乐，健康长寿。寿宴一般为年长者举办，但现在也有中青年或小孩举办寿宴的，这种寿宴主要在于庆贺生日，祝寿的意味相对减少了许多。

长寿面：“长寿面”指生日吃的延年益寿的面条。面条是长形的，以此寓意长寿。传说汉武帝与东方朔讨论《相经》关于人中长1寸寿命100岁的说法时，东方朔举彭祖800岁，人中长就是8寸，那脸面有多长啊？这本是个寓言笑话，但脸即面，“脸长即面长”，于是人们借用长形的面条寓意长寿，形成生日吃“长寿面”的习俗。这个习俗至今仍在民间流行。

（三）喜

“喜”义为“欢乐、欢喜”。《说文·喜部》“喜，乐也。从壴，从口。”“壴”是早期的“鼓”字，“口”即人的口。杨树达《中国文字学概要》：“壴表器，从口者，表乐歌。”[①]故“喜”字从壴、从口，会“欢乐、欢喜”之意。

“喜”字是个充满正面含义的字眼，人人都想遇到或拥有喜事。“久旱逢甘雨，他乡遇故知，洞房花烛夜，金榜题名时”，被古人誉为四大喜事。此外还有年节、添子、寿诞、乔迁、晋级、求职、升学等，也是古人重要的喜事。时至今日，古代的这些喜事绝大多数延续下来，成为今天“喜”文化的主要内容。

自古以来，结婚是人生最重大的喜事之一，通常要举行喜庆活动，同时还要在洞房门上贴上“喜”字或“囍”字，代表喜庆，也代表一种心态，渴望婚姻美满，子孙满堂，家庭融洽。“囍”表示双倍之喜，也寓意男女双方婚姻和谐欢喜。传说“囍”字为宋代王安石所创。王安石进京考进士，回乡路过马家，对上了马家的招婿联而成为女婿，成婚当日，又传来进士及第喜讯，于是王安石提笔在红纸上写下“囍”字贴在门上，表达双喜之情。此后“囍”字一直流传至今，成为“喜”文化的重要符号和标记。

---

① 杨树达．中国文字学概要·文字形义学．上海：上海古籍出版社，2013：141.

二、对联与回文

(一)对联

对联是汉语独特的文学样式。人们在一些重要的节日或事件发生时,有时会用对联的形式表示庆贺、激励或纪念等。最常见的对联有春联、婚联、寿联、挽联、名胜联、庆贺联、寺庙联、题赠联等。据《蜀梼杌》记载,对联起源于五代后蜀主孟昶,他在自己寝室门板桃符上题词:"新年纳余庆,佳节号长春。"传说这是中国最早的对联。

对联有长短。最短的是一字对。清朝咸丰年间,有人举"墨"字求对,不少人对以"书""笔"等,都觉不够巧妙。济南一文士对以"泉"字,十分工巧。"墨"字拆开来为上"黑"下"土","泉"字拆开来为上"白"下"水",拆开的"黑"和"白"同是颜色,"土"和"水"皆属五行,对仗绝妙①。较长的对联,有"昆明大观园楼联"180字;"成都望江楼崇丽阁联"210字;"长沙天心阁联"348字,中国古代最长的对联当属清代钟耘舫"拟题江津县临江城楼联",凡1612字。

对联由上下两联组成,两联字数相同,对仗工整,平仄协调。对仗要求两联中位置相同的词的词性相同,如名词对名词,动词对动词,虚词对虚词等;相对应的短语或句子,句法结构相同,如主谓对主谓,动宾对动宾,方位结构对方位结构;数量结构对数量结构等。平仄(以中古声调为准)要求相对应的词平仄相反,尤其是偶字位和句尾的词,平仄要求比较严格。

古人没有现代汉语的词性和句法结构概念,但他们讲究"同门类相对",分字类为实字、虚字、助字三类;实字、虚字又分半实、半虚两小类,虚字又分"死""活"两小类。尤其对名词还分出若干小类,如清代汤文璐《诗韵合璧》附《词林典腋》把名词细分为天文门、时令门、地理门、帝后门、职官门、政治门等三十个门类。

对仗有工对和宽对之分。工对除要求句法结构相同外,还要求相对的词的词性和词的小类相同;宽对只要求词性相同,小类和句法结构不一定完全相同。工对联如清代杨昌浚题"西湖湖心亭联":

新水影摇双槛碧;

旧山光映四围青。

联中词性:新对旧、碧对青,都是形容词;水对山、影对光、槛对围,都是名词;摇对映,动词相对;双对四,数词相对。句法结构:上下联都是主谓宾结构,主语"新水影"和

① 济南有泉名叫墨泉,这位济南文士可能是受到此泉名启发而产生灵感。

“旧山光”是两层偏正结构，宾语“双槛碧”和“四围青”为主谓结构，其中主语“双槛”和“四围”都是数名偏正结构。两句平仄：平仄仄平平仄仄，仄平平仄仄平平，符合要求。

宽对联如清代林则徐“赠湖南某知县联”：

一县好山留客住；

五溪秋水为君清。

联中词性：好对秋、留对为（wèi，介词）、住对清，相对的词词性不同；句法结构：上下联都是主谓结构，符合要求，但上联谓语“留客住”是兼语结构，下联谓语“为君清”是状中结构，结构不同。两句平仄：仄仄仄平平仄仄，仄平平仄仄平平，符合要求。

对联的制作，主要运用了汉字的形音义及其所记录的汉语词的词性和句法结构规则。汉字的方块字形使相同字数的对联上下联长短相同；字音的声调以平仄方式交替出现，念读起来有抑扬顿挫之美；词性和句法结构相同使上下联有整齐对应之美。下面这两幅对联也是巧妙利用字形字音和字义的对联佳作。

鸿是江边鸟；

蚕为天下虫。

这幅五字联据说是明代翰林杨一清所作，是一副拆字联，上联的“鸿”字可析为“江边鸟”，下联的“蚕”字可析为“天下虫”，字形运用巧妙；上下两句偶数字位的字与尾字平仄也相对。

海水朝朝朝朝朝朝朝落；

浮云长长长长长长长消。

这是北戴河孟姜女庙的一幅对联，上联中共七个“朝”字，其中一、四、六“朝”字读为“潮”，其余读为朝阳的“朝”；下联中共七个“长”字，其中一、四、六“长”字读为“涨”，其余读为“常”，上下联分别读作：

海水潮，朝朝潮，朝潮朝落；

浮云涨，常常涨，常涨常消。

这幅对联充分利用汉字的多音多义和同音假借功能，用字独特，音义新奇，读之妙趣横生，是对联中的珍品之作。

（二）回文

古代诗文顺读倒读都能成文，叫作回文。相传东晋窦滔妻苏蕙所作的《璇玑图》为回文诗之祖。《璇玑图》共841字，用不同的顺读和倒读，能得诗三千多首[①]。

---

① 余元洲．历代回文诗词曲三百首．长沙：岳麓书社，2008：2-4.

古代回文作品不少。苏轼的回文词《西江月·咏梅》上下两阕，其下阙由上阙倒读而成：

上阙：马趁香微路远，沙笼月淡烟斜。渡波清澈映妍华，倒绿枝寒风挂。

下阕：挂凤寒枝绿倒，华妍映澈清波渡。斜烟淡月笼沙，远路微香趁马。

有的回文诗从句中任意一字开始读，都可以成句，如唐代吕岩《酒箴》："神伤德坏身荒国败。"八个字首尾连成环，可以任意一字为起端，四字一句，两句一韵，都能成诗。下面四种读法分别从"败"字"国"字倒读和从"德"字"荒"字顺读，诗句、诗意、押韵等，都完好无缺：

败国荒身，坏德伤神；国荒身坏，德伤神败；

德坏身荒，国败神伤；荒国败神，伤德坏身。

还有转尾减字连环，如明代唐寅的《咏冬》：

梅枝几点雪花开春信来

这十个字首尾连成环形，七字一句（十字减去三字），向左、向右读，都能够成为一首绝句。下面是分别从"梅""点"二字向右读、从"来""开"二字向左读组成的一首绝句：

梅枝几点雪花开，点雪花开春信来。

来信春开花雪点，开花雪点几枝梅。

三、离合字与隐语和字谜

汉字中由两个或几个字组成的合体字很多。离合字即把合体字离析为几个字，或反过来把几个字合成为一个字。如"墨"字离析为"土、黑"，"日、月"合成为"明"等。南宋叶梦得《石林诗话》记载，用离合字创制作品，始于东汉末年孔融所作《离合作郡姓名字诗》。后来人们在散文、对联、人名中，也有使用离合字的。按创作目的分，离合字作品大致可分为隐语和字谜两类。隐语不把要说的话明白地说出来，而是借用字体的拆分或组合来表示，要表达的意思藏在字的形体中。字谜是由谜面、谜底和谜目组成并以汉字为谜底的猜字游戏。

（一）离合字与隐语

东汉孔融《离合作郡姓名字诗》全诗如下：

渔父屈节，水潜匿方。与時进止，出寺弛张。

吕公矶钓，阖口渭旁。九域有圣，无土不王。

好是正直，女固子臧。海外有截，隼逝鹰扬。

六翮将奋，羽仪未彰。龙蛇之蛰，俾也可忘。
玟璇隐曜，美玉韬光。无名无誉，放言深藏。
按辔安行，谁谓路长。

这首诗利用离合字，隐含了"鲁国孔融文举"六个字。第一、二两句分离"渔"字，"渔"字的"水"潜匿了，剩下"鱼"字；第三、四两句分离"時(时)"字，"時"字的"寺"字出行走了，剩下"日"字。"鱼、日"合成"鲁"字。第五、六两句分离"吕"字，"吕"字因阖闭了一个"口"字，只剩下一个"口"；第七、八两句分离"域"字，"域"字因无"土"了，剩下"或"字，"口、或"合成"國"(简化字为"国")字。第九、十两句分离"好"字，"好"字因"女"回去了，剩下"子"字，第十一、十二两句分离"截"(隹乚，见汉碑)字，"截"(隹乚)字的"隹"("隼"代"隹")飞逝了，剩下"乚"字，"子、乚"合成"孔"字。第十三、十四两句分离"翮"字，"翮"字因羽毛未彰，剩下"鬲"字；第十五、十六两句分离"虵"(蛇)字，"虵"字的"也"被忘掉了，剩下"虫"字，"鬲、虫"合成"融"字。第十七、十八两句分离"玟"字，"玟"字的"玉"韬光收敛了，剩下"文"字，"文"字是独体字，只离不合，故诗中只用两句诗表述。第十九、二十两句分离"譽"字，"譽"字的"言"放弃深藏了，剩下"與"字；第二十一、二十二两句分离"按"字，"按"字的"安"平安地走了，剩下"扌(手)"字，"與、手"二字合成"擧"("舉"的异体字，简化作"举"字)。

离合汉字的运用，与后世的字谜关系颇为密切。据《世说新语·捷悟》记载，魏武帝与杨修路过《曹娥碑》，见碑的背面题有"黄绢幼妇，外孙，齏臼"八字，问杨修是否能解，杨修答能解，说八个字的含义是："黄绢，色丝也，于字为'绝'；幼妇，少女也，于字为'妙'；外孙，女子也，于字为'好'；齏臼，受辛也，于字为'辤'(辞)。所谓'绝妙好辞'也。"原来这八个字是用离合字写成的隐语。

散文中的离合字隐语，如《后汉书·五行志》记载东汉献帝时童谣："千里草，何青青；十日卜，不得生。""千里艸(草)"合成"董"字，"十日卜"合成"卓"字。董卓是汉献帝的臣子，此人以臣陵君，专断朝政，童谣用离合字暗示人名"董卓"，说董卓很快就要覆亡。《儒林外史》第三十二回："张俊民道：'胡子老官，这事在你作法便了。做成了，少不得'言身寸。'王胡子道：'我那个要你谢……'"此例将"谢"字拆分成"言、身、寸"三个字来表达"谢"意。

离合字运用在名姓字中，有时与避讳有关。五代时期晋高祖名石敬瑭，因要避帝王名讳，一般姓"敬"的人离析为姓"文"或姓"苟"；到五代的后汉、后周时期又改回姓"敬"；其后宋代宋太祖的祖父名赵敬，于是姓"敬"的又改姓"文"或"苟"①。

① 参见周密《齐东野语》卷四，齐鲁书社，2007年第1版，第37页。

对联用离合汉字，相传有苏小妹与佛印和尚合作的如下一副对联：

上联：人曾是僧，人弗能成佛；（苏小妹）

下联：女卑为婢，女又可称奴。（佛印）

上联中，“人、曾”二字合为“僧”，“人、弗”二字合为“佛”，“僧佛”义隐含其中；下联中，“女、卑”二字合为“婢”，“女、又”二字合为“奴”，“婢奴”义隐含其中。两位作者创制这幅对联，用意是取笑对方。双方都巧妙地利用离合字，既机巧又有趣。

（二）离合字与字谜

字谜是跟文字有关的谜语。刘勰《文心雕龙·谐隐》：“谜也者，回互其辞，使昏迷也。”说谜语就是使语辞迂回错综，叫人迷糊，不易猜测。

字谜自产生以来倍受人们的喜爱，广大民众充分发挥自己的才智，创作出许多饶有趣味的字谜作品，其中有不少是离合字谜。如：

谜面为《孟子·梁惠王上》“何可废也？以羊易之”（打一字），前句谓“何”字中的“可”废弃不要，后句说拿“羊”字去替换“可”，谜底为“佯”。

谜面“道士腰中两只眼，和尚脚下一条巾。虽然两个平常字，新进秀才想不清”（打一双音词），第一句利用了“道士”谐音“倒士”即为“干”，并在“干”字上增添两笔为“平”；第二句拼合“尚”“巾”二字为“常”，谜底为“平常”。

有的用一个单字为谜面，如“杂”（打一五字俗语），谜底为“八九不离十”，因为“杂”字用“八、九、十”三字合成。有的与此相反，谜面是字形的离析，谜底是该单字，如谜面“人有它大，天没它大”（它代指“一”字），谜底是“一”。谜面“夫人何处去”（“夫”字中的“人”字不知去哪里了），谜底为“二”。谜面“半部春秋”（谓“春、秋”二字各取其字形的一半合成一字），谜底为“秦”。谜面“有心记不住，有眼看不见”（谓“忘”字有“心”却记不住，“盲”字有“眼（目）”却看不见了，二字只剩下“亡”），谜底为“亡”，等等。

以上是汉字文化现象的简略介绍。

汉字形成的文化现象随处可见，所体现的文化形态丰富多彩。我们在研究汉字形音义的同时，也应注意汉字蕴含的古代文化信息的研究，从而揭示更多的汉字文化现象，丰富我们的汉字文化宝库。

思考练习

1.什么是文化？汉字与文化有怎样的关系？

2.下列字组中蕴含了哪些文化信息？你还能补充其他例子吗？

韈 襪　　　楼 榭 栋 檐

槈 鎒　　　练 绝 绿 缃

绔 袴　　　奸 奴 婢 媿(愧)

3.根据自己的知识积累和理解，说说下列事例体现了什么汉字文化现象？

(1)甲骨文中“册”“典”的字形作、，像用绳穿编或捆扎的卜甲(侧视)、简牍之形，或用手捧册之形。《尚书·多士》中有“惟殷先人，有册有典”的记载。又甲骨文中“天”写作、，字形突出人的头部。《说文·一部》：“天，颠也。”中国古代神话传说无首(头)人物名为刑天，《山海经·海外西经》记载说刑天与黄帝进行斗争，“帝断其首，葬之常羊之山，乃以乳为目，以脐为口，操干戚以舞。”

(2)有“万园之园”之称的圆明园中原有一处平面为“卐”(万)字形的建筑，题额“万方安和”，寓意万邦咸会，安定祥和。又传统的陶瓷器具、刺绣织锦、建筑装饰(如窗棂、梁枋箍头)中常用连续不断的万字纹和回纹，有万福万寿不断，吉利绵长的寓意。

4.查找相关资料，试写一篇小论文，谈一谈汉字与书法或篆刻的关系。

5.搜集汉字文化现象和相关资料，开展一次汉字文化展示活动。

【拓展延伸】

1.刘志成，文化文字学.成都：巴蜀书社，2003.

2.何九盈，胡双宝，张猛.中国汉字文化大观.北京：北京大学出版社，1995.

第六章

汉字的教学

【章目要览】

传统童蒙识字教育和教材编写的成熟经验对今天的识字教育仍有一定的借鉴意义。识字教育对启蒙教育、语文教学、继承传统文化,都具有重要意义。中华人民共和国成立后,教育界积极探讨汉字教学方法,从汉字形音义、儿童心理、教育技术等方面,探索了30余种有效的方法。新时期的汉字教学形势严峻,任务繁重。要有效提高汉字教学质量,必须充分了解汉字教学现状,准确把握教学要求,坚持多认少写、循序渐进、遵循规律的原则,以科学的系统观点和汉字学理论为指导,分析汉字结构,讲解构字理据和构字规律。此外,还应结合识字教学渗透文化教育,通过纠正错别字,提高汉字书写的规范性,努力提升学生汉字文化素养和独立识字的能力。

【相关知识】

汉代许慎的"六书"说为汉字的形体构造分析奠定了理论基础,甲骨文、金文等出土文字为汉字形体分析提供了丰富可靠的原始材料。随着社会的演进和发展,汉字的形音义不断发展变化,但它是世界上仍在使用的独一无二的意音文字,其形音义之间仍有一定的理据联系,为我们学习和掌握汉字提供了一定的有利条件。汉字是记录汉语的书写符号系统,它记录和书写了我国几千年的历史和大量的古代文献,是我国传统文化千古不断流传于今的重要工具。

【情景案例】

下面是三位语文老师进行识字教学的小场景,你觉得他们的讲解有什么优缺点?如果换作是你,你会怎样进行教学呢?

1. 著名语文教育专家霍懋征老师当年教学"聪明"的"聪"时,跟孩子们说:"'聪明'的'聪'怎么记住它呢?你要想成为一个聪明的孩子,首先要用耳朵用心地听,用两个眼睛用心地看,用嘴巴大胆地倾吐,大胆地说,然后用心去思考。"

2. 著名的儿童教育家斯霞老师教"蚯蚓"两个字,对孩子们进行"蚯蚓"这两个字的字理分析。她说：孩子们，蚯蚓是虫子，所以这两个字你们看有什么偏旁啊？虫字旁。那么蚯蚓是生活在土里的，所以“蚯”字的右边是一个“土丘”的“丘”字。她还说蚯蚓是没有脚的，所以“土丘”的“丘”不能写成“兵”，在下面加两点。她又对孩子们说，蚯蚓的身体是弯弯曲曲的，它爬动起来的时候，一会儿身体是弓着的，一会儿身体是直着的，所以你们看“蚯蚓”的“蚓”字，它的右边是一张弓加一条线，非常形象。

3.一位优秀小学教师上公开课时说：“古人就是聪明，他们掌握了造字的规律，凡是和树有关的字，都有一个‘木’字。”这时一位男生举起手要求发言，但老师一直不给他机会，学生的手也一直举着，最后老师几乎是愤怒地说：“某某同学，你有什么话就说吧。”举手的男生站起来说：“老师，你说错了，有个字和树有关就没有‘木’字。”教师听了这话愤怒到了极点，毫无顾忌地说：“你如果写出这个字来，我当着大家的面，一口把它吃掉!”举手的男生跑到讲台在黑板上写了一个大大的“叶”字，老师的脸刷一下红了，愤然回到办公室……

【重点提示】

对传统童蒙识字教育的认识；识字教学的重要性及其原则、要求；利用形音义关系进行汉字教学的策略选择。

第一节　历史上的童蒙识字教学

文字自产生以后，识字就成为知识学习的主要内容之一，被纳入教学范畴。历史上我国的识字教学起源较早，教学中编写了一些识字教材，积累了许多教学经验，对我们今天的汉字教学，仍有一定的启发意义。

一、识字教学的起源

识字教学起源于何时，古代文献没有明确的记载。《尚书·多士》：“惟殷先人，有册有典。”说明殷商时期已有用文字书写的典籍，据此推测那时书写典籍的人应当接受过识字教学。

商代甲骨文是我国目前发现的最早的成系统的文字，它在应用于政治生活和社会交际的同时，针对它的识字教学应该已经开始了。据郭沫若研究，甲骨文中有一种刻辞者练习刻字的习刻。他在《殷契粹编考释》中考释第1468片指出："中第四行，字细而精美整齐，盖先生刻之以为范本。其余歪斜剌劣者，盖学刻者所为。此与今世儿童习字之法无殊，足征三千年前之教育状况，甚有意味。又学刻者诸行中，亦间有精美之字，与范本无殊者，盖亦先生从旁执刀为之。"[①]后来他在《古代文字之辩证的发展》中称这种习刻甲骨为"练字骨"。陈年福《殷墟甲骨文摹释全编》共标记习刻甲骨550片，数量不少。这种习刻有时是重复刻一个个单字，有时是刻一条卜辞。习刻内容比较广泛，几乎涵盖了多数的占卜事类和内容，如祭祀、战争、田猎、卜旬等事项。相对于范刻，习刻笔法幼稚，笔画散漫，字形失准，布局失协，有的还有错字和残字。这些甲骨习刻文字材料所反映出的师徒传授时的细致严谨态度，让我们仿佛看到殷商时期识字、书写教学的情形。只是当时的文字主要掌握在巫史手里，汉字教学应当只是极少数人内部的师徒式行为，还没有进入正式的官方的学制中。

二维码6-1

二维码6-2

汉字教学正式列入学制应当是在西周时期。《周礼·地官·保氏》："保氏掌谏王恶，而养国子以道，乃教之六艺。"所谓"六艺"即当时教学童的六门课程，其中第五是有关汉字构造的"六书"。许慎《说文·叙》也说："周礼八岁入小学，保氏教国子先以六书。""国子"指当时的贵族子弟，入学后最先学习的课程之一就是"六书"，其中包含识字教学的内容。《汉书·艺文志》："《史籀篇》者，周时史官教学童书也。"《史籀篇》是我国有史记载的最早的学童识字课本，识字教学在西周时期已列入学制无疑。

秦始皇统一中国后，采取"书同文"政策统一文字，"罢其不与秦文合者"(《说文·叙》)，并颁布了关于语言文字政策的《更名诏书》，对一系列名称的说法或用字进行了更改和规范，如"大如故，更泰守"(大小之大仍用"大"或"太"，表示郡守不写作"太守"，改用"泰守")、"赏如故，更償责"("赏罚"仍然用"赏"，"偿还债务"改用"償")、"酉如故，更酒"(表地支仍用"酉"，表喝酒用"酒")等等。秦代的文字规范政策直接影响到学校的识字教学，其中最重要的事是由当朝重臣丞相李斯、中车府令赵高、太史令胡毋敬分别主持编写《苍颉篇》《爰历篇》《博学篇》等三本童蒙识字课本。秦王朝对识字教育的重视可见一斑。

汉代统治者对汉字教学也非常重视，不仅在法律中作出具体规定，还把字的书写能力作为选拔人才和考核官员的依据，使识字教育成为全社会的自觉行为。班固《汉书·艺文志》："汉兴，萧何草律，亦著其法，曰：'太史试学童，能讽书九千字以上，乃得为史。

① 郭沫若.殷契粹编考释.第一四六八片.北京：科学出版社，1965.

又以六体试之，课最者以为尚书、御史、史书令史。吏民上书，字或不正，辄举劾。'”在这些政策推动下，从幼童开始进行识字教育受到极大重视，不仅有了专门的“书馆”，识字教材也兼有写字练习的功能。王国维在《汉魏博士考》中说：“汉时教初学之所，名曰书馆，其师名曰书师，其书用《苍颉》《凡将》《急就》《元尚》诸篇，其旨在使学童识字习字。”① 又在《简牍检署考》中指出：“古人字书，非徒以资诵读，且兼作学书之用。”②东汉王充在《论衡·自纪》中说他自己“八岁出于书馆。书馆小僮百人以上，皆以过失袒谪，或以书丑得鞭。充书日进，又无过失。手书既成，辞师受《论语》《尚书》，日讽千字。”可见识字和书写教育是汉代儿童学习的首要任务。自此幼童入学先习识字和书写，成为历代基础教育的基本内容。

二维码6-3

二、传统童蒙识字教学的教材

“童蒙”一词，源于《周易·蒙卦》“匪我求童蒙，童蒙求我”。“童蒙”就是无知的儿童。识字教学是古代儿童文化启蒙的开端，所以又叫童蒙识字或启蒙识字。童蒙识字教学最早可以追溯到殷商时期，但是没有编纂识字教材的记载。我国有史记载的最早的识字教材是前面提到的西周宣王时的《史籀篇》。据专家研究，该书按字的意义关系编排而成，四字为句，二句为韵，以便学童习诵。

秦汉时期的童蒙识字教材已经比较成熟，通行的识字教材也比较多。秦始皇统一中国后，用小篆统一天下文字，由丞相李斯编《苍颉篇》七章，中车府令赵高编《爰历篇》六章，太史令胡毋敬编《博学篇》七章，文字和条例仍然较多采用《史籀篇》，只是字形采用秦朝小篆。这三本书都是将常用字排在一起，编为韵语，便于记诵。后人将这三本识字教材称之为“秦三仓”。到了西汉初期，闾里书师将这三本书进行删改合并，去其重复字，断六十字为一章，凡五十五章，合编为《苍颉篇》，用以教学童识字。西汉中期到东汉，识字课本的编纂达到高峰，影响较大的有：司马相如的《凡将篇》、史游的《急就篇》、李长的《元尚篇》、扬雄的《训纂篇》、贾鲂的《滂喜篇》等。晋人张轨将“秦三仓”作为上卷，《训纂篇》作为中卷，《滂喜篇》作为下卷，合称“汉三仓”。在秦汉时代，童蒙识字课本编纂很热烈，直到许慎《说文解字》问世，识字课本的编纂势头才渐趋平息。

在秦汉众多识字教材中，影响最为长远、流传时间最久的是《急就篇》。清代学者顾炎武在《日知录·卷二十一》中介绍说：“汉魏以后，童子皆读史游《急就篇》。”“急就”相

① 王国维.观堂集林.石家庄：河北教育出版社，2001：86.

② 王国维原著；胡平生，马月华校注·简牍检署考校注.上海：上海古籍出版社，2004：69.

当于今天的"速成",据此可知《急就篇》是当时的儿童速成识字教材。现存《急就篇》共34章,2144字,用三言、四言或七言的韵语,把当时常用的姓名、饮食、器具等文字编集起来,以便记诵。编排尽可能避免重复字,使每句都表达一定的意义,借此帮助儿童或其他学习者在识字过程中掌握一些生活常识。

二维码6-4

魏晋六朝时期,以识字为目的的蒙学教材大量增多,蔡邕的《劝学篇》、吴项竣的《始学篇》、束修的《发蒙记》、顾恺之的《启蒙记》、王羲之的《小学篇》等,都是当时的经典蒙学教材。南朝梁代周兴嗣所编的《千字文》,是当时蒙学识字教材的杰出代表,一直沿用至清代。全书由1000个不重复的字组成,以"天地玄黄,宇宙洪荒"起句,每句4字,共250句,内容丰富,文笔流畅,辞藻华丽,气势磅礴,内容涉及天文、地理、历史、伦理、修身以及动植物名称、农业耕作等知识,是一本综合性的识字教材。《千字文》还是历代的书法家竞相书写的好材料,流传较广的有《四体千字文》《智永千字文》《草书千字文》等。

二维码6-5

隋唐五代时期的蒙学教材的发展,突破了过去那种相对单一的模式,除了沿用旧的蒙学教材外,还新编了一些注意儿童心理特征、年龄结构和形式多元、内容新颖的蒙学教材。如《太公家教》,吸取流行的谚语,通俗浅显,儿童易念易记,其中一些俗谚格言一直流传至今,如"人无远虑,必有近忧","贪心害己,利口伤身","落网之鸟,恨不高飞;吞钩之鱼,恨不忍饥","凡人不可貌相,海水不可斗量"等。唐代李翰编写的《蒙求》把592个典故组成一篇完整的四言诗,四字成一句,一人一事,两句一对,朗朗上口。这是一种创新,儿童记诵更加方便。其取材面广,思想境界开阔,大部分是历史人物故事,如"匡衡凿壁,孙敬闭户"。"孙康映雪,车胤聚萤"。"屈原泽畔,渔父江滨"。有些是神话故事和古代寓言,如"女娲补天,长房缩地。墨子悲丝,杨朱泣歧"。此外还有一些纯知识性材料,如"杜康造酒,苍颉制字"。"程邈隶书,史籀大篆"。"蒙恬制笔,蔡伦造纸"等。受《蒙求》一书的影响,后来有些蒙学教材也采用《蒙求》的名称和编法,以至于以"蒙求"命名的蒙学教材形成一个完整的体系,被后世称为"蒙求体"。

二维码6-6

宋元明清时期是蒙学教材发展的繁荣期,各种蒙学教材层出不穷,其中有的是全国通用的蒙学教材,有的是某一私塾为儿童识字编写的教材,还有的是家长为自己的小孩专门编写的蒙学教材。这个时期印刷术的发明为蒙学教材的广泛流传,提供了快捷的技术条件,儒家理学的确立也引发了社会各层面对不同教材的需求,特别是一些有名的学者加入到蒙学教材编写队伍中来，如宋代的朱熹、吕祖谦、王应麟等，元代的许衡、程端礼、胡一桂等，明代的王守仁、方孝孺、陈继儒等，清代的张伯行、陈宏谋、蒲松龄、王相等。这些大家的加入，使得蒙学教材的编写更加典雅规范，也促使了蒙学教材更为广泛地流传，其中影响最大的是相传为宋代王应麟编写的《三字经》和宋代佚名编写的《百家姓》。这两部书加上前述《千字文》，被后人合称为“三、百、千”，成为几百年使用不衰的识字课本。这个时期比较流行的蒙学教材还有《小学绀珠》《幼学琼林》《龙文鞭影》《昔时贤文》《蒙训》《训蒙雅言》《小儿语》等，此外还出现了看图识字与讲故事并配有图画的蒙学教材，前者如明洪武四年（公元1371年）金陵王氏勤有堂刊刻的《魁本对相四言杂字》，后者如明代焦竑的《养正图解》、陶赞廷的《蒙养图说》和涂时相的《养蒙图说》，清代刘树屏的《字课图说》等。

《百家姓》作者不详，成书于北宋。全文共收集507姓，其中单姓446个，复姓61个。它纯粹是姓氏的堆积，不含有其他意义。书中用姓氏作为识字内容贴近生活，便于记认和读写。其编排四字一句，又押韵，儿童诵读时不需要理解，只需要记诵，符合儿童的学习心理。儿童在书中见到自己的姓氏或邻里、朋友的姓氏，也会增加他们学习的兴趣，这些因素都是《百家姓》作为蒙学教材得以流传久远的原因。下面是《百家姓》前四十八姓的语句排列：

赵钱孙李，周吴郑王。冯陈褚卫，蒋沈韩杨。

朱秦尤许，何吕施张。孔曹严华，金魏陶姜。

戚谢邹喻，柏水窦章。云苏潘葛，奚范彭郎。

《三字经》自成书以来，已有七百多年的历史，是我国家喻户晓的蒙学教科书，其流传之广、影响之大，其他的蒙学教材都望尘莫及。《三字经》仅1500来字，内容却十分丰富，诸如教育的意义、礼仪规制、伦理道德、博物知识、经学诗赋、历史知识等等，都有涉及。语句用三字一句的短句，便于儿童诵读；句法形式灵活多样，避免枯燥，有利于训练儿童的语言能力。下面摘录的是《三字经》前二十八句：

人之初，性本善。性相近，习相远。

苟不教，性乃迁。教之道，贵以专。

昔孟母，择邻处，子不学，断机杼。

窦燕山，有义方，教五子，名俱扬。

养不教，父之过。教不严，师之惰。

子不学，非所宜。幼不学，老何为？

玉不琢，不成器。人不学，不知义。

三、对古代童蒙识字教学的认识

古代的童蒙识字教学主要体现在教材编写上。尽管这些教材在思想内容上带有或多或少的时代局限性，但总体上看，它们是汉字教育史上的宝贵财富，对今天的识字教学和识字教材编写，仍有一定的借鉴作用。

（一）注意选录常用字，提高识字效率

科学的识字教材往往会遵循汉字效用递减率，以高频用字为首先识字对象，可使学习者在最短的时间内，获得最高的识字效率和阅读能力。古代童蒙识字教材选用的字绝大多数是社会基本词汇用字，每个时代的选字都能被后代所传承，并不随着时代的变迁和推移而被废弃。据《汉书·艺文志》记载，秦代李斯等编《苍颉篇》等书时，“文字多取《史籀篇》”，可见，周宣王时代的《史籀篇》仍然是秦代识字教材的底本。到东汉建武时期，《史籀篇》仍在，只是“亡六篇矣”；秦代《苍颉篇》仍被汉初闾里书师用来作识字教材；“三、百、千”更是流传几百年而不衰。

二维码 6-7

（二）选用字量科学，适合阅读应用

尽管汉字的数量随着社会的发展在不断增加，社会常用字和字量却是基本稳定的。根据当代汉字字频统计和社会常用字的研究成果，2000～4000字几乎是中国历代社会常用字的恒量。如若儿童能够集中而系统地掌握这些汉字，日常生活中的学习与阅读，基本上可以得到满足了。我国历代识字教材的收字量，从《苍颉篇》到“三、百、千”，每部课本的字量约在1000～2000左右，同时并用的成套识字课本的总字数约在3000～4000左右，这与我们今天使用先进的计算机科学技术统计出来的结果基本相合，充分体现了古代识字教材在选字数量上的科学性。

二维码 6-8

（三）编写体例严谨，体现科学识字理念

在识字教材编写体例设计上，尤其是在编排形式、字词组合、教学方法等方面，古人进行了许多研究和探讨，体现了一定的科学识字教学的思想和理念。

首先是编排形式灵活，适合儿童学习。在识字教育初期阶段，如果让儿童去学习不直接表音的一个一个的单字，那会是很枯燥乏味的，引不起学习兴趣，勉强学了，也不容易记住。为了适合儿童的习字要求，古代蒙学教材在编排形式上普遍采用了押韵和对

偶的形式，既体现了语言的近似性重复，又能使儿童读起来顺口有节奏，听起来悦耳，从而提高了儿童的学习兴趣，收到较好的识记效果。通过汉语和谐的音律和优美的修辞启迪儿童的智慧，既符合儿童的兴趣特点，也有效地保证了儿童的学习效率和质量。从《史籀篇》到《三字经》，或四字一句，或三字一句，或混合编排，都是通篇押韵，读起来朗朗上口，易于记诵。后来出现的看图识字或讲故事并配有图画的蒙学教材，利用精美的图画、短小有趣的故事吸引儿童的注意力，给儿童带来视觉上的强烈感触，帮助他们在记住图画的同时，也记住了图画所描述的字词和故事，使他们在学习之后通过图画回想起所学的汉字，有助于激发他们的学习兴趣，巩固汉字学习成果。

其次是在教材编写中积极探索多样的识字教学方法。汉字是一种独特的文字体系，每个字表示一个附带声调的音节，儿童在刚开始学习时有一定的困难，速度也比较慢。为此古人在蒙学教材编写中，不断探索汉字教学的各种方法，主要有集中识字、字义识字、分散识字、韵语识字等。

古人在长期的教材编写中总结出启蒙阶段儿童要学的字大约是2000个，于是他们采取集中识字的方法，把这些常见字编排到一起集中学习。《急就篇》《千字文》等教材将意义相类的字排在一起，以引起联想记忆，所采用的方法就是字义教学法。在教学内容编排中注意把单字组成词语和句子，教学时把字形和字义结合起来，增加识字的联想和趣味，让学童在学习中不断累积词汇，加深字义的理解。这种方法其实就是今天“字不离词、词不离句”的分散识字教学法。在教材内容呈现形式上，古人特意将汉字编成整齐一律的句式，有意识地利用同韵字构成韵脚，使学生读起来上口，也便于朗诵、记忆，这就是典型的韵文教学法。

总的来看，古人对蒙学识字教材的编写下了很大的功夫，对教材编排和呈现形式做了很多研究。他们特别注意依循汉字规律和儿童识字特点，有计划地循序渐进地编排识字内容，巧妙地把日常生活、思想道德、行为礼仪、文化知识等融入其中，既增加了儿童的识字效果，又提高了儿童的学习兴趣。直到今天，这些童蒙识字教材和编写理念，仍有较好的参考和借鉴意义。2017年秋季学期开始使用的教育部统编小学《语文》教科书（简称“部编本”《语文》教材），就从《三字经》《百家姓》《千字文》《弟子规》等传统蒙学读物中，选取了符合当今时代特点和具有积极意义的部分内容，古代蒙学教材的价值和影响力不言而喻。

第二节　中华人民共和国语文教育的识字教学

儿童识字教育对其智力发展、语文学习、文化传承等都有重要意义。中华人民共和国成立后,广大教师和语文工作者,在识字教学的教材编写、教法设计等方面,做了许多行之有效的探索,积累了不少可贵的经验。

一、语文教育识字教学的重要性

(一)识字教育是启蒙教育的奠基工程

儿童识字是学习文化的开始,也是整个语文教学的基础。儿童只有认识了字才能进行阅读,才能遣词造句谋篇布局写文章,准确生动地表达自己的思想。此外,识字教育对于儿童智力发展具有重要意义。现代认知心理学的研究认为,识字的核心就是建立有关字词的心理词典,词典的每一个条目包括与之相对应的字词的语音信息、拼写信息、句法信息以及语义信息等,从而形成关于字词的音、形、义、用的统一心理结构,做到"见形知音、义,闻音知义、形,想义知音、形"①。儿童识字需要用眼睛看,用耳朵听,张口读,用心记。在这一识字过程中,他们既识记了字的音、形、义,也培养了他们的思维能力。在识字教育中,儿童通过观察、比较字体的形态结构,可以提高他们的观察能力;儿童从音、形、义的关系和汉字的规律上巩固识字成果,可以由无意识记向有意识记过渡,发展和提高他们的记忆力。汉字体现了中国人形象思维与抽象思维的和谐统一,学习汉字必须左右脑并用,这有利于儿童左右脑并用的思维开发。

总之,汉字教育十分重要。正如王宁先生所指出的:"汉字教育是一切教育的基石,使全民了解和正确使用汉字,是提高民族文化素养的奠基性工程。"② 尤其是儿童的识字教育,我们必须高度重视。

(二)识字教育是语文教学的重要内容

教育部《义务教育语文课程标准(2011年版)》(简称"新课标")指出:"识字、写字是阅读和写作的基础,是第一学段的教学重点,也是贯串整个义务教育阶段的重要教学内

① 张大成,伍新春.语言文字应用的一个重要领域——汉字识字教学的心理实质及其规律.语言文字应用,1999(4).

② 王宁.汉字教学的原理与各类教学方法的科学运用(上).北京:课程·教材·教法,2002(10).

容。”针对各个学段的识字与写字教学,新课标提出了具体要求,而且都是放在各个学段目标与内容的第一项进行说明,其重要性显而易见。

二维码6-9

识字教育对于语文教学的重要性,张志公在上世纪60年代初就有过精辟的论述,他指出语文要基本上能通、够用,要过好三关,“‘字’是学好汉语汉文的第一关。这是个大关。过不了这一关,提高语文程度就很困难;过了这一关,提高就比较容易。”“凡是读书有困难,笔下文理不通的,十之八九是被这道关口拦住了——认得的字少,不够用;所认的字没弄清楚,不管用。”①我国教育家叶圣陶也曾说过,“学语文的基本功是什么?”“第一是识字写字”,“到高中程度,识字自然要比小学比初中更进一步”②。由此可见,识字教育是语文教学十分重要的内容,我们应在这方面多下些功夫,多做些研究,有效提高识字教育和语文教学的水平。

(三)识字教育是继承祖国优秀传统文化的需要

我们所处的今天这个时代,经济全球化趋势日渐增强,现代科学和信息技术迅猛发展,新的交流媒介不断出现,给社会语文生活带来巨大变化,对中华民族优秀传统文化的继承带来新的挑战。汉字是中华文明的重要标志,也是传承中华文明和传播中华文化的重要符号。这种传承是真正的中华基因的传承。汉字是文化的产物,“凡解释一字即是作一部文化史”③。穿过历史云烟,我们可以追溯一个个汉字初创时的理据和发展演变过程,挖掘储存在汉字中的文化基因,体味汉字的形体美。所有这些对我们了解先民的文化创造力、认识中华文化的博大精深以及努力传承优秀的历史文化等,都具有重要意义。通过识字教育,学生可以从中了解丰富多彩的中国历史文化,感知其文化魅力,从而培育学生对祖国语言文字的热爱之情,增强学生民族文化的认同感、自信力和创造力,从而为他们继承和弘扬历史文化,打下良好的基础。

二、语文教育识字教学的探索

中华人民共和国成立以后,我国的识字教学进入一个全新阶段。在这个阶段内,国家组织专家学者首先做了两项重要的工作:一是创制了汉语拼音方案,使人们独立识字有了操作工具,也使汉字标准音有了统一符号。二是开展汉字现代化的规范工作,使汉

① 张志公.漫谈语文教学.福州:福建人民教育出版社,1963.

② 叶圣陶.叶圣陶语文教育论集.北京:教育科学出版社,1980:142.

③ 陈寅恪写给沈兼士的信.《沈兼士学术论文集.北京:中华书局,1986:202.

字的印刷、书写有了统一的规范形体，有利于普及推广。这两项工作的完成标志着现代汉字识字教学进入到了科学化的探索阶段。广大的教育和语文工作者，在教材编写、教法设计等方面进行了许多行之有效的探索，积累了不少可贵的经验。国家教育科学研究所教学研究中心和教育实验研究中心，对“集中识字”“注音识字”和“分散识字”等方法，进行了长期的研究，并于1993年成立了“小学汉字识字教育科学化课题组”，由戴汝潜主持设计了“我国小学识字教育现状的调查问卷”，撰写了《我国小学识字教育的现状、分类与科学化问题》的调查报告，全面系统地总结、分析了小学识字教学法的现状和相关问题[①]。到2000年“全国小学识字教学研讨会”召开前，有定称的汉字教学方法已有30多种，其中比较成熟的流派都有代表人物、教学实验基地和较长的创建历史。为了更清楚直观地了解中华人民共和国成立来我国小学识字教学方法的基本情况，下面以戴文为基础，结合相关文献，将其中比较典型的20种识字方法予以列表说明。

我国识字教学方法基本情况简表

序号	识字教学方法	起始年	创始人	代表性论文、报告	理论要点	主管单位
1	生活教育科学分类识字	1952年	黄剑杰	黄剑杰:《生活教育分类识字法》(专著) 黄剑杰:《分类识字法探索》,《中国教育学刊》,1989(1)	1.以陶行知生活教育理论、钱学森大成智慧学构想为理论基础;2.以现代科学分类为汉字分类依据,结合儿童的心理特点进行教学;3.以物分类为62类214部,把全部汉字按本义、部首、物属构成一幅清晰的汉字分类系统,形、音以义为核心统一在一起	安徽省陶行知教育思想研究会
2	随文分散识字	1958年	斯霞	斯霞:《谈随课文分散识字》,《江苏教育》,1979(1). 斯霞:《我的教育生涯》,上海教育出版社,1982年	1.字不离词,词不离句,句不离文;2.在语言环境中,音形义、读说写紧密结合;3.研教材,据学情,无定法,讲究教学的艺术性	江苏省教育厅

① 戴汝潜.我国小学识字教育的现状、分类与科学化问题//潘仲茗、戴汝潜.现代小学识字教育科学化研究.北京:北京科学技术出版社,1995:202—211.

续表

序号	识字教学方法	起始年	创始人	代表性论文、报告	理论要点	主管单位
3	集中识字	1958年	辽宁黑山北关实验学校	郭林、张田若:《集中识字教学的理论与实践》,教育科学出版社,1991年	1.根据汉字形音义统一的原则,突出字形、兼顾音义特征;2.以“基本字带字”为主要方法,坚持“形音义统一、字词句联系、认读写结合、记比说兼用”;3.吸收先识字后读书、看图识字、读课文增识生字等传统经验,组织学生掌握汉字规律自学生字	中央教科所
4	字族文识字	1960年	鄢文俊、杨健、卢正体、吴忆颜等	鄢文俊:《字族文识字教学实验研究》,《教育研究》,1994(6).《字族文识字读本》(4册),四川人民出版社,2001年	1.将汉字构字规律转化为识字规律,将儿童认识事物的规律转为认知规律,用趣味识字教法来体现;2.借助“语景”进行“字形类联、字音类聚、字义类推”;3.将学习语文的规律转化为自学汉字的规律,用学法指导实现;4.将规律化、结构化的一组字编为字族来认识,为阅读写作打下基础	四川省乐山市教委、科委
5	部件识字	1965年	《文字改革》杂志	苏静白、郝金慧:《“部件识字和语言训练的系列化”实验与研究》,载《首届小学汉字教育国际研讨会论文集》,1994年 石海泉、黄梦钧:《部件识字法十二年实验报告》,《湖南教育》,1978年	1.心理学“整体优先”原则,分散识字与集中识字相结合;2.以系统论和文字学观点科学分析汉字结构;3.以部件为基本单位,按“单体字→简单合体字→复杂合体字”三级结构识字	河北省沧州市教研室 湖南省长沙市教委

续表

序号	识字教学方法	起始年	创始人	代表性论文、报告	理论要点	主管单位
6	双拼(计算机辅助)识字	1968年	扶良文	王春杰:《双拼计算机辅助识字法》,载《首届小学汉字教育国际研讨会论文集》,1994年	1.改进注音工具,适应计算机操作,发挥"大量阅读效果";2.分散"读、讲、用、写"难点;3.发挥心理学"词优效应",直接建立汉字定势,重视无意记忆和信息多渠道输入等原理	
7	汉字标音,及早读写	1978年	魏大义 肖长杰	魏大义:《"汉字标音及早读写"研究报告——汉字启蒙新途径》,载《首届小学汉字教育国际研讨会论文集》,1994年	1.精选高频字作标音字,代替拼音启蒙识字;2.先学基本字,再学拼音,再扩大识字、阅读	四川省教科所
8	快速循环识字	1981年	刘振平	刘振平:《循环识字的理论与实践》,《小学语文教学》,1986(10). 刘振平:《快速循环识字法原理》,黑龙江教育出版社,1992年	1.以心理学"循环记忆法"为依据,合理循环防止遗忘,科学实际效率高;2.借助意义识记的原理,为汉字的音、形、义编织联想之网	黑龙江省牡丹江农垦师范教研室
9	注音识字,提前读写	1982年	李楠	李楠:《小学语文"注音识字,提前读写"改革实验的构想和实践》,《课程·教材·教法》,1989.10	1.以发展语言能力和思维能力为重点,解决"识汉字与学语言"的矛盾;2.发挥汉语拼音的多功能作用,寓识字于读写中,提前进行听、说、读、写的训练,协调发展口语与书面语	黑龙江教育学院语委
10	听读识字	1984年	谷锦屏	谷锦屏:《关于"听读识字"的实验研究》,《天津教育》,1988(3)	1.听读过程为识字提供"字义场";2.无意记忆与有意记忆相结合;3.吸收注音识字、归类识字、部件识字长处,听读、识字、写字分步进行	天津教科院基础所

续表

序号	识字教学方法	起始年	创始人	代表性论文、报告	理论要点	主管单位
11	韵语识字	1987年	姜兆臣	姜兆臣、张国祥:《韵语识字的理论与实践》,载《首届小学汉字教育国际研讨会论文集》,1994年	1.依据快速记忆原理,遵循儿童"先记忆后理解""先整体后部分""先形象后抽象"的认知规律;2.先识高频字,尽早阅读;3.充分发挥字音和字义场的优势效应,组字成词,依词成文,语境识字;4.抓住儿童特点,多种方法,联想记忆	中央教科所、辽宁省东港市教育局
12	猜认识字	1987年	王桐生 张俊蘅	关于猜认识字法的教法问题	1.以心理学"模糊再认"和"最近发展区"理论为依据;2.利用"初识字""认读字""三会字"三个层次的模糊性,整体性设计教学;3.发挥儿童依汉字音形义易于猜想的优势,互启、互教	天津市东丽区
13	字根识字	1987年	张继贤	张继贤、张世雄:《中小学快速识字手册》,黑龙江人民出版社,1991年	1.汉字是分析型文字,字根派生字件,二者可串联全部汉字;2.28个字根建立纵序,1000个字件为横序,展现汉字构形体系	黑龙江婺源弘文语文科学研究会
14	奇特联想法	1989年	李卫民	李卫民:《奇特联想识字法的实验研究》,《河北教育》,1994(1).《奇特联想识字法集锦——小学生识字手册》,国际文化出版公司,1994年	1.对字的"形音义"进行整体分析,找出三者联系;2.对字进行结构的层次性分析;3.利用儿童形象思维的奇特性和浪漫性,结合生活进行海阔天空的联想,在大脑中建立物象,加强记忆	浙江省温岭市

续表

序号	识字教学方法	起始年	创始人	代表性论文、报告	理论要点	主管单位
15	立体结构识字	1987年	赵明德	赵明德等:《立体结构识字法实验》,载《首届小学汉字教育国际研讨会论文集》,1994年;《汉字智力游戏教具》1990年获得发明专利	1.改革教具、学具为“汉字魔块”,在汉字智力游戏中完成识字;2.演示、操作、理解汉字结构,边玩边学,提高兴趣	中央民族大学
16	字谜识字	1987年	辛连翔等4人		1.在编字谜、学生字的过程中把握字形结构、笔顺、笔画的特点,提高学生辨认字形完整性和精确性的能力;2.提高兴趣,发展思维,开发智力	吉林省双辽进修学校
17	趣味识字		郭洪	郭洪:《趣味识字与发展学生思维》,载《首届小学汉字教育国际研讨会论文集》,1994年	1.通过活动、游戏综合调动儿童多种感官和思维,激发识字兴趣;2.运用汉字规律,快乐教学;3.传授识字方法	江苏淮阴
18	成群分级识字	1991年	曾悠源	廖郁山、曾青云:《“成群分级识字”教学实验研究》,载《小学教学改革与实践》	1.以根字系联字群,按字群分级进行的整体识字;2.根字系联、整体有序,设境拼形、活动识字	湖南省教委、教科所
19	字理识字	1991年	贾国均	贾国均:《字理识字教学法实验方案》,载《首届小学汉字教育国际研讨会论文集》,1994年	1.根据汉字结构和形义关系,把识字过程变为分析、理解、记忆汉字音、形、义之间联系的过程;2.根据儿童认知能力,形象生动,强化记忆,发展思维	湖南省岳阳市教委
20	多媒体电脑辅助识字。		谢锡金	谢锡金、祁永华、罗陆慧英:《多媒体电脑辅助学习汉字的理论与设计》,载《首届小学汉字教育国际研讨会论文集》,1994年	1.汉字形音义结构的统一;2.运用多媒体提高儿童兴趣;3.建立与字相关的知识库;4.在“读、说、听、写”中理解汉字部件意义和作用	香港大学课程学系

上列表中各种教学方法都有各自的特色、逻辑体系和或大或小的差异,但都是以汉

字自身的字形、语音规律和儿童心理发展特征为出发点和归宿点。各种教学方法都取得了良好的效果，提高了教师的教学水平。根据其理论依据的不同，这些识字教学方法可以从整体上分为以下三类：

（一）以汉字的语音学、文字学理论为指导的识字法

二维码6-10

这种方法是从汉字自身规律中的形音义统一观出发设计的小学识字教学方法。根据对形音义侧重点的不同，又可以细分为以下六种：

1. 突出“形”的特点和作用的“形识法”。这类方法充分注意到汉字不同于拼音文字的特点，依据汉字在“形”上可以为识字提供天然信息源的优势，运用结构分析方法，将汉字的组成分为笔画、部件（字根）和整字三级结构，其核心部分是部件（字根）。根据部件（字根）构成整字的规律和特征，建立识字的逻辑顺序，并以儿童心理发展特征为依据，将其格式化为系统的教材。主要包括部件识字、成群分级识字和字根识字法等。

2. 突出“音”的特点和作用的“音识法”。这类方法借鉴和吸收拼音文字的优点，通过标音提高识字效率，尽早让学生接触规范化书面语言，以达到提前“读”“写”的目的。主要包括注音识字法、汉标识字法和双拼识字法等。

3. 突出“义”的特点和作用的“义识法”。这类方法的根据是汉字在形和义两方面与事物分类具有高程度统一的特性，如“木”旁的字表示与树木有关的事物，“金”旁的字表示与金属有关的事物，等等。这种方法从秦朝《苍颉篇》就开始使用了。现在人们按照汉字表述的事物分类，突出汉字“义”的特征而设计出新的识字方法，那就是生活教育科学分类识字法。

4. 突出形、义关联特点和作用的“形义法”。相对于拼音文字，识读汉字时具有“形”和“义”两个信息源的优势，历来具有的“望文生义”的思维特点和规律，就是这一优势的体现。按照这种规律设计的教学法主要包括字理识字、奇特联想识字和猜认识字等。这类方法更有利于书面语言能力的培养。

5. 突出“音、义”关联特点和作用的“音义法”。这种方法依据文字是记录语言的语音符号特性而形成，主张在词、句诵读过程中识字。历来所谓“不识字就读书”之说，就是这种方法的体现。除了传统的“诵记法”外，听读识字和韵语识字等也属于“音义法”。这类方法充分运用口头语言训练的优势进行识字。

6. 综合“形、音、义”三者的关联规律和作用的“综合法”。主要包括：在汉字横向比较中获得对字的认识，以发展书面语言为重心的集中识字法；以汉字在词、句的上下文

中的地位所决定的，在纵向关联中发展口头语言为特征的分散识字法；以纵横结合为特征的字族文识字法。字族文识字法巧妙地将集中归类识字寓于分散识字法之中，突出了“形义”“形声”和“音义”的综合特点，继承和发扬了我国传统的“诵记法”，是一种重要的综合性很强的识字教学方法。

二维码6-11

（二）遵循和突出儿童心理发展规律的识字法

主要有两种，一种是快速循环识字法，另一种是字谜、趣味识字法。前者突出利用记忆规律快速识字，后者突出情趣规律和作用识字。

这些方法的共同特点是将心理原理有机地同汉字自身规律科学地结合起来，有较好的识字效果。

（三）运用专门的教育技术作为识字工具的识字法

主要包括：运用普通教具和学具的看图识字法和立体识字法等；运用现代教育科技的计算机辅助双拼法和多媒体辅助教学识字法等。这些不同的识字教学方法，从不同角度对汉字的识字教育进行了有益的探索，形成了一些识字教育的规律性认识，主要有四点：

1. 小学汉字识字应作为小学低年级教学重点，运用新教学法的识字量应达到1700～2000个。

2. 习识汉字要从汉字固有的特点出发，按照汉字的识字规律，综合汉字“音、形、义”三个信息源的内在统一性，设计“相对集中识字”的方法。

3. 识字最直接的作用是学会阅读。儿童早期阅读兴趣的培养、阅读习惯的形成，是小学教育的关键，必须把识字同阅读、写作联系起来，系统改革课程和教材，充分发挥好识字教学方法的优势。

4. 小学识字不是孤立的识字问题，所有新教学方法都重视以教育学、心理学、汉字学、语音学的基础理论作指导，从汉字象形、会意、形声等特点出发，把识字过程设计成为识字教育过程，使儿童在识字过程中受到多方面的教育。

上世纪90年代中期以后，识字教学又出现了“炳人识字”“阶梯识字”“字源识字”“部件识字”“词串识字”“情景识字”“成语识字”“童话识字”“口诀识字”“字频识字”等多种新的识字教学探索。这些方法都各有其优势或特点，但没有哪一种是最有效的。采用哪种方法，要根据课程的目标、社会的要求、学生的需要，以及学校的资源来决定。近年来，

二维码6-13

教育界加大了识字和脑科学、思维学、认知心理学、认知语言学、神经语言学、信息技术学等现代科学成果相结合的研究,为识字教育和语文教育的基本原理提供了全新的视角。相信在广大教师和社会各界的共同努力下,识字教育和语文教育的科学化将很快成为现实。

第三节　识字教学的原则和要求

根据"新课标"的要求和儿童心理、汉字特点、语文教学的规律等,识字教学应遵循基本的教学原则和教学要求,从而有效提高识字教学的效率和质量。

一、识字教学的基本原则

(一)多认少写的原则

多年来,识字教学有一种惯性的观念,那就是让学生每学一字都要达到"四会"(会认、会讲、会写、会用)的要求,导致学生识字、写字的学习负担过重。为了扭转这种局面,"新课标"特别重视语言文字的运用实践,在"教学建议"中强调"多认少写"的教学原则。相对之前的"全日制义务教育语文课程标准(实验稿)","新课标"对识字教学各学段"会认""会写"的字量要求进行了调整,特别是减少了中低学段的写字量。1~2年级识字量由1600~1800个调整为1600个左右,写字量由800~1000个调整为800个左右;3~4年级识字量仍然是2500个左右,但写字量由2000个左右调整为1600个左右。"多认少写"原则,要求学生多认识一些字,但会认的字不一定同时要求会写、会讲。在《新华字典》(第11版)中,"书"字的第一个义项是"成本的著作",此外还列有用于不同词语和语境中的3个义项,让学生怎么讲?又如"走"字,该字典所列义项有10个,叫学生讲怎么讲?讲哪一个意义?所以为切实减轻学生的学习负担,新课标强调"多认少写",重在运用。

(二)循序渐进的原则

在过去的识字、写字教学中,有的教师过于追求低年级的识字数量,到高年级就放任不管了。对具有不同教学难度的字,不同教学阶段大都采用同样的教学方法,往往要求学生将所学的每个字都抄写十遍二十遍以上。实际上,不同阶段的识字、写字学习,难度不尽相同，教学需要循序渐进。为了更好地体现循序渐进的原则，“新课标”适当调整了不同年级学生识字写字的字量和识字写字要求。调整后，整个小学阶段识字写字总量保持不变，仍然要求认识常用汉字3000个左右，其中2500个会写，但是适当减少了低、中年级的写字量，相应地增加了高年级的写字量。除字量外，识字、写字的要求也体现了循序渐进的原则。如1～2年级要求有主动识字、写字的愿望，努力养成良好的写字习惯；3～4年级要求对学习汉字有浓厚的兴趣，养成主动识字的习惯；5～6年级则要求有较强的独立识字能力。从愿望到兴趣、习惯和能力养成，体现了识字、写字是一个循序渐进的过程，不可一蹴而就。在具体操作层面，1～2年级从掌握汉字的基本笔画和常用的偏旁开始，学习独立识字，能借助汉语拼音认读汉字，学会用音序检字法和部首检字法查字典；3～4年级才要求有初步的独立识字能力，会运用音序检字法和部首检字法查字典、词典；5～6年级需要有较强的独立识字能力。为了达到上述要求，“新课标”增加了“识字、写字教学基本字表”，所列的300字和17个字附带部首变体应作为第一学段识字、写字教学的重要内容，让学生在初级阶段熟练掌握这300个“基本字”。选出的这些字里面包含汉字的各种笔画类型和基本间架结构类型，构形简单，重现率高，构字能力强，其中大多数能成为其他汉字的结构成分，是基础的基础。学生多花一些功夫认识、体会并且练好这些字以后，学习其他的字可以少花时间和力气，收到事半功倍的效果。而附录的“常用字表”共收常用汉字3500个，其中“字表一”中的2500字可作为第三学段识字、写字教学考核的依据。“新课标”之所以提出这样具体的要求，就是要改变传统识字教学一刀切的状况，根据学生学习特点和语文教育需要，循序渐进地培养学生识字写字的能力。

二维码6-14

二维码6-15

（三）遵循规律的原则

1. 遵循儿童心理认知规律

一般来说，儿童认识事物多半是由易到难、由简单到复杂、由具体到抽象、由感性到理性。识字教学要符合儿童认识事物的规律，注意儿童认识事物的特点，加强识字与认识事物的联系。刚开始学习识字的低年级儿童，注意力不够持久和稳定，其认知特点是形象性、直观性较强，对事物的感知以整体轮廓为主，辨别细节能力差，擅长记忆形象具体的人或事物，一些有趣的故事、栩栩如生的画面更容易引起他们的兴趣。因此这个阶段的儿童识字教学，要将学生熟识的语言因素作为主要材料，把汉字与所记录的具体事物紧密联系起来，结合学生的生活经验，引导他们主动识字，识字方法可采用浅易的字理识字、看图读拼音句群识字、看图按事物归类识字、看图学词学句等。中高年级儿童由于知识积累和生活经验的增加，言语和思维得到发展，已经具有一定的理解能力，机械记忆相对减少，意义记忆日益增强。因此中高年级的识字教学，对字义的讲解就不一定要依赖具体的物体了，而是要不断创造条件，促进学生思维方式由形象思维到抽象思维的转化，其教学方法可以适当使用字源法，顺带讲解一点汉字文化知识，唤起学生头脑中存贮的记忆，使小学生由单纯记忆汉字，逐步发展为能够分析汉字的音、形、义的特点，从而加深他们对所学汉字的理解和记忆。

2. 遵循汉字本身的规律

汉字是形、音、义的统一体。汉字的形体构造和发展演变有一定规律，相当数量的现代汉字仍能体现象形、指事、会意、形声的构造规律，使我们能从其形体构造看出字形与字音、字义的不同程度的联系。从字形构造看，每个汉字都是由一些偏旁或部件按一定的组合规律构成的，偏旁或部件组合成字不是简单的平面拼装，往往具有层次性和体系性。所以"成功的识字教学法必须体现该文字本身特有的规律，与该文字的特点、体系相适应。"[①]"新课标"也强调，识字教学应特别关注汉语言文字的特点对学生识字写字的影响。因此在识字教学中，形体直接表意的汉字，可以利用简笔画、挂图、投影等方式，揭示它们由实物到图形、再到古文字形体的演变过程，引导学生建立起字形和字义之间的联系，进而建立起字的音、义同字形的联系。由多个偏旁构成的汉字，可以利用汉字结构的层次性，先教构字率高的独体字和笔画笔顺、偏旁构成、间架结构，再利用汉字的零部件及组合规律，通过形旁归类、声旁归类、基本字带复合字等方法，架起汉字的结构框架，帮助学生掌握构字规律，教一个学一串，形成学习迁移，为独立识字创造有利条件。

3. 遵循语文教学规律

语文课程是学生学习和运用祖国语言文字的课程，着重培养学生的语文实践能力。语文教学要努力体现语文课程的实践性和综合性，注重听说读写之间的有机联系，沟通课堂内外，让学生在语文实践中学习语文，注重熏陶渐染、潜移默化，重视情感、态度、价值观的正确导向。作为语文学习的基础，识字教学要遵循语文教学规律，在认清字形、读准字音、掌握字义的基础上，注重字、词、句、篇的联系，注重培养在具体语言环境中运用汉字的能力，注重结合识字进行初步的语言训练和思维训练。这就要求识字教学要结合学生的生活经验，引导他们利用各种机会主动识字，激发主动识字的兴趣，形成独立

二维码 6-16

① 薛晓光. 走出小学识字教学的误区. 北京：中国教育报，1999(12).

识字和运用汉字的能力。多年来语文教育界为此做了许多探索,运用了多种识字教学方法,如“字不离词、词不离句”的“随课文分散识字”法,在词和句子中识字的“多种形式识字”法,在阅读中独立识字的“注音识字”法等。这些方法让学生结合语言环境了解字义和字音与字义之间的联系,从而有效掌握汉字的音、形、义,既简化识字过程,也提高了识字质量。

二、识字教学的基本要求

识字教学作为一门课程和教学活动,有一些具体要求,其中最基本的要求有如下三条:

(一)识字本体的要求

所谓识字,就是通过字的形、音、义学习和感知,在学习者的头脑中建立起牢固的联系,实现见字形即能读出音,明白其意义;想到或听到字音,就可以写出字形。具体来说,就是要掌握字形,明了字的结构和写法,能分别其正误;掌握字音,能正确读出字音,能区分多音字的不同读法;掌握字义,能了解字的基本意义和常用意义。吴玉章曾指出:“认识一个汉字必须要知道它的形、声、义三个要素,三个中间缺少了一个,就不能算做认识这个字。”①此说颇有道理。真正认识和掌握一个字,就是要在头脑中建立起形、音、义的统一联系。

(二)课程目标的要求

“新课标”特别强调语言文字运用能力的培养,特别关注汉语言文字的特点对学生识字、写字和思维发展等方面的影响,明确规定了学生识字和写字在情感价值、识字量、识字能力等方面的具体目标。

在情感价值方面,1～2年级要喜欢学习汉字,有主动识字、写字的愿望,初步感受汉字的形体美,努力养成良好的写字习惯;3～4年级对学习汉字有浓厚的兴趣,养成主动识字的习惯;5～6年级有较强的独立识字能力,在书写中体会汉字的优美;7～9年级能熟练地使用字典、词典独立识字,体会书法的审美价值;3～9年级写字姿势正确,有良好的书写习惯。

在识字量方面,1～2年级认识常用汉字1600个左右,其中800个左右会写;3～4年级累计认识常用汉字2500个左右,其中1600个左右会写;5～6年级累计认识常用汉字

① 吴玉章.新文字与新文化运动.//文字改革文集.北京:中国人民大学出版社,1978:39.

3000个左右，其中2500个左右会写；7～9年级累计认识常用汉字3500个左右，没有明确写字量的要求。

在知识与能力方面，1～2年级掌握汉字的基本笔画和常用的偏旁，能按笔顺规则用硬笔写字，注意间架结构；写字姿势正确，书写规范、端正、整洁；学会汉语拼音，能读准声母、韵母、声调和整体认读音节，能准确地拼读音节，正确书写声母、韵母和音节；认识大写字母，熟记《汉语拼音字母表》；能借助汉语拼音认读汉字；学习独立识字，学会用音序检字法和部首检字法查字典。3～4年级有初步的独立识字能力，会运用音序检字法和部首检字法查字典、词典；能使用硬笔熟练地书写正楷字，做到规范、端正、整洁；用毛笔临摹正楷字帖。5～6年级有较强的独立识字能力；硬笔书写楷书，行款整齐，力求美观，有一定的速度；能用毛笔书写楷书。7～9年级能熟练地使用字典、词典独立识字，会用多种检字方法；在使用硬笔熟练地书写正楷字基础上，学写规范、通行的行楷字，提高书写的速度；临摹名家书法。

（三）识字评价的要求

评价是指导教学的重要依据之一。对识字的评价，“新课标”提出的总体要求是要有利于激发学生识字、写字的兴趣，帮助学生养成写规范字的习惯，减少错别字。具体的操作性要求包括汉语拼音、识字、写字等三个方面。

汉语拼音学习的评价，重在考察学生认读和拼读的能力，以及借助汉语拼音认读汉字、讲普通话、纠正地方音的情况。

识字的评价，要考察学生认清字形、读准字音、掌握汉字基本意义的情况，以及在具体语言环境中运用汉字的能力，借助字典、词典等工具书查检字词的能力。第一、第二学段应多关注学生主动识字的兴趣，第三、第四学段要重视考察学生独立识字的能力。

写字的评价，要考察学生对于要求“会写”的字的掌握情况，重视书写的正确、端正、整洁，在此基础上，逐步要求书写流利。第一学段要关注学生写好基本笔画、基本构件和基本字；第二、第三学段还要关注学生的毛笔书写；第四学段还要关注学生基本行楷字的书写和对名家书法作品的临摹。义务教育的各个学段的写字评价都要关注学生写字的姿势与习惯，引导学生提高书写质量。第三学段要求学生会写2500个字。对学生写字学习的评价，所写字当以“新课标”附录5“义务教育语文课程常用字表·字表一”为依据。

二维码6-17

三、目前识字教学存在的不足

以识字教学的原则和要求衡量，就目前而言，我国的识字教学还存在诸多不足，主要有以下几个方面：

（一）重本体轻主体

在传统观念的影响下，识字教学大都比较关注识字教学本身，对学生的主体地位没有足够的重视，教学中教师将学生视为识字教学的接受者，将自己视为领导者，教师与学生的教学关系是主动传授与被动接受的关系。

“新课标”指出：“语文课程必须根据学生身心发展和语文学习的特点，爱护学生的好奇心、求知欲，鼓励自主阅读、自由表达，充分激发他们的问题意识和进取精神，关注个体差异和不同的学习需求，积极倡导自主、合作、探究的学习方式。教学内容的确定，教学方法的选择，评价方式的设计，都应有助于这种学习方式的形成。”这些要求，核心内容就是突出学生的主体地位。尽管“教师主导、学生主体”的教学观念已经广为人知，但是在师生教学关系的处理中，教师不尊重学生主体地位的现象，仍比较常见。此外教学活动中缺乏师生互动，不能调动学生识字的积极性，不能把学生的注意力引导到课堂中来，更别说关注学生的个体差异和主体地位了。

（二）重数量轻质量

在识字教学中，为了保证课程进度和教学计划，有些教师往往过于重视学生识字量的积累，片面追求识字数量。对汉字教学方法优劣的评价，所关注的往往是这种方法在一定时间内能够让学生掌握多少汉字，识字速度如何，忽略了质的标准。有的老师认为识字教学的重心在1～2年级，到了高年级就可以放手了，抱着“扫除文字障碍”的心理，采用“拼拼、念念、写写”的简单枯燥的方法进行识字教学，其结果3年级以后普遍出现“识字回生”现象。有的老师认为，既然低年级识字教学是重点，那就有必要让学生将2500个常用汉字在1～2年级全部认识完。这种观点也是片面追求识字数量，是识字教学的“GDP”情结，其结果将会挫伤学生自主识字、主动识字的积极性，以致识字的兴趣不浓。

识字教学在注重数量的同时，更应关注学生识字的“可持续发展能力”，关注学生能否自己独立识字，以及学生识字的质量如何，即应数量和质量并重。

（三）重形式轻内涵

这里的内涵是指对汉字的形、音、义及其关系的科学理解和理性认识。有些教师对汉字的认识，尤其是对汉字内涵的认识很不够，识字教学流于简单肤浅。一些识字课为了创造情境，活跃气氛，追求形式的多样化，如识字卡片、多媒体课件、图片、动画、故事、游戏、猜字谜、讲故事、编儿歌、抽读、齐读、分组读等。这些形式对激发学生识字兴趣有一定的帮助，却往往是孤立机械地教学生认读字音、记忆字形，忽视字义的理性解释，学生不能在头脑中建立起形、音、义的联系，更谈不上对汉字蕴含的传统文化的认知和理解了。有的教师随意曲解字形，人为割裂汉字形、音、义的联系，导致学生对字义内涵的理解错误，影响学以致用，如把“照”字讲成“一个日本人拿着一把刀，杀了一口人，滴了四点血”，把“球”讲成“一个姓王的抢了四个栏板球，投了一个点球”，把“聪”讲成“用耳朵听讲、用两只眼睛看黑板、用口说话、用心想问题”，等等。

（四）重传统轻创新

“新课标”明确指出，语文教学要“拓宽语文学习和运用的领域，注重跨学科的学习和现代科技手段的运用，使学生在不同内容和方法的相互交叉、渗透和整合中开阔视野，提高学习效率，初步养成现代社会所需要的语文素养。”“新课标”的这些标准和要求是针对整个语文教学提出来的，识字教学也不例外。如何提高学生识字效率和文字素养，教学方法的创新是十分重要的。教师在识字教学中，要创造性地运用多种教学方法和形象直观的教学手段。但在实际教学中，有的教师缺乏创新精神，仍然采用传统的识字教学模式，教师反复讲解，学生反复认读，反复默写，导致有写无教，机械呆板。对识字方法的讲解，仅仅局限在传统的加一加、减一减、换偏旁等方面，忽视了多种识字方法的融合创新，也忽略了多媒体、结构分析等新技术、新理论的合理运用。

（五）重讲解轻能力

识字教学的目标是要让学生有主动识字的愿望，掌握识字的方法，具备独立识字的能力，为语文学习和其他学科的学习打下扎实的基础。但在实际教学中，有的教师不注重教给学生识字的方法，不重视学生独立识字能力的培养，讲解多于方法指导，甚至只有讲解，忽略方法，教学着力点偏移。有的教师将识字的重点放在单个字的教学上，教师一个一个地讲，学生一个一个地学，很少将要学的字与其他形、音相关的字进行比较，也很少引导学生去观察、分析、思考这些字的异同，从而掌握识字方法，提高独立识字能力。有的教师将分析课文作为低年级语文教学的重点，识字教学的时间被大量占用。没有时间保证的识字教学，要取得好的效果是比较困难的，尤其是小学生，语文水平还比较低，随着识字数量越来越多，识字中的问题，如笔顺、结构的错误，错别字等，也需要逐步纠正。而过早的大量进行语文分析，不能保证学生识字效率的提高，也不利于学生独立识字能力的培养。

(六)重课堂轻课外

语文课程是实践性很强的课程,语文教学应着重培养学生的语文实践能力。就识字教学而言,需要注意儿童特点,将儿童熟识的语言作为主要材料,结合儿童的课外生活经验,引导他们利用各种机会主动识字,并力求识用结合。然而在现实的教学实践中,不少教师受惯性思维的影响,眼光只盯在课本内容和教学进度上,就教材教教材,不注意课外的“学习资源和实践机会”,把课堂教学与课外拓展孤立隔绝起来,丢失了很多指导学生课外识字的机会。识字教学注意课外拓展延伸,实际上是引导学生从生活中识字,不仅使识字具有生活趣味,而且能增强学生对汉字的理解记忆。

二维码6-18

第四节　汉字识字教学的方法

识字是一种终身的学习活动。汉字教学尤其是小学识字教学,要为这种终身的学习活动打好基础。识字教学方法的确定,要符合儿童的认知规律和语文学习规律。教师要掌握一定的汉字学基本知识,能根据汉字“所包含的有字形的特征及结构规律,有字形所显示出的语音、语义线索,还有汉字与它所记录的语言——汉语密不可分的用字规律等等”①,努力探索深入浅出、通俗易懂的识字方式和教学方法,把汉字的基本规律融于识字、写字教学过程中,为学生构建一个井然有序的汉字体系。

二维码6-19

一、依据构形理据,分析汉字结构

王宁先生说:“汉字是一种表意文字,其根本特点是据义绘形。”②汉字的形体由一个或几个部件组成,部件的功能(即在构字时所起的作用)以及功能之间的关系就是汉字的构形理据。古代汉字用一定的形体表达一定的音义,有其既定的构形理据。现代汉字由笔画和部件构成,其笔画和部件的多少及其组合方式,也有其内在的道理或根据。识字教学中利用这些构字理据,可以帮助学生理解和记忆字形所记录的语音和词义,提高识字教学效率。

---

① 佟乐泉,张一清.小学识字教学研究.广州:广东教育出版社.1999:149-150.

② 王宁.《说文解字》与汉字学.郑州:河南人民出版社,1994:74.

(一)构形理据明显之字直接分析其结构

1.保留构形理据之字的形体结构分析

现代汉字保留构形理据的字,可根据这些汉字固有的构形理据,解释其形音义。这类字包括部分传统的象形字、指事字、会意字和形声字。

(1)象形字。如:

鼠:篆书作,像老鼠形。其楷书与篆书形体基本一致。根据构形理据,教师可以给学生讲清楚底下的三个斜钩的含义,前两个斜钩是老鼠竖起来的两只脚,两点表示爪子;后一个斜钩表示老鼠的身子和尾巴,故没有两点。

册:甲骨文作,像用绳编联竹简之形,表示用绳索把写好的竹简依次编串起来成为书。楷书的“冂冂”像并列的竹简,“一”为简化的绳索,故“册”现指装订好的纸本子。

鱼:甲骨文作,像有头、鳍、鳞、尾的水游生物鱼的形状。根据构形理据,可引导学生分析“⺈”像鱼头,“田”像鱼身,“一”为简化的鱼尾。

瓜:小篆作,像瓜蔓上有瓜实的样子。根据构形理据,楷书“瓜”的“⺁”像藤蔓,“厶”像瓜实的样子。

同类的字还有“口、川、田、竹、果、龟、网、爪、凹、凸、高、大”等。

(2)指事字。如:

刃:小篆作,其构形理据是在“刀”字的一侧加上一点,指出刀锋之所在。

甘:甲骨文作,口中一点表示食物。其构形理据是食物在口中,表示食物甘甜味美,“一”指示甘甜味美之所在。

血:甲骨文作,其构形理据是器皿中盛装着祭祀用的牲畜的血,“一”指示血液之所在。

同类的还有“本、末、朱”等字。

(3)会意字。如:

解:甲骨文作,用角、刀、牛会意,构形理据为以刀分解牛角,以此表示分割动物,引申为“解体”“解开”“分解”“解释”等意义。

删:小篆作,构形理据为以“刀”(刂)削“册”。古人将字写于书册,若有需修改之处,则用刀刮削之。故“删”现仍有“除去”义,特指去掉文字中不妥当部分。。

休：甲骨文作，构形理据为人在树（木）旁，表示休息。

笔：用竹、毛会意，构形理据为以竹制成笔管，以动物毛制成笔头，表示用于写字的毛笔。

同类的会意字还有“明、岩、间、囚、牢、从、鸣、采、牧、戍、伐、歪、尖、尘、劣、楞、甭、枭、籴”等。

（4）形声字。如：

晴：从日，青声；辆：从车，两声；骑：从马，奇声；桐：从木，同声；依，从人，衣声等。汉字中的形声字不胜枚举。形声字的形符表义、声符表音的理据一直没有改变，教学时可以充分利用。

现代汉字中有些形声字的偏旁形体已发生变化，看不出原有的构形本意，但其字义或字音未变，仍然能分析出其形体与音义的关系。如：“言”作偏旁时变为“讠”，以“讠”为形符的“讥、讨、讲、论、话”等形声字，其义仍与言语有关；“食”作偏旁变为“饣”，以“饣”为形符的“饥、饿、饱、饭、饺”等形声字，其义仍与饭食有关；“倉”作偏旁简化为“仓”，以“仓”为声符的“苍、舱、沧、伧”等形声字，“仓”的表音作用没有改变，与“倉”完全一样。

2. 理据重构字的字形结构分析

理据重构指的是有些汉字经形体演变以后，形成新的构字理据，这类字可以按照新的形体构字理据分析。如：

弦：篆文作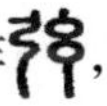，“从弓、从糸”会意，表示弓上面用以射箭的丝弦。“糸”后来变成了形近的“玄”，成为声符，“弦”可重新分析为“从弓、玄声”的形声字。

构：繁体字作“構”，原来是“从木、冓声”的形声字，现在简化字作“构”，从木，勾声，声符不同。

尘：小篆作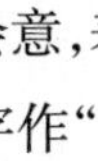，“从麤、从土”会意，表示“众鹿奔跑扬起尘土”。现在简化字作“尘”，“从小、从土”会意，表示细小的粉状尘土。

灭：繁体字作“滅”，是“从氵（水）、威声”的形声字。现在简化字作“灭”，“从一、从火”会意，意谓用“一”（覆盖物）灭火。

（二）恢复理据分析字形结构

1. 恢复整字理据分析字形结构

有些汉字整个形体变化比较大，从现代汉字的字形中找不到构形理据，这类汉字需要借助字源和形体演变的考察进行分析。字源指的是汉字字形的最早来源。现代汉字中有不少字的字形源于甲骨文、金文、小篆等古文字。如果形体的演变过程非常清楚，现在的字形笔画与原来古文字的字形笔画基本对应，就可以利用字源恢复其构形理据，帮助构形分析。这部分字有的是古代的独体象形字或指事字，有的是会意字或形声字。如：

日：甲骨文作，金文作，像太阳之形。太阳本是圆的，因为甲骨文用刀刻写，"日"字就被刻画成方形的。通过甲金文的字源追溯，"日"字的形体演变和构形理据就比较清楚了。

山：甲骨文作，金文作，像山峰并立之形。后来字形发生演变，山峰变成了三条竖画。追溯甲金文，竖画为山峰的含义，十分清楚。

亦：甲骨文作，金文作，字形是"大"之下有两点。"大"像正面人形，两点指左右臂下，即腋所在之处，本义是"腋"。现在的"亦"字的正面人形"大"变化较大，追溯甲金文就清楚了。

友：甲骨文作，金文作，小篆作，从"二又（手）"会意，本义是二人"交友"。引申为"朋友"。从字形溯源可知，"友"是"二手"的形体变形。

布：金文作，简文作，从巾，父声，是个形声字。现在写作"布"，声符"父"演变为""，完全失去了表音功能，成了一个记号。追溯金文和简文，"布"字从"父"得声。上古汉语无轻唇音，"父"与"布"都读重唇音。

类似的字还多，如象形字"户、石、水、目、耳、象"等，指事字"寸、上、下"等，会意字"卧、聿、出、孕"等，形声字"雜、截、德"等。

2. 恢复部件理据分析字形结构

有些汉字构字部件的形体变化较大，理据模糊。这类字可以稍稍"复形"，重现部件构字理据，帮助解释其字形结构。如：

罒：很像楷书的"四"字，实则是"网"字用作偏旁的变形，"罪、罗、罚、置、罩、署、罟"等字的上部分"罒"，都是"网"字的变形，我们从小篆还可见这几个字所从的"网"字，如"罪"为，"罗"为，"罚"为，"置"为，"罩"为，"署"为，"罟"为。其义都与网有关。

阝：俗称"包耳"，用作偏旁分左右两种。位于字左边的"阝"是"阜"字的变形，本义是"土山"，故从"阝（阜）"的字多与"山"或"高"有关，如"阿、陆、阳（山南）、阴（山北）、降、陟、防、陵、隅、除(台阶)、陛(阶梯)”等。位于右边的“阝”是“邑”的变形,本义是“人群聚居之地”,故从“阝(邑)”的字多与国名、城镇名、行政区域名等有关,如“邦、郡、都(都城)、鄙(边邑)、邡(什邡,县名)、邵(古地名)”等。

儿:作上下结构字的下半部分偏旁,是“人”字的变形。如“光、先”二字,小篆分别写作、。“光”字“从人、从火”会意,义为“光明”,取意“火光在人头顶上”;“先”字“从之(往)、从人”会意,本义是“前进”,引申表示时间的“先”。

𡗗:“春、舂、奉”等字的上部分,尽管都写作“𡗗”,却是几个不同的字上半部分的变形。“春”小篆作,上部的“𡗗”是义符“艸(艹)”和声符“屯”的合体变形;“舂”小篆作,上部的“𡗗”是双手持杵的形变;“奉”小篆作,上部的“𡗗”是义符“廾”(gǒng)和声符“丰”的合体变形。

3. 恢复本义理据分析字形结构

有些现代汉字的常用义,从字形上已不能给出合理的解释。这种字可以恢复其本义理据分析其常用义的来源,帮助理解常用义和字形结构的关系。如:

张、弛、引:其现代常用义都看不出与“弓”的关系,但其字形本义可以帮助理解其常用义。“张”本义是“把弦绷在弓上”,引申有“展开、打开、扩大”等常用义;“弛”本义是“把弓弦放松”,引伸有“放松、松懈”等常用义;“引”本义是“开弓的动作”,即引弦后拉,引申有“拉伸、退却”等常用义。

顿:从页,屯声,是个形声字,其常用义是“短暂停止”。但形符“页”本义是“头”,与“短暂停止”义没有明显的联系。而从本义看,“顿”是古代顿首礼,以头叩地,头部要在地面上短暂停留,由此引申为“短暂停止”义。

(三)构形理据分析应该注意的问题

1. 不能把构形部件讲错

汉字形体的表意是通过构形部件来实现的。讲解汉字构形理据的形义关系,首先不能将其构形部件讲错。如:“福”是“从示、畐声”的形声字,有人把它拆成“衣、一、口、田”,讲成“一口人有田种,有衣穿,就是福。”这种讲解不但在构形部件拆分上存在错误,而且把“礻”旁错误地讲成“衤”旁,容易造成学生偏旁识别混乱与字义混淆。又如有人把“悲”中的“非”讲成“韭”,说“悲”就是“心里像长了韭菜一样悲哀”,这也是把构形部件讲错了。

2. 不能把构形部件的功能讲错[①]

现代汉字是由部件组合而成的，部件进入所构之字后，或示音，或表义，或起其他作用，具有各自既有的构字功能。讲解分析汉字必须以部件在构字过程中的实际功能为依据，不能讲错或曲解其功能，否则将导致整个字的讲解错误。如“韭”，小篆作“”，像韭菜丛生在地上之形，是个独体象形字。但有人因为楷书“韭”字中的“非”与“非常”的“非”字形相同，于是认为“韭”是会意字，把它拆分为“非”和“一”，并把其字义和否定词“非”（不是）联系起来，说韭“不是（非）一根，而是一大片”，生拉硬扯，牵强附会，全然不是“韭”的部件的功能。

有的把形声字的声符讲成具有表意功能的形符，给人以误导。如把“裕”讲成“有吃有穿，有衣有食，就是富裕”；把“饿”讲成“我要吃（饣），因为我饿了”。这样，从“谷”得声的“浴、欲、峪、俗”等字就会被类推成“有水有饭、欠了别人的饭、山上的饭、人的饭”；“俄、娥、峨、鹅”等从“我”得声的字就会被类推成“我的人、我的女儿、我的山、我的鸟”等。这当然是错误的。

汉字是以形声字为主体的文字，其示音的声符和表义的形符对形声系统具有一定的归纳作用。错误地把示音声符讲成表义的形符，不但讲错了单个形声字的构形原理，也给准确理解整个形声系统带来混乱，给学生或识字者造成困惑。

3. 不能把部件的组合层次讲错

现代汉字大多数由部件组合而成（只有一个部件的独体字除外），部件在字中的组合一般有一定的层次，即依照一定的先后层次逐级组配成汉字。因此，在解释汉字时，必须按它们的实际组合层次进行，不能把层次结构讲成平面结构。如“照”字，其部件的组合应该分为三层：一层从火（灬），昭声；二层“昭”，从日，召声；三层“召”，从口，刀声。“灬”属于第一层，“日”属于第二层，“刀”“口”属于第三层，若放在一个层面讲解则是错误的。又如“温”字，有人解释为“太阳照在器皿里，水就变温了”，这把该字部件的组合层次讲错了。“温”是由表义部件“氵”与表音部件“昷”组合而成的形声字。“日”“皿”两个部件与“氵”不在一个层次。从字源上看，“昷”字由“𥁕”演变而来，并不从“日”，而是从“囚”。《说文·皿部》：“𥁕，仁也。从皿，以食囚也。”后来“囚”讹变为“日”字。又如“攀”字，从手，樊声，有的教师却一次性把它拆成“大、手、林、爻”四个部件，并解释其构字理据为“一只有力的大手抓住树枝和藤子奋力向上攀爬”。这一解释似乎还很生动，但并不符合“攀”字的组合层次和结构理据。

① 本节部分观点及个别字例参考了王宁《汉字学概要》，北京：北京师范大学出版社，2001年。

4.不能随意联想乱编构形理据

有人认为，根据俗解文字的观点，汉字的形体可以随便拆、随便讲，只要讲得有趣，便于学生记忆就行，如把“要”讲成“西方的女人东方要”，把“球”讲成“一个姓王的抢了四个栏板球投了一个点球”，把“聪”讲成“用耳朵听讲、用两只眼睛看黑板、用口说话、用心想问题”，把“泳、泅”讲成“人在水中浮游时，可有两种心态：会游的人就乐观，称之为泳，永在水里；不会游或不高兴游，称之为泅，认为自己被囚在水里”，等等。这样讲解汉字表面上“新鲜”“有趣”，但破坏了汉字真实的结构规律和系统，给学生的汉字学习带来负面影响。尤其是经过符号替代、草书楷化、保留部分部件等方式简化的现代汉字，已很难分析其构形理据。如“鸡”的繁体“鷄”是形声字，简化后声旁“奚”用“又”代替，不再标音，成为一个记号。有人说“鸡是又一种鸟”，把它当作会意字分析，显然是错误的。这类不表音义的“又”，只是一个简化符号，用它替代繁体字的某个部件。这样的字还有“欢、圣、难、艰、叹、仅、汉、对、凤、树”等等，其中的“又”都没有构形理据可言。

二维码6-20

二维码6-21

二、利用汉字的系统性，解析汉字音义

汉字是一个符号系统，其结构、意义、读音都有一定的规律。掌握这种规律，树立系统识字意识，学习汉字就可以由此及彼，成批识读，达到事半功倍的效果。

（一）利用汉字的构成系统解析汉字意义

现代汉字以笔画组成部件，以部件组成单字。部件可以是表形、表义、表音的，也可以是没有任何形义关系的记号。单字分为独体字和合体字。独体字作为基础部件，通过平面或层级组合，可以构成不同的合体字。笔画、部件、独体字、合体字组成了汉字的构成系统。

汉字是形音义的结合体，字与字之间通过部件产生或形、或音、或义等多方面的联系。识字教学要认识到汉字的这种构成系统和形音义联系，树立系统识字意识，从而科学地讲解和分析汉字。

汉字的基础部件一般是据意构形的。这些基础部件主要是新课标里识字、写字教学基本字表所列的300字和17个字附带部首变体，这些字结构简单，意义明确，使用频率都较高，应该作为第一阶段识字对象，如：一、日、月、人、大、小、子、女、虫、鱼、牛、羊、木、米、禾、刀、工、山、水、

二维码6-22

火、石、土、田、立、衣、心、口、手、耳、目、足、羽等字。

在掌握一定数量的象形字以后,可以循着造字进程讲解会意字,分析其部件之间的联系,透彻理解字义。如:掰,用两只手分东西;众,三人(多人)为众;劣,少力;楞,四方形木头;尘,小土粒;籴,买进米;粜,卖出米,等等。有的会意字后来成了形声字的形符,其意义仍有联系。如:男,《说文·男部》:“男,丈夫也。从田,从力。”该字本义是“成年男子”,以“田、力”二字会意,“力”是古代农具,用农具在田中耕作者是男子。引申之也可指“儿子”。“舅、甥”二字以“男”作形符,仍保留“男”字之义。

二维码6-23

再进一层,可以利用汉字形音义相互联系的系统规律,对同一偏旁或类型的字,特别是共用同一个部件的多个会意字或形声字,从纵横两个方面分析讲解,触类旁通、省时省力。如:

昭:从日,召声。“日”是表意偏旁,即形符;“召”是表音偏旁,即声符。以“日”为表意偏旁,还可以组成“明、朝、昌”等会意字和“暖、晴、晚、旺”等形声字;以“召”为表音偏旁,还可以组成“招、沼、诏、迢、笤、髫、苕、绍、邵、韶、劭”等形声字;而“召”又可以拆分为“从口,刀声”,以“口”为表意偏旁,可以组成“吹、鸣”等会意字和“召、叫、喊、喝”等形声字;以“口”为表音偏旁,还能组成“扣、叩”等形声字;以“刀”为表意偏旁,可以组成“利、则”等会意字和“刺、刻、叨、忉”等形声字。这样,将“昭”字拆分为三个基础部件“日、口、刀”,按构字原理联系相关字形,可以引出一系列互有联系的字,获得批量识字的效果。

(二)利用表意部件的系统性解析汉字意义

汉字绝大多数是合体字,其中有些偏旁在构字中具有表意功能,属于表意部件。通常一组合体字中如有相同的表意部件,其字义一般都有某种相关性。

表意部件包括会意字的偏旁和形声字的形旁,其作用主要在于提示字义。形声字的“形旁一般都具有‘见山知山,见水知水’的表意作用,这些形旁都或多或少地显示出与汉字字义的某种联系,比如说范围、类别、动作、材料、工具等。”[①]有的形旁之义与字义相同或近似,如:馥与香,船与舟,爸与父,肌与肉,黝与黑;有的形旁表示字义的范围或类别,如:鲤属“鱼”类,铁是“金”属,愉表“心”情,跑是“足”的行为,看是眼“目”的动作等。这类形旁占大多数。有的形旁表示字义的材料或工具,如:鞭是用皮“革”制成的;有的形旁与字义是间接的关系,如:“茵”是古代铺在车厢里的草制席垫,“芳”是花草的香味,“僻”是人烟稀少的地方。这些合体字的形旁意义与其组成的字义,大都具有某种

① 杨润陆.现代汉字学通论.北京:长城出版社.2000:11.

相关性或提示性。

有些表意部件的形义关系比较明显，如“日、月、火、山、石、土、口、目、心、足、木、子、女、马、牛、羊、米、车、虫、竹、皿、亻、氵、刂、艹、讠、忄、扌、饣、礻、钅”等。含有这些表意部件的字，可以直接通过表意部件进行字义系联，如：

火：像熊熊燃烧的火苗，是个象形字。用“火”构成的会意字有“炎、灾、灭、灰”等。火有温度，“炎”从两个“火”构成，本义是“火苗升腾”，引申有“焚烧”“炎热”等义。“灾”是房子“宀”（）中着火，表示火灾；“灭”字在“火”上加“一”，表示用“一”（覆盖物）灭火；“灰”是灰烬，从火，从又（手）会意，表示火已熄灭，可以用手执持其灰烬。这些字都有表意部件“火”，字义都与火有关。

土：作为表意部件可构成许多合体字，其中有的与泥土有关，如“地、块、埃、垃、圾、尘”等；有的与土构成的地貌有关，如“坦、坚、坪、场、坎”等；有的与泥土建筑或堆积物有关，如“城、墙、垣、堂、堰、塘、堤、坝、坛、垄、坟、堆”等；有的与作用于泥土的动作有关，如“填、埋、垦、垒、培”等；有的与疆界有关，如“疆、境、塞、域”等。这些字都有表意部件“土”，字义都与土有关系。

有些部件，用作单字和用作合体字的表意部件时，意义不一致。这类汉字的教学更需要利用汉字的系统性，在表意部件和合体字之间建立起意义联系，帮助学生系统地感知和理解字义。如：

页：单用时表示书册的页面，而以“页”为表意部件的“顶、项、须、颈”等字，却没有“页面”的意思，“顶”指头顶，“项”指后颈，“须”指面毛，“颈”指脖子。这些以“页”为表意部件的字，其义跟人的头部有关。据此再系联“领、额、顾、颅、颊、硕、颗、顿、题、颠、颇”等字，这些从“页”的字，其义也当与头部有关。原来单独的“页”本义就是“头”，表示“页面”义，是假借的结果。

尸：单用常表示“尸体”，但以“尸”为表意部件的“居、尻、屠”等字，却没有“尸体”的意义。根据甲骨文、金文，“尸”像人屈膝之形，故“尸”有人或人体之义。上述从“尸”的字，“居”本义为“蹲”，引申为“停留”或“居住”；“尻”古今皆指人或动物的屁股；“屠”本义为“剖刳”，引申为屠杀牲畜。这些字中的“尸”都与人或人体有关，故都用构字部件“尸”。至于尸体的“尸”本字作“屍”，写作“尸”也是假借用字的结果。

（三）利用表音部件的系统性讲解汉字读音

形声字的声符是用来表音的部件。由于语音的历史演变，现代形声字的表音功能有所降低，但形声字与其声符之间，还存在一定的语音联系，并具有一定的系统性。教学时可以利用这些联系和系统性讲解汉字的读音。

1. 同声符系列形声字的读音教学

同声符的系列形声字拥有一个共同的声符，但这个声符与其所构成的系列形声字的读音不完全相同，二者之间有多种关系。

一是声符能单用，单用时的读音与其构成的系列形声字的读音不同，而系列形声字的读音相同或相近。如“者”与“都、堵、赌、睹、署、暑、诸、渚、猪、褚、煮、箸、著”；“我”与“饿、鹅、蛾、哦、娥、峨、俄”等等。这类形声字的读音教学，首先要分别讲清楚声符的读音与其形声字的读音，其次要讲清楚二者读音的差别，再次要指出这些同声符的系列形声字的读音也有差异。

二是有些声符可以单用，但作为形声字的声符时，有的简化并构成系列形声字；少数没有简化，仍用其繁体作声符。如声符“柬”可以单用（如“请柬”），用作声符有的简化为“东”并构成系列形声字“练、炼、拣”等；有的没有简化，用繁体“柬”作声符，如“谏、楝”等。这类形声字的读音教学，首先要讲清楚声符字有繁简之别，在现代汉字中都可以用作声符；其次要讲清楚简化的声符也具有表音功能，如“东”仍表示“柬”的读音“-ian”；此外还应给学生指出，简化的声符不能单用，现代汉字中没有单用的“东”。

三是有些声符古代单用现在不单用，用作声符的读音和所构成的形声字的读音不完全一致，如“隹”，短尾鸟总名，古代是独体象形字，读zhuī，可单用。现代汉字中“隹”不再单用，以它为声符构成的系列形声字，有的读音与声符“隹”相同，有的不同。这类形声字的读音，韵母大都相同，声韵调不尽相同。如“锥、骓、椎”读zhuī，与声符“隹”读音相同；此外，“堆”读duī，“碓”读duì，“推”读tuī，“崔”读cuī，“谁”读shuí或shéi，“唯、维、惟、帷”读wéi，这些字或声母不同，或韵母不同，或声调不同。教学这类形声字的读音，可以先讲清楚声符字的读音，然后讲清楚用作声符构成的形声字的读音，指出它与声符的相同或不同之处，再次要从声韵调三个方面，具体指出其异同之所在，让学生在比较中准确掌握这些形声字的读音。

2. 多层声符形声字的读音教学

多层声符字指以独体字作声符所构成的形声字又用作声符构成其他的形声字。如“方”是独体字，用作声符构成“旁、芳、坊、房、防、纺、访、仿、放”等形声字，其中形声字“旁”又用作声符，构成“傍、膀、螃、磅、榜、滂、镑、谤、滂”等形声字。“隹”是独体字，用作声符构成“崔、趡、崖”等形声字，其中形声字“崔”又用作声符，构成“催、摧、璀、慛、漼、鏙、墔、榷”等形声字。“甫”是独体字，用作声符构成“尃、辅、脯、铺、浦、圃、匍、埔、莆、脯”等形声字，其中形声字“尃”又用作声符，构成“溥、傅、缚、博、搏、膊”等形声字，形声字

“溥”又用作声符，构成“薄、簿”等形声字。

这类形声字的声符以独体字为基础，层层套叠，形成多层形声字的声符，教学时首先要讲清楚底层独体字声符的读音及其形声字的读音，然后依次讲解第二层、第三层形声字作声符的形声字的读音，让学生了解汉字中独体字可用作声符，由独体字作声符的形声字也可以作声符。

三、揭示汉字文化

习近平说：“优秀传统文化是一个国家、一个民族传承和发展的根本，如果丢掉了，就割断了精神命脉。”[1]教育部基础教育司在《关于当前九年义务教育语文教学改革的指导意见》中也指出：“应充分考虑汉字的特点，以提高识字教学效率。同时，让学生在识字过程中初步领悟汉字的文化内涵。”[2]

汉字自甲骨文以来已有三千多年的历史，从古至今的汉字，蕴含着丰富的社会文化信息。汉字教学，不仅要求学生掌握汉字的形音义，而且要让学生领悟汉字蕴含的文化信息，从而提升学生的文化素养。如从“正、直、德、奉”等字的字形可以解析古代道德文化；从“出、各、家、宫”等字的字形可以解析古代居住文化；从“册、典、笔、筆、简、簿、籍”等字的字形可以解析古代简册文化；从“筵、席、坐”等字的字义可以解析古代酒宴文化；从“元、岁、年”等字的字义可以解析古代历法文化；凡此种种，不一而足。本书《第五章 汉字与文化》已有详细介绍，这里不多作阐述。

二维码6-24

四、掌握形音义，纠正错别字

错别字是错字和别字的合称。写字时将正字的笔画或部件、字形结构等写错以致不成字的字叫“错字”；该用甲字却误用了形近或音同音近而意义无关的乙字叫“别字”，也叫“白字”。错字来源于书写的失误，别字来源于选字的失误。二者都影响书面语的正确表达，是书面交际的一大障碍。汉字教学必须正视错别字现象，采取有效的办法加以纠正。

二维码6-25

---

① 习近平：在纪念孔子诞辰2565周年国际学术研讨会上的讲话，http://www.xinhuanet.com/politics/2014-09/24/c_1112612018.htm，2019-8-21.

② 教育部基础教育司.关于当前九年义务教育语文教学改革的指导意见.小学教学参考，2000(Z1).

(一)错别字的类型

错别字主要有两种类型：

1. 形体结构错误之字

(1)增减笔画或部件。受其他字的影响，或没有理解部件与整字的关系，书写时错误地增加、减少笔画，或写掉部分部件，以致形成错别字。减少笔画的如(括号内是错字或别字，下同)：具(具)、真(真)、直(直)、展(展)、隆(隆)、胸(胸)、巩(巩)、谨(谨)、球(球)、德(德)等；增加笔画的如：步(步)、展(展)、畏(畏)、拽(拽)、染(染)、烧(烧)、忍(忍)、丧(丧)、贼(贼)等；写掉部件的如：慧(慧)、揉(揉)、滚(滚)、椭(椭)等。

二维码 6-26

(2)写成形近之字。有的写成整字形近的别字。如：竟(竞)然、竞(竟)赛、官吏(史)、摔(悴)跤、武(式)艺、享(亨)受、印(卯)象、鬼鬼祟祟(祟祟)、竖(坚)立、辛(幸)苦、小鸟(乌)、爪(瓜)子等。有的写成形近部件而致误。如：初(初)、抓(抓)、练(炼)习、拔(拨)草、冠(冦)、紧密(蜜)、切(切)、策(莱)、智(智)、假(假)、晴(睛)天、狠(很)心、边疆(彊)、考卷(券)、雷霆(庭)、装载(栽)、针灸(炙)、播(插)放、报刊(刋)、游(澈)戏等。

2. 音同或音近的别字

汉字音同音近字较多，书写时容易相互干扰而写成别字。如：

以(已)前、已(以)经、部(布)署、口袋(带)、积(集)肥、神经(精)、知道(到)、迷(谜)宫、同伴(半)、动作(做)、人声鼎(顶)沸、密(蜜)切、辩(辨)论、辨(辩)别、颗(棵)粒、漂(飘)流、陡峭(俏)、峰(锋)顶等。

(二)纠正错别字的方法

书写出现错别字，其本质还是没有真正掌握汉字的字形、字音和字义。因此，纠正错别字，应从字的形音义入手。

1. 弄清单字或部件的构形来源

有些单字或部件，容易增减笔画和写成其他形近部件，可以通过古字形找到构形理据，弄清笔画或部件的形体来源，避免写错。如：

步：学生容易在下部多加一点写成"步"。"步"的甲骨文，有一种写法是从二"止"，写作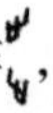，其构意是左右两只脚一前一后迈步前行。小篆已演变成从"止"、从"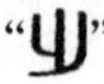"，写作，下部的表示右脚，隶变为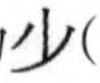(tà)，短撇为右脚大拇指，上部的"止"是左脚，形体与相反。错字"步"把右脚写成多少的"少"，可能与隶书的一种碑刻写法有关，但这

是不规范写法，是个写错的字。

檀，擅：这两字的右下部的“旦”常误写成“且”。从构字角度看，“檀、擅”是形声字，前者从木、亶声，后者从扌(手)、亶声。而声符“亶”字本身也是形声字，从亩、旦声，义为“仓廪谷物多”。“旦”既是声符，写成“且”就失去了标音的理据。

2.依据形义联系区分形近部件

形近部件包括形近成字部件和形近非成字部件，这两种部件可以通过字形和字义之间的内在联系，区别其形体差异，掌握正确写法。

(1)形近成字部件的区分。如：

鸟、乌：从字形上看都是鸟，其中“鸟”字多一点，表示眼睛；“乌”字没有这一点，表示乌鸦浑身都是黑色，让人看不清乌鸦的眼睛。

爪、瓜：现代汉字形体近似，但从形义关系上容易区别。“爪”(甲骨文作)像鸟兽的足趾，“瓜”(小篆作)像瓜蔓上结有一个果实，中间的竖勾加一点表示瓜的样子。

朿、束：“朿”(cì)字甲骨文作，像有刺之木形，中间的由刺形变来，写成楷书下部不封口。“朿”作部件也如此，如“刺、枣、棘”等。“束”字甲骨文作，中间的“口”像捆木材的绳索，写成楷体作口，“束”作部件同样如此，如“速、涑、漱、簌”与“辣、喇、剌、瘌、濑、籁、癞”等。

类似的还有：广—厂，盲—肓，蜜—密，灸—炙，鹜—鹜等。

(2)形近非成字部件的区分。如：

礻、衤：“礻”是“示”的变形，本义是祭祀的神灵牌位；“衤”是“衣”的变形，本义指衣服。二者形体相近，但音义都不同。凡从“示”的字都与神灵有关，如“礼、祖、社、祸、祥、福、祇、禄、神、祝、祈、祷、祀、祠、祟”等字。凡从“衤”的字都与衣物有关，如“初、衬、袜、襟、袖、补、衫、裙、被、裤、裕”等。

亻、彳：“亻”俗称人旁，是“人”字的偏旁变体；“彳”(chì)是“行”字的左半部分，本义是“小步行走”。“亻”“彳”形体近似，但音义完全不同。作为表意部件，与“人”有关的字皆从“亻”，如“仆、仇、仙、休、伐、侮、倡、优、傀、儡”等；与“行走”有关的字皆从“彳”，如“行、往、径、循、御”等。

宀、冖：“宀”(mián)表示房子；“冖”(mì)表示“覆盖”。以“寇、冠”二字为例。“寇”字从“宀、元、攴”会意。“宀”(mián)表示房子，“元”是“头”，“攴”(pū)像手持物击打，字形表示手持棍棒侵入房舍击打主人头部，用以指“外来的强盗”。“冠”字从“冖、元、寸”会意。“冖”是覆盖在头上的“帽子”，“元”是”头”，“寸”表示“手”，字形表示用手把帽子戴在头上，用以指“帽子”或“戴帽子”。

类似的形近部件还有：卩与阝、癶与夗、廴与辶、戎与成与戒等。

3. 以声辨形区别形近表音部件

有些表音部件形体相近，但读音不同，所构成的系列形声字的读音也不同，利用这种读音差异，可以将形近表音部件区别开来，达到正确书写的目的。如：

仑、仓：“仑”读lún，以“仑”为声符的形声字“抡、轮、伦、论、沦、囵”等，也读lun（不计声调）；“仓”读cāng，以“仓”为声符的形声字“舱、苍、沧、伧、创、疮、怆”等，声母略异，韵母（韵腹、韵尾）相同，都是-ang。读lun的对应于表音部件“仑”，读-ang的对应于表音部件“仓”。

今、令：“今”读jīn，以“今”为声符的形声字“含、念、贪、吟、琴、黔”等，都读前鼻音韵尾-n；“令”读lìng，以“令”为声符的形声字“冷、岭、零、领、玲、铃、苓、羚、聆、龄、囹”等，都读后鼻音韵尾-ng。读-n的对应于表音部件“今”，读-ng的对应于表音部件“令”。

艮、良：“艮”读gèn，以“艮”为声符的形声字“很、恨、狠、痕、哏、垦、恳、艰、限、眼、银”等，都读前鼻音韵尾-n；“良”读liáng，以“良”为声符的形声字“粮、踉、狼、浪、琅、崀、阆、娘、酿”等，韵母都含有-ang。读-n对应于表音部件“艮”，读-ang对应于表音部件“良”。

4. 掌握部件的布局防止写错位置

部件在一个字中占据一定的位置，经过长期的固化，绝大多数部件位置比较固定，一旦写错位置，就会形成错字。如“到、件、鳞”，其部件都按左右结构的位置布局，分别是左“至”右“刂”，左“亻”右“牛”，左“鱼”右“粦”，如调换它们的位置，就不成字了；“播、茫、荆”，各自的部件位置也是固定的，如果把“播”的“田”写在整个字的下面，把“茫”的“氵”写在整个字的左边，把“荆”的“艹”写在整个字的上方，也都成了错字。

汉字中有些部件可以挪动位置，但挪动之前和之后是意义不同的两个字，读音也不相同。如：杏与呆，杲与杳，旮与旭，旮与旯，忠与忡，晕与晖，等等。如果把这些字的部件位置写错，就把甲字写成了乙字，即写了一个别字。

汉字中有的部件位置摆放不同，构成异体字。如“秋”与“烋”，“鹅”与“鵞”，“峰”与“峯”，“群”与“羣”，“峨”与“峩”，“蛾”与“蛾”，等等。异体字音义完全相同，虽然在历史上曾经存在和使用过，但用来记录现代汉语，属于不规范用字，应予废除。

五、遵守书写规则，注意书写规范

（一）书写符合国家规范要求的字

中华人民共和国成立后，国家一直十分重视语言文字的规范化，先后公布了《第一批异体字整理表》（1955年）、《简化字总表》（1986年）、《现代汉语常用字表》（1988年）、《现代汉语通用字表》（1988年），对异体字、繁体字进行了规范整理，制定了规范的通用字表。2001年起施行的《国家通用语言文字法》，把语言文字规范的高度提高到国家法律层面，成为指导文字书写使用规范的最高要求。为了贯彻《国家通用语言文字法》，提升国家通用语言文字的规范化、标准化水平，国务院于2013年公布了《通用规范汉字表》，是目前规范汉字的最新标准。

语文“新课标”要求“按照规范要求认真写好汉字是教学的基本要求。”所谓写规范汉字，就是要执行国家语言文字法律和《通用规范汉字表》的规定。具体而言，写规范汉字，就是要做到笔画、笔画数、结构等符合规范和要求，不写不规范的繁体字、异体字和不再使用的旧字，不写尚未公布的手头字或废止的《第二次汉字简化方案草案》中的简化字，不写生造字，不写错别字。这是正确书写汉字的基本规矩，也是汉字教学要达到的基本目标之一。

（二）练好笔画、笔形基本功

汉字是由各种不同的笔画搭配组合而成的。写字教学，不但要使学生知道基本笔画的名称，而且要求学生会正确书写、明确分辨，把字写得端正、清楚。汉字教学，让学生练好笔画、笔形是基础教学内容，也是学生正确书写汉字的基本功。笔画、笔形教学要做到以下三点：

二维码6-27

1. 教学生正确书写每一种笔画

基本笔画要会认会写，近似笔画要弄清它们的差别。要掌握每一笔在字中的位置和大小，使其布局合理，结构匀称。笔画的线条搭配要正确自然而不呆板。笔画教学时，首先让学生熟悉基本笔画的名称，然后练习书写各种笔画，注意笔画形态。这个基础打好了，就不难正确书写汉字了。

2. 教学生准确书写字中的笔画和部件

每个规范汉字的笔画和笔画数都是固定的，不能多写一笔或少写一笔，否则就会产生错别字。如“庆”与“驮”中的“大”字上加一点，便成为错字；“伐”字少写一撇，就成了“代”字。规范汉字的笔形是确定的，不能随意改变，否则也会写成错别字。如“天”的末笔是捺，写成折钩就成了别字"无"；"元"字最后一笔是竖弯钩，写成一竖就成别字"亓"。

3. 教学生掌握笔形变化处理的形态

有些汉字同一种笔画在字中重复出现，如："三、王、美、川、画、事、重"等字，要么横画多，要么竖画多，为避免笔形雷同或使字体美观，书写时有意做一些笔形变化处理，如把"王"字的三横写得长短不同，倾斜度也略有变化；把"川"字的三个竖画(原来代表水波)的第一笔写成竖撇，第二笔比第三笔略短。此外，有些偏旁进入构字以后，个别笔画的笔形会有所变化。其中有的左旁末笔横变提，如"珠、功、此、孙"等；有的左旁末笔捺变点，如"烟、稻、欢、知"等；有的左旁末笔竖弯钩变提，如"耀"；有的"小"字当头钩变竖，如"尖、尘"等；有的"月"字当底撇变竖，如"背、有、肩"等。

(三)掌握偏旁结构的书写规则

1. 教学生掌握偏旁的书写规则

大部分汉字都有自己的偏旁，并有其自身的书写特点和规律。掌握了偏旁的书写特点和规律，就能以偏旁带整字，使整字的结构安排更为合理。如位于字左边的"氵"旁，大约占整字空间的三分之一，三点成一个弧线；位于字底的"灬"旁，两边的点大一些，中间的两点小一些，四点分开，稳稳地托住上面的偏旁。独体字作偏旁时，有的最后一笔要变化，如"禾、木、火、米"最后一笔"捺"变"点"；有的横画要变化，如"工、牛、车、王"的"横"变"提"；有的用作上下结构的上部分时，要写得舒展，盖住下边部分，如"八、人、大"等。

2. 教学生掌握结构的书写规则

汉字的间架结构有上下、左右、上中下、左中右以及全包围和半包围等各种形态，组成字的偏旁在间架结构中各有一定的占位比例。因此把握好间架结构，是把字写好写端正的重要前提。从字形特点看，间架结构布局搭配的主要规律有：

独体字笔画较少，结构单纯，注意安排匀称。如"一"字写在字格横中线上，向右上稍稍斜势一点；"二"字两横上短下长，分别写在横中线的上部和下部；"三"字的三横以横中线上下居中平均布局，第二横最短，第三横最长；"羊"字开始写第一、第二笔"丷"时，要为以下四笔留好位置，第一、第二横都要写在横中线的上部，第三横写在横中线略偏下一点，为长竖预留位置。

左右结构的字，偏旁或部件笔画数左右差不多的，一般各占一半位置，如"站、林、朋、找、科、好"等。笔画数目差异较大的，注意左右偏让。左边笔画少，要让右边，如"活、球、低、险、樱、挖"；右边笔画少，要让左边，如"到、形、勒、都、取"。有些字要注意左右依存、高低配合。同样是“口”，在左构成“吃、唱、叫、叹、响”等字时，就要写得左偏上一点；在右构成“如、扣”等字时，就要写得右偏低一点。有些字左右是同样的部件，一般是左边略低一些，如“从、林、双、朋、羽”等。

上下结构的字，有的上下两部分各占一半位置，如“音、粟、盆、望、空、吕、昌”。有的上下两部分不相等，一般是笔画少的部分让笔画多的部分，其中有的是上小下大，如“花、星、露、岁、尖”；有的是上大下小，如“思、哲、昏、剪、曹”。注意有的字因为要上盖下或下托上，写成上宽下窄或上窄下宽，前者如“备、命、春、斧、背”，后者如“华、季、轰、弄、置”等。

左中右结构的字，每个部分所占的位置比较平均，书写时一般是各占三分之一，如“辙狮椒辫锄”。如果左边部分的笔画少，中右两部分笔画较多，书写时左边要适当让出余地，给中右两部分留较多的位置，如“懈澈微椭狱”。

上中下结构的字和左中右结构一样，有的是三部分基本相等，有的笔画少要适当让出余地，前者如“意箩曼翼果”，后者如“蓝塞等鼻赢”等。

二维码6-28

全包围结构的字，一般指以“囗”字作部首的字。这种字的书写规则一般是“四周收紧，内里丰满”，如“团国园围图”。而半包围结构的字有多种形式，书写时要注意每一种形式的特点，此不赘述。

（四）培养学生按笔顺规范书写的习惯

笔顺是书写汉字时的笔画先后顺序，是前人在长期的书写实践中形成的规律和规制。熟练地掌握笔顺，有助于汉字书写的流畅美观，提高写字质量和效率。为了纠正汉字笔顺不规范现象，更好地促进国家语言文字规范化，国家语言文字委员会、国家新闻出版署于1997年4月联合发布了《现代汉语通用字笔顺规范》，这是汉字笔顺教学必须遵行的准则。

笔顺规则包含基本规则和特殊规则。基本规制涵盖大多数汉字一般笔顺规律，特殊规则针对少数汉字的特殊笔顺而言。

基本规则主要有七项：先横后竖，如“十、干、井、丰”；先撇后捺，如“八、大、入、人”；从上到下，如“立、宝、辜、旦”；从左到右，如“林、愧、陈、以”；从外到内，如“用、匡、闷、匀”；先中间，后两边，如“办、小、水、承”；先里头，后封口，如“圆、回、田、且”。在实际写字中，这七项规则往往要综合应用，比如“木”和“末”运用了“先横后竖、先撇后捺”两条规则；“暴”更是运用了“从上到下、先里头

二维码6-29

后封口、先横后竖、先撇后捺、先中间后两边”等多项规则。

特殊规则主要有：点在左上先写，如“门、头、为、斗”；点在右上后写，如“书、发、犬、尤、戈、戒、戎”；下包上则先写上，如“山、幽、函、凶”；上左下包围结构则先写上内，如“匹、区、臣、医”；廴、辶结构先写右上，如“过、进、延、廷”；用“是、走、毛、鬼”作偏旁的字后写右上，如“题、赵、毯、魁”等。

此外还有少数特殊笔顺需要特别注意，个别掌握。如：“刀、乃”是从上到下，先折后撇；“及”是从左到右，先撇后折；“方、万”的下半部分不是“从左到右”，而是先折后撇。“田”字是先里头，后封口，而“由”字尽管中间一竖伸出方框，笔顺还是和“田”字一样；“甲、申”等字，中间一竖伸出方框下面，却就要先写“曰”，最后写“丨”。笔顺特殊的还有“母、毋、女、火、半、坐、臾”等字。有些字的笔顺以前存在不同意见，如“忄”旁，有的按“点点竖”写，有的按“点竖点”写；“阝”旁，有的先写横撇弯钩，有的先写竖。现在这些字的笔顺在《现代汉语通用字笔顺规范》中作了明确的规定，统一采用前一种笔顺。教学中如果遇到笔画、笔顺有争议，要以《现代汉语通用字笔顺规范》和《通用规范汉字表》的规定为准。

思考练习

一、填空题

1.殷商时期的(　　)表明当时就已经有了识字或与识字相关的教学活动。

2我国有史记载的最早的学童识字课本是(　　)。

3.认识一个汉字必须要知道它的(　　)三个要素，三个中间缺少了一个，就不能算做认识这个字。

4.贯穿整个识字教学过程的写字要求是：写字(　　)正确，有良好的书写(　　)。

5.写字教学对书写的基本要求是书写(　　)。

6.根据学生错别字的情形，“步”属于(　　)致错，“紧蜜”属于(　　)致错，“卯象”属于(　　)致错，“眼花瞭乱”属于(　　)致错，“人声顶沸”属于(　　)致错，“草管人命”属于(　　)。

二、简答题

1.识字教学基本原则。

2.识字教育的重要性。

3.对童蒙识字教学的认识。

4.识字教育应遵循的基本规律。

5.笔顺基本规则。

三、论述题

1.根据构形理据，你认为形声字教学可以采取哪些策略？

2.识字教学中如何对学生进行传统文化熏陶？

四、实践题

1.根据自身经历，从汉字形、音、义统一观出发设计一节小学识字教学。

2.怎样看待下列识字教学中的汉字分析？请结合文字学理论提出你的观点和建议做法。

聪：用耳朵听讲、用两只眼睛看黑板、用口说话、用心想问题。

泳、泅：人在水中浮游时，可有两种心态：会游的人就乐观，称之为泳，永在水里；不会游或不高兴游，称之为泅，认为自己被囚在水里。

温：太阳照在器皿里，水就变温了。

攀：一只有力的大手抓住树枝和藤子奋力向上攀爬。

3.请指出下列词语中的错别字和错误原因，提出你对纠正这些错别字的教学建议。

步伐，茂盛，请假，晴天，辨论，苍天，如火如茶，病入膏肓

【拓展延伸】

1.戴汝潜.汉字教与学[M].济南：山东教育出版社，1999.

2.董正春，陈明祥.汉字形义分析与识字教学[M].济南：山东教育出版社，1986.

3.郝文华.汉字识字教学基础教程（第2版）[M].杭州：浙江大学出版社，2015.

4.李运富.汉字构形原理与中小学汉字教学[M].长春：长春出版社，2001.

5.王宁.汉字学概要[M].北京：北京师范大学出版社，2001.

后记

POSTSCRIPT

为适应地方高校转型培养应用技术型人才的要求，重庆人文科技学院所属文学与新闻传播学院组织教师开展部分教材的编写工作，这本《汉字学教程》即新编教材之一种。参加这本教材编写的教师共七位，分别承担教材部分章节的编写任务。具体分工：段茂升，绪论、第六章；薛迎春，第一章；方有国，第二章；李茂康，第三章；董晨峰、杨芬，第四章；王崇月，第五章。主编通读书稿，提出修改意见，并负责统稿工作。

本教材的编写得到了文学与新闻传播学院的大力支持，西南师范大学出版社为本教材的出版提供了许多帮助，在此表示衷心的感谢！

限于我们的水平，本教材疏漏或错误在所难免，希望专家学者批评指正。

编者

2019.5.1.